Heike Bretschneider

Ich hab' noch nie 'nen Elch gesehn

Buch

Sommer 2011: Vor mir sitzen rund dreihundert erwartungsvolle Gesichter, Passagiere des Kreuzfahrtschiffes "MS Albatros" auf dem Weg ins Land der Mitternachtssonne. Ich bin mir nicht sicher, ob ihnen mein Vortrag über unsere Auswanderung nach Norwegen gefallen wird, ob ich es schaffe, sie an den fünf aufregendsten Jahren meines Lebens teilhaben zu lassen. Werden sie meine Enttäuschungen, Sorgen und Niederlagen, aber auch die vielen kleinen und großen Siege nachfühlen können? Würde es mir gelingen, Bilder dieser einmaligen, faszinierenden Natur Norwegens in ihre Köpfe zu malen?

Eineinhalb Stunden später steht eine begeistert klatschende Menschenmenge vor mir; einige Damen stopfen noch schnell ihre tränennassen Taschentücher in die Hosen, während sich die Männer verstohlen die Lachtränen aus den Augenwinkeln wischen. Ich weiß nicht, wie mir geschieht - aber plötzlich umarmen mich wildfremde Menschen, klopfen mir auf die Schulter und fragen mich, wo sie denn dieses fantastische Buch kaufen können. "*Was für ein Buch?*" frage ich verständnislos, noch völlig überrascht und verwirrt von den unerwartet herzlichen Reaktionen meiner Gäste. "*Na aus dem Sie soeben vorgelesen haben!*" Enttäuscht schauen sie mich an, als ich ihnen etwas hilflos die drei losen, nicht mal gehefteten Seiten mit Stichpunkten entgegenstrecke…

Vier Jahre später. Aus dem losen Papier ist tatsächlich ein Buch geworden! Begleiten Sie mich auf meiner ganz privaten, schonungslos ehrlich und nicht ganz humorfrei erzählten Reise in mein neues Leben. Mit Mann, Kind, Hund, zwei Pferden und dem gesamten Hausstand nach Norwegen. Kann das überhaupt gut gehen?

Heike Bretschneider

Ich hab' noch nie 'nen Elch gesehn

Selbstverlag Heike Bretschneider
2. Auflage, 2016

Umschlaggestaltung / Foto Umschlagrückseite:
grafik | design franziska mann
Umschlagfoto: Conny Schmidt Atelier fotogenial
Umschlagfoto Elch: privat Jörg Pfeiffer, Dresden
Fotos ohne Quellenangabe: privat Heike Bretschneider

Druck und Bindung: FINIDR , s.r.o

ISBN 978-3-00-051288-9

Kontakt:
www.heikebretschneider.com
heike.bretschneider.norge@gmail.com

Für meinen Vati –
an dem ich alle anderen Männer in meinem Leben messe.

Für meine Mutti –
die mir Mutter, Schwester und Freundin zugleich ist.

Für diese zwei,
die mich zu dem Menschen gemacht haben, der ich heute sein darf.

Vorwort

Den Anfang meiner Geschichte macht ein völlig unspektakuläres Vorkommnis: Ich erblickte an einem sonnigen Oktoberfreitag im schönen Erzgebirge das erste Mal das Licht der Welt in Form einer grellen Krankenhausneonröhre. Geliebt und behütet von den besten Eltern der Welt verlebte ich eine sorgenfreie und wundervolle Kindheit, an deren kleine und große Ereignisse ich in Stunden emotionaler Zurückgezogenheit gerne denke.

Da sind die Erinnerungen an mein erstes, zum Schutz noch vergittertes Kinderbett, welches den begeisterten Sprüngen und Stampfen meiner kleinen Kinderbeinchen beim Hören von Udo Jürgens „Griechischem Wein“ und Peter Alexanders „Kleiner Kneipe“ tapfer standzuhalten versuchte.

Oder mein Lieblingstier – ach herrje, dieser weiße Plüschaffe mit dem schwarzen Gesicht, schwarzen Händen und Füßen hatte es nicht leicht bei mir! Ich schnitt ihm ein Loch in sein Hinterteil, damit er die unangenehme Prozedur des Fiebermessens bei Kleinkindern mit mir teilen konnte. Ich ritzte meinem Bimbo sogar die Kehle auf, um einen überlebenswichtigen Luftröhrenschnitt nachzuahmen, den ich im Märchen „Gevatter Tod“ gesehen hatte.

Einmal zum Muttertag schenkte ich meiner Mama ein wunderschönes Spitzendeckchen in Form einer fünfblättrigen Blume. Die anfängliche Freude und ihr Nachdenken, warum ihr das Deckchen irgendwie bekannt vorkam, währte leider nur so lange bis Mutti begriff, dass die Blume aus ihren guten Schlafzimmergardinen stammte und dort nun ein sorgsam mit Falten getarntes Loch gähnte.

Als ich sieben war bekam ich noch ein Geschwisterchen, das mit zunehmendem Alter meine schwesterliche Nächstenliebe oft auf eine harte Probe stellte. Ich hasste es, wenn Andre´ seine frisch nach Kuhstall stinkende Kleidung auf mein Bett warf und meine Filzstifte klaute, um sie in seiner Schulklasse höchstbietend zu verscherbeln. Das einschneidendste Ereignis in unserer Hass-Liebe-Beziehung drehte sich jedoch um ein Spielzeug. Nicht um irgendein Spielzeug –

nein, es handelte sich um mein heißgeliebtes ferngesteuertes Volkspolizei-Auto, Marke Wartburg. Es konnte blinken und hupen und mit Hilfe eines langen Kabels wie von Geisterhand in alle Richtungen davonbrausen. Über Jahre hinweg hegte und pflegte ich es, bis es mein Bruder in die Finger bekam und es zu einem traurigen Stück Plastik machte, das keinen Mucks mehr von sich gab oder gar noch einen Millimeter vorwärts rollte. Unter diesem Verlust leide ich heute noch.
Es sei zur Ehrenrettung meines Bruders gesagt, dass er im Zuge des Erwachsenwerdens toleranter und einsichtiger wurde; heute ist er Holzgestalter und entwirft wunderschöne Dinge. Unsere Familien stehen sich sehr nahe, auch wenn wir uns leider nur selten sehen.

Zwei Wochen im Sommer verbrachten wir immer an einem der Schweriner Seen in einem Wohnwagen oder einem Bungalow der einschlägigen DDR- Ferienorte wie Neuhof, Grünheide oder Ribnitz-Damgarten. Ich liebte diese vierzehn Tage im Jahr, schon allein wegen der aufgeregten Vorfreude, die vor der Fahrt mit unserem himmelblauen Trabant immer aufkam. Die Koffer wurden im Fußraum zwischen Vorder- und Rücksitzen deponiert, wo sie gleichzeitig als verlängerte Auflagefläche für zwei Kinder dienten – so entstand ein Kinderzimmer in Kleinformat. Der Kofferraum blieb diversen Auto-Ersatzteilen vorbehalten, die bei einer so weiten Reise mit unserem Trabi natürlich unverzichtbar waren. Ich erinnere mich, dass Muttis Strumpfhosen nicht nur einmal als Keilriemenersatz herhalten mussten! Und jede Menge Proviant hatten wir eingepackt: geschmierte Schnittchen, gekochte Eier, Würstchen und Gurke. Wir lachen heute noch darüber, denn die erste Rast machten wir aus Spaß an der Freude immer schon nach wenigen Kilometern.
Aber am Schönsten waren die Tage, wenn wir bei meiner Patentante Gisela und ihrem Mann Walther an der Ostsee Urlaub machten. Walther war ein echter Seemann und nahm uns oft auf seinem kleinen Kutter mit aufs Meer. Ich spielte im heißen Ostseesand und sah den Schiffen nach, die in Richtung Atlantik davon segelten. Ich liebte

ihren majestätischen Anblick und fuhr oft in Gedanken mit ihnen hinaus in die große, bunte Welt. Dieser Teil meiner Kindheit hat mich wohl, im Nachhinein betrachtet, am meisten geprägt.

Kurzum - ich war ein glückliches, schnell zu begeisterndes und an Allem interessiertes Kind. Immer stand ich morgens als Erste vor dem Kindergarten, war die Letzte im Kinderhort und in jedem schulischen Ferienlager vertreten. Noch heute bin ich morgens früher wach als jeder andere, um ja nichts vom bevorstehenden Tag zu verpassen.

Aber eigentlich wollte ich gar nicht von meiner Kindheit erzählen, auch wenn ich damit noch viele Seiten füllen könnte.

Denn das Abenteuer, welches mein ganzes Leben verändern sollte, begann erst, als ich längst erwachsen war.

1. Wie alles begann

Im Jahr 2006 war ich eine ganz normale Mittdreißigerin, die so ziemlich alle Stadien des erst ost-, dann gesamtdeutschen Durchschnittslebens mit allen seinen Vor- und Nachteilen durchlaufen hatte. Ausbildung, Ehe, Beruf, Arbeitslosigkeit, neuer Job - neues Glück, Scheidung. Letzteres sehe ich nicht als schwarzes Kapitel meiner Vergangenheit, da ich mich noch heute mit meinem Exmann gut verstehe – und: weil daraus mein Sohn Kai hervorgegangen ist. Seinen Namen verdankt er den langen Winternachmittagen meiner Kindheit, in denen ein ums andere Mal die Schneekönigin mit Kai und Gerda über den Bildschirm flimmerte. Ich war mir nie sicher, ob ich eine Tochter Gerda genannt hätte, aber glücklicherweise ist mir diese Entscheidung erspart geblieben.

Mit mütterlichem Stolz und ohne zu übertreiben kann ich behaupten, dass Kai mir in meinem ganzen Leben noch nie Sorgen bereitet hat. Weder kam es ihm in den Sinn, Plüschtiere zu sezieren, lebende Schnecken im Kühlschrank zu deponieren oder wie sein Vater schlecht benotete Schularbeiten monatelang unterm Teppich versteckt zu halten. Er liebte Tiere, anfangs vorzugsweise Wale und Delphine; später war es ein quicklebendiges Kaninchen namens Schnudi, welches leider die dumme Angewohnheit hatte, Telefonkabel anzunagen und hinters Sofa zu pinkeln. Bevor wir jedoch erzieherische Maßnahmen einleiten konnten, beförderte ein Schlaganfall unseren Mümmelmann in den Hasenhimmel. Während eines Urlaubs an der Ostsee verliebten wir uns in einen kleinen Hund und beschlossen spontan, dass genau so einer der Nachfolger unseres Kaninchens sein sollte. Der Familienrat diskutierte das Für und Wider eines Hundes aus; und nachdem meine schlagenden Argumente die Punkte auf der Minusseite ausradiert hatten, hielt bald darauf ein handtellergroßes Wollknäuel mit dem schönen Namen *Josy of Happy Little Lions* Einzug bei uns. Wir hatten uns vorgenommen, sie nicht zu verwöhnen oder gar zu vermenschlichen. Somit hat ein Hund natürlich nichts im Bett verloren - soweit die Theorie. In der ersten Nacht fühlte sich

mein Baby sicher sehr einsam, jedenfalls fiepte und winselte Josy herzzerreißend in ihrem Körbchen, das in unseren Augen an Gemütlichkeit doch eigentlich kaum zu übertreffen war. Ihre Klagelaute rührten so sehr an meinen Mutterinstinkt, dass ich ihr großzügig den Platz neben mir im Bett zur Verfügung stellte. Ich habe einen eisernen Willen, aber in solchen Situationen versagt er doch ganz jämmerlich.
Noch heute, nach über dreizehn Jahren, ist meine Lhasa-Apso-Prinzessin ein fester Bestandteil unserer Familie; und nicht zuletzt ist sie Teil meiner Geschichte.

An meiner Seite weilte mein neuer Lebensgefährte Micha. Eigentlich heißt er ja Michael, aber so nennt ihn niemand. Je nach Anlass rufe ich ihn auch Michi oder Michel, wobei ich letzteren in Anlehnung an seinen Namensvetter aus Lönneberga nicht unbedingt in Friede-Freude-Eierkuchen-Situationen benutze und meist in etwas erhöhter Stimmlage von mir gebe.
Im Herzen war mein Micha ein Indianer, interessiert an allem, was mit der Natur, den Tieren und natürlich den Ureinwohnern Amerikas zu tun hat. Der Held seiner Kindertage hieß Goijko Mitić, ein wahres Prachtexemplar von Indianer, das muss ich zugeben. Sämtliche seiner Filme stehen heute noch in Form Jahrzehnte alter ausgedienter Videokassetten bei uns im Regal. Im Fernsehen anschauen kann man sie leider kaum noch, da der Zahn der Zeit auch an den gestählten Indianerkörpern genagt hat und nun über die Mattscheibe eher ein Krieg der Ameisen flimmert. Aber allein beim zufälligen Betrachten der noch recht gut erhaltenen Videohüllen glänzen Michis Augen wie meine Kerzen auf dem Tannenbaum. Ich stand in meinen Jugendjahren eher auf den bleichgesichtigen Old Shatterhand alias Lex Barker, aber das habe ich Micha zu diesem Zeitpunkt vorsichtshalber nicht auf die Nase gebunden, um einem etwaigen Scheitern unserer noch frischen und empfindlichen Beziehung aufgrund unterschiedlicher Rassensympathien gleich vorzubeugen.
Natürlich gehört zu jedem guten Indianer auch ein eigenes Pferd und

eine standesgerechte Behausung – beides besaß Micha in Form seiner Arabermixstute Sedona und eines gemütlichen Indianerzeltes, welches mit mehreren anderen Tipis ein kleines Grundstück meiner Heimatstadt in ein idyllisches Indianerdorf verwandelte. Sedona kann man mit Recht als unser Schicksalspferd bezeichnen, denn durch sie lernte ich Micha kennen und lieben. Vom ersten Augenblick an hatte ich die Fuchsstute in mein Herz geschlossen. Die Sonne lässt ihr glänzendes fuchsfarbenes Fell und die seidige Mähne wie poliertes Kupfer schimmern. Und so wie Sedona mich sofort in ihren Bann zog, eroberte auch ihr Besitzer bald mein Herz. Selbst mein Bruder spielte in diesem Drama eine kleine Nebenrolle; vielleicht wollte er ja damit die böse Sache mit meinem Polizeiauto wieder gut machen... Außerdem hatte ich fünfzehn Jahre vorher in einem Schüleraufsatz mit dem dramatischen Titel: *Der rote Mann liegt im Sterben*, in dem ich auf die Ausrottung der Indianer hinwies, ganze vier Einsen bekommen. Wenn das kein gutes Vorzeichen war, dann weiß ich auch nicht.

Außerhalb der Indianerreservation und im wahren Leben arbeitete Micha als "King of the Road", Fernfahrer seit vielen Jahren. Ein besonders königliches Gefühl beschlich Micha bei seinem Job allerdings recht selten, denn die oft besungene Trucker-Romantik existiert nur in den Köpfen derer, die noch nie wochenlang ihre Tage und Nächte im LKW verbracht haben, Kilometer um Kilometer die Autobahnen abfahren - ständig die Zeit im Nacken. Nicht immer ist nach Ablauf der Fahrzeit eine Raststätte mit freien Parkplätzen in der Nähe, was nichts anderes bedeutet, als den Tempel der Erleichterung in der freien Natur aufzusuchen, sich mit kaltem Wasser aus dem Kanister zu waschen und drei Tage altes Brot mit dem letzten verbliebenen Bier hinunterzuspülen. Manch ein Fahrer mag wohl aus Verzweiflung das vor allem in den östlicheren Gefilden gängige nächtliche Freizeitangebot in Form kurzer Röcke und waffenscheinpflichtiger Stöckelschuhe annehmen, aber meinem Micha ist das nie in den Sinn gekommen. Jedenfalls konnte er mir dies immer glaubhaft versichern.

Wenn er dann endlich nach Hause kam, war er kaputt, müde und ausgelaugt. Man sah kaum noch etwas von seinen schönen blauen Augen, da sie durch zu wenig Schlaf und das anstrengende Sehen blutunterlaufen waren und Micha eher einem Zombie glich.
So kleine banale Dinge, wie das Nicht-Auffinden des Salzstreuers in den Weiten unserer Einbauküche oder die ständige Frage, wo denn dies oder jenes zu finden sei, machten mir bewusst, dass Micha sich wahrscheinlich eher als Gast denn als Hausherr fühlte. Diese Phase seines Lebens scheint ihn nachhaltig so geprägt zu haben, dass die Küche bis heute unerforschtes Terrain ist und ohne zu übertreiben als unkontrollierte Gefahrenzone für ihn gilt.

Die Wochenenden verbrachten wir dann meist im Indianerlager oder statteten Freunden und Familie einen kurzen Besuch ab, zu mehr reichte die Zeit nicht. Nur selten gingen wir abends weg, weil Micha manchmal am Tisch einschlief, noch bevor er Gelegenheit hatte, sein erstes Bier so richtig zu genießen.
Die Wäsche war kaum richtig getrocknet, da wurden am Sonntagnachmittag die Taschen für weitere drei, vier, manchmal sogar fünf Wochen gepackt. Meine kleine Josy beobachtete die Vorbereitungen immer mit großem Argwohn; sie wird vorsichtig und unruhig, sobald es irgendwie nach Wegfahren ohne sie aussieht. Nun war die Laune bei uns allen im Keller; Micha musste nach den wenigen Stunden Erholung wieder auf seinen LKW, und ich sah weiteren einsamen Wochen entgegen.
Ein paar Mal begleitete ich Micha auf seinen Touren; es ging nach Dänemark, Frankreich und England. Wer nun meint, man hätte da ja halb Europa gesehen, dem kann ich nur sagen: Autobahnen und Gewerbegebiete sehen überall gleich aus. Natürlich gefiel es meinem Schatz, wenn ich neben ihm im LKW saß; konnte er doch zusehen wie ich versuchte, mich in seiner Welt zurechtzufinden. Er zeigte mir die besten Rasthöfe mit den billigsten Duschen und wie man eine Ladung ordentlich sichert. Na und meine liebevoll geschmierten Schnittchen muteten im Vergleich zu seiner achtlos aufs Brot ge-

klatschten Scheibe Salami wie ein Fünf-Sterne-Essen an. Aber das waren Ausnahmen in einem sonst relativ tristen Alltag.

Ich arbeitete zu dieser Zeit als Büroangestellte in einer Firma im Nachbarort; die meisten Stunden verbrachte ich dort jedoch in der Produktion mit dem Schleifen von Gläsern. Die Arbeit war nicht das, was mir vorschwebte, die Bezahlung erst recht nicht. Aber man konnte nicht klagen – immer noch besser als arbeitslos zu sein, was zu dieser Zeit im Erzgebirge leider zum traurigen Alltag gehörte.
Unsere damalige berufliche Situation hatte auch zwei Vorteile, einen für jeden: Micha musste sich nie vor irgendwelchen ungeliebten Arbeiten oder Entscheidungen drücken, immer argumentierte er mit der perfekten Ausrede, warum er dies oder jenes nicht wusste oder nicht konnte: Er war ja nicht zu Hause. Wie praktisch, nicht wahr?
Ich konnte auf die Vorteil-Seite verbuchen, dass ich alleine nach Lust und Laune schalten und walten konnte. Niemand schrieb mir vor, wie ich was und wann machen sollte, ich bestimmte das Fernsehprogramm und wann welche Mahlzeit auf den Tisch kam. Auch nicht zu verachten!
Allerdings erstreckte sich das Alleine-Walten auch auf alle anderen Bereiche des Lebens, um die ich mich zu kümmern hatte. Das war eher weniger vorteilhaft. Job, Haushalt, Sohnemann, meine kleine Josy. Und zwei- bis dreimal die Woche fuhr ich zu dem zwölf Kilometer entfernten Reiterhof, um unserer Stute eine liebevolle Mama zu sein. Es gibt ja hin und wieder doch Situationen, in denen die Anwesenheit einer helfenden männlichen Hand nicht zu verachten ist, Gleichberechtigung hin und her. Und wenn es nur eine tröstende Umarmung gewesen wäre, weil am Ende des Geldes immer noch so viel Monat übrig war. Oder die schönen Erlebnisse, die ich viel lieber mit Micha hätte teilen wollen. Dann vermisste ich ihn unwahrscheinlich.

Irgendwann beschlossen wir, uns noch ein Pferd zu kaufen. Wir waren zwei Reiter und hatten ein Pferd – das war eindeutig eins zu wenig. Wir fuhren mit Freunden zu einem Händler, der in regelmäßigen

Abständen containerweise Pferde aus Polen herankarrte. Wir wollten nur mal schauen, denn Geld für ein zweites Tier hatten wir eigentlich keines. Und ganz wohl war mir bei der Sache auch nicht. Aber wie die Unvernunft es will, stach meinem Schatz eine zweijährige Scheckstute ins Auge, die ihm mit ihrem schüchternen Augenaufschlag sofort den Kopf verdrehte. Ich widerstand seinem Betteln und einer verqueren Argumentation, wie sie nur Männer zustande bringen können, eine ganze zeitlang mit vernünftiger Logik und weiblicher Vorsicht. Allerdings fiel mein mühsam und mit viel Feingefühl aufgebautes ablehnendes Verhalten rasch wie ein Kartenhaus in sich zusammen. Der Händler ließ nämlich die Bemerkung fallen, das alles, was nach zwei Wochen nicht verkauft ist, zum Schlachter geht. Ich hörte wohl nicht richtig! Das konnte ich doch nicht zulassen, dass so ein schönes Tier in der Wurst landet! Ich war empört und nur der Gedanke daran machte mich ganz krank. Und so borgten wir uns Geld von unseren Freunden und waren fortan stolze Besitzer eines zweiten Pferdes - und um das Wissen reicher, wie leicht ein tierliebendes Herz manipulierbar ist.
Ich muss wohl nicht erwähnen, an wem die Arbeit mit beiden Pferden letztendlich hängenblieb, da sich der zwar willige, aber ständig abwesende andere Teil meiner Lebensgemeinschaft wochenlang auf Europas Autobahnen herumtreiben musste, um Geld für alle hungrigen Mäuler zu verdienen. Es ist schon etwas Wahres dran an dem Sprichwort: *Früher hatte ich Zeit und Geld – heute habe ich Pferde.*

Aus meinem kleinen Kai war mittlerweile ein 15jähriger junger Mann geworden, an allem interessiert, was Reifen hatte und nach einem Fahrzeug aussah. Wen wundert es da, dass es sein Herzenswunsch war, seine Zukunft mit öligen Händen unter der Motorhaube von Autos zu verbringen? Es wurde Zeit, nach einer Lehrstelle zu suchen. Doch dies entpuppte sich nicht nur als schwieriges Unterfangen, sondern in Sachsen war es seinerzeit nahezu unmöglich, einen Ausbildungsplatz als Autoschlosser zu ergattern. Zwei freie Lehrstellen gab es, und über 3000 Bewerber! Also auf den Punkt gebracht: aussichts-

los. Er könne ja auch in den westlichen Bundesländern eine Lehre beginnen, da wären die Chancen auf einen Lehrplatz größer, meinte man im Arbeitsamt. Panik erfasste mich. Mein Baby, allein in der Fremde? Ausgeschlossen!
Und was nun? Kai hätte bei seinem Vater, der eine eigene Sanitärfirma betreibt, in die Lehre gehen können, aber das war nun wirklich nicht das, was ihm beruflich vorschwebte. Und ich wollte auch nicht, dass Kai irgendeine Ausbildung machte. Schließlich hatte er schon als Kind viel mehr an seinem Plastikauto herumgeschraubt als darauf gesessen. Das allein bewies doch schon, auf welcher Schiene sich sein Interesse und Talent bewegten.

Wenn ich an den seltenen Abenden, an denen Micha zu Hause war, in seinen Armen lag, redeten wir über all die Dinge, die uns das Leben schwer machten. Seine Arbeit, die ständigen finanziellen Engpässe, Kais fehlender Lehrplatz. Viele Mittel etwas zu ändern gab es nicht, aber wir konnten uns nicht vorstellen, jahrein, jahraus so weiter zu leben. Und so fiel es uns immer schwerer, die Situation hinzunehmen. Kais unzählige abschlägige Bewerbungen und Vorstellungsgespräche gaben dann den Ausschlag, über eine ganz andere Möglichkeit nachzudenken: Irgendwo anders hinzugehen und neu anzufangen. Alle zusammen. Der Gedanke war faszinierend und erschreckend zugleich, und in langen Nächten malten wir uns eine rosarote Zukunft aus, wie sie wahrscheinlich nur in der Fantasie existieren kann.
Aber die Idee wegzugehen ließ uns nicht mehr los und setzte sich in unseren Köpfen fest. Westdeutschland? Österreich? Schweiz? Oder noch weiter weg? Wir hatten kein konkretes Ziel vor Augen, verschiedene Orte und Länder wurden in Erwägung gezogen und wieder verworfen. Wir wussten nur eines: Es musste sich etwas ändern.

2. Wie der Zufall es will

Erst fühlte sich unsere Idee eher unheimlich an, und wir behielten sie für uns. Manchmal taten wir sie auch als Spinnerei ab und lachten über die absurden Gedanken. Sie waren wie ungeliebte Stubenfliegen: Man versucht sie entweder standhaft zu ignorieren oder totzuschlagen, nur um kurz darauf feststellen zu müssen, dass sie einen ärger denn je umschwirren.

Wir lebten unser Leben weiter wie bisher, unzufriedener denn je und mit dem untrüglichen Gefühl, dass bald etwas passieren würde. In uns baute sich eine Spannung auf, von der ich nicht weiß woher sie kam; es gab eigentlich keinen Auslöser dafür. Weiblicher Instinkt kann es wohl nicht gewesen sein, denn Micha empfand eine ähnliche Erwartungshaltung wie ich - und zu sagen, er wäre im Besitz fraulichen Gespürs, wäre eine glatte Lüge.

Micha düste mit seinem LKW weiter die Autobahnen Europas rauf und runter; ich hielt zu Hause die Stellung. Unsere beiden Pferde Sedona und Cheyenne genossen ihr Leben bei lieben Freunden auf einem schönen Araberhof in Pension. Ich begann zusammen mit meiner Freundin Annett, die ihren Vierbeiner auf dem gleichen Gestüt einstehen hatte, die damals zweieinhalbjährige Cheyenne zu trainieren. Wir hatten sie absichtlich roh -also unausgebildet- gekauft, um sie uns so zu erziehen wie wir wollten. Allerdings entpuppte sich unser einst so schüchternes Mädchen bald als recht eigensinniger Teenager, dem es offensichtlich größtes Vergnügen bereitete mich zur Weißglut zu bringen, indem sie sich beim Führen und Spazierengehen einfach auf ihren Allerwertesten niederließ und nicht mehr aufstand. Nun mag der ein oder andere denken, dass dies ja ganz lustig oder gar zirkusreif ist – ich stand jedes Mal vor dem Problem, wie ich dieses 500 Kilo schwere Riesenbaby wieder auf die Beine bekam! Auch ging ihr das zum Säubern der Hufe nun mal notwendige Prozedere des Füßehebens total gegen den Strich. Als Stallbesitzer Bernd in der heroischen Absicht mir zu helfen das zweite Mal in die Boxenecke flog, war das Maß voll. Das Training verlor weitestgehend seinen lockeren und spielerischen Charakter, Spaziergänge wurden gegen Longenarbeit ausgetauscht und statt leise geflüsterter Koseworte musste sich Cheyenne nun laute Verbalattacken anhören, die ich teilweise so reich mit Schimpfwörtern ausschmückte, dass sie sich wahrscheinlich gar nicht mehr von ihrem Hinterteil erhoben hätte, wenn sie nur den Inhalt hätte verstehen können. Allerdings reicht ja bei Pferden schon das Erheben der Stimme aus, um den sensiblen Tieren zu zeigen, dass etwas nicht so ist wie es sein soll. Das funktionierte bisweilen ganz gut, aber wer versteht schon einen weiblichen Teenager in der Aufmüpf-Phase! Also war hin und wieder guter Rat vonnöten.

Und hier kommt ein Zufall ins Spiel, der letztendlich jenen Stein ins Rollen brachte, der uns schon seit Wochen schwer auf der Seele lag. Annett empfahl mir ein Internetforum, in dem es ausschließlich um Pferde, deren Haltung, Ausbildung und alles was im Entferntesten damit zu tun hat, geht. Hier treffen sich Leidensgenossen und solche die es werden wollen; hier bekommt man auf jede noch so schwierige Frage Unmengen verschiedener Antworten, hier stellt jeder die schönsten Fotos seiner Quälgeister ein, um zu zeigen, wie dieser oder jener Tipp eines Forumsmitgliedes zum Erfolg geführt hatte. Oder man quatschte einfach über Gott und die Welt – und natürlich über Pferde. Hin und wieder tummelten sich auch ein paar Ausländer unter ihnen, Schweizer oder Österreicher. Ein junges Mädchen war dabei, unter dessen Forumsnamen eine etwas ungewöhnlichere Flagge als Kennzeichnung ihres Wohnortes prangte. Mit ihr schrieb ich des Öfteren, anscheinend hatte sie mit ihrer Stute auch schon alle Stadien des Zickendaseins durchlebt.

So erfuhr ich bald, dass sie vor einem Jahr mit ihrer Familie – Mutter, Vater, einer Schwester und ihren zwei Pferden- nach Norwegen ausgewandert war. Du lieber Himmel, Norwegen. Immer kalt und finster. Dieses Land war in unseren Auswanderfantasien nicht mal ansatzweise vorgekommen.

Irgendwann telefonierte ich mit der Mutter des Mädchens, Andrea.

Die Kontakte häuften sich, fast jeden Abend saßen wir beide am Computer, hunderte Kilometer voneinander entfernt. Ich wusste bald alles über ihre Auswanderung; Andrea schwärmte von ihrer neuen Heimat und nahm mir zu einem guten Teil meine Vorurteile gegen ein Land, das ich nie betreten hatte. Es sei doch gar nicht ständig dunkel und kalt, jedenfalls nicht im Mittelwesten Norwegens, wo sie mit ihrer Familie nun lebte. Die Landschaft sei ein Traum, die Menschen nett und unkompliziert. Man bekäme guten Lohn für seine Arbeit; die Bedingungen wären in keinster Weise mit den deutschen vergleichbar. Wenn er zu Hause war, klinkte sich auch Micha mit in unsere Gespräche ein, um den neuesten Begebenheiten aus dem Schlaraffenland zu lauschen. Jedes Mal nachdem wir den Telefonhörer aufgelegt hatten, kuschelten wir uns aneinander und diskutierten stundenlang darüber, was uns Andrea erzählt hatte. So ganz langsam, ohne dass wir uns dessen richtig bewusst wurden, reiften kühne Gedanken in uns heran. Immer öfter ertappten wir uns dabei, wie wir im Internet nach Fotos aus Norwegen suchten und so viel wie möglich über das Land zu erfahren versuchten. Die Landschaft auf den Bildern sah gigantisch aus: urtümlich, rau und unvergleichbar schön.
Alle Möglichkeiten standen uns doch offen, es gab Hunderte, die es vorgemacht hatten. Nicht umsonst guckten wir uns in regelmäßiger werdenden Abständen die Auswandersendungen verschiedener deutscher Privatfernsehsender an. Es sah so einfach aus.
Mittlerweile hatten wir meiner Familie von unserer Idee berichtet, sorgsam von vagen Gedanken und nicht von Plänen sprechend. Zu ihrem Selbstschutz taten sie es noch als Hirngespinste ab, die sich sicherlich bald von alleine verflüchtigen würden. Von den Arbeitskollegen wurde ich belächelt, unsere Freunde konnten sich nicht entscheiden, ob sie davon begeistert sein oder uns für verrückt erklären sollten.

Inzwischen stand Weihnachten 2006 vor der Tür, und von Andrea erhielten wir ein ganz besonderes Geschenk: Sie lud uns zu sich nach Norwegen ein. Wir überlegten nicht lange, denn schließlich

war so ein Urlaub unverbindlich und wir hatten nichts dabei zu verlieren. Aus unseren Recherchen wussten wir, dass Norwegen nicht gerade ein billiges Pflaster ist, umso mehr freuten wir uns, dass wir kostenlos bei Andrea wohnen sollten. Ansonsten wäre uns eine Reise nach Skandinavien schon aus Gründen der gähnenden Leere in unserer Sparbüchse nie in den Sinn gekommen.
Während der langen Telefongespräche mit Norwegen erwähnte Andrea auch, dass sie gern eine Art Westernranch aufbauen wollte. Da war sie bei meinem Schatz natürlich an der richtigen Stelle. Nach einigen Überlegungen und sicher nicht zuletzt auch auf den Rat meines Möchtegern-Indianers hörend entschied sie sich, ein Indianertipi zu kaufen. Oder besser gesagt, sie bestellte das Zelt in Deutschland und wir sollten es mit nach Norwegen bringen. Und wenn wir schon mal da waren, konnte der Profi ja auch gleich mit helfen, diese ganz spezielle Behausung aufzustellen. Dies ist nämlich gar nicht so einfach! Oftmals braucht ein Tipi-Aufstell-Experte schon eine von Frustration und Flüchen begleitete Ewigkeit, bis die heiligen Zeltwände zufriedenstellend und selbstredend faltenfrei stehen. Für einen Laien kann diese nervenaufreibende Angelegenheit zu einem wahren Alptraum werden! Natürlich war Micha einverstanden, Andrea mit seiner in mehreren Jahren erprobten und bewährten Zelt-Aufbau-Taktik tatkräftig zu unterstützen - konnten wir uns so doch wenigstens für die Gastfreundschaft revanchieren.
Als Zeitpunkt für unsere Reise eigneten sich am besten die Winterferien im Februar; Kai musste nicht zur Schule und wir gaben Andrea noch einige Wochen Zeit, die notwendigen fünfzehn Zeltstangen für ihr neues Tipi zu besorgen. Aus Holz mussten sie sein, und mindestens zwölf Meter lang.
In den nächsten Wochen erreichten uns haarsträubende Fotos einer im knietiefen Schnee schwitzenden und hoch motivierten Andrea, die mit einer Kettensäge Bäume fällte, die Rinde abschälte und glatt schliff. Alle Achtung, die Frau kannte sich mit Emanzipation aus.

Die Weihnachtszeit im Erzgebirge ist die schönste Zeit des Jahres, und auch mir machte es wieder Freude, dieses besinnliche Fest mit all seinen generationsüberdauernden und liebgewonnenen Traditionen vorzubereiten. Kurz vor dem ersten Advent werden die Räuchermänner, Nussknacker, Bergmänner und Engel vom finsteren Dachboden in die warmen Stuben geholt und abgestaubt; mit traditionellen Schnitzereien verzierte Schwibbbögen zieren die Fensterbretter und verbreiten Gemütlichkeit. Die Jesusfamilie samt Hirten und den Heiligen Drei Königen drehen beständig ihre Kreise auf den geschnitzten Pyramiden, und der Duft von Weihrauchkerzchen und gebackenen Plätzchen zieht durch die Räume. Es ist wunderbar, und ich versuche immer wieder, diese Zeit mit den Augen eines Kindes zu sehen: voller Vorfreude, die ruhige Behaglichkeit der wenigen Wochen nutzend und immer das Gefühl im Herzen, dass die Tage anders sind als alle anderen im Jahr - etwas ganz besonderes eben.
Ich ahnte zu diesem Zeitpunkt noch nicht, dass dieses Weihnachtsfest für uns das letzte in Deutschland sein würde, sonst hätte mir und der Familie sicher Wehmut und Traurigkeit jegliche Freude daran genommen.

Micha fiel wie immer die Ehre zuteil, den Tannenbaum aufzustellen. Das Modell 2006 hielt meinen kritischen Augen stand und wir schmückten ihn gemeinsam. Das heißt, Micha drapierte in einem mit Unmutsausrufen begleiteten Gewaltakt die Beleuchtung, während ich Anweisungen gab, wie und auf welchem Zweig ich die mit scheinbar viel zu kurzem Kabel versehenen Kerzen zu sehen wünschte. Nachdem das Ergebnis doch recht zufriedenstellend war, konnten wir uns ganze drei Minuten am Glanz des hell erstrahlten Baumes erfreuen, bis die Lichterkette ihren Geist nach einem kurzen, ereignislosen Leben aufgab. Nachdem ich Micha beruhigt und er sich mit der Tatsache abgefunden hatte, dass er knappe zwei Stunden umsonst wie Rumpelstilzchen um unseren Christbaum gehüpft war, machten wir uns auf den Weg in den Baumarkt und kauften eine neue, teurere Lichterkette und wiederholten die ganze Prozedur. Und tatsächlich, diesmal funktionierte es! Glänzende Kugeln in der Modefarbe apricot; kleine Holzfiguren und Sterne vervollständigten das Stück. Und zu guter letzt bekam der Baum noch seine Lamettafäden, genau wie ich es von meinem Vati gelernt hatte: Jeder Faden wurde einzeln an seinen Platz gehängt und beim Abputz auch wieder einzeln abgenommen, damit ja keiner der hauchdünnen Foliebändchen knickt oder gar zerreißt! Denn in meinen Kindertagen war Lametta nicht für 99 Cent an jeder Ecke zu erstehen, und die "guten" Silberfäden aus Blei waren für Otto Normalverbraucher nicht eben billig. Deshalb wurde sorgsam damit umgegangen, und ich möchte fast behaupten, dass am Plastikbaum meiner Eltern noch heute die Bleifäden meiner Kindheit baumeln.

Micha war bis auf wenige Tage während der Adventszeit wieder auf Achse, und erst am Mittag des Heiligen Abends stand er mit seinen Beuteln und Taschen vor der Tür wie Nikolaus persönlich. Oder besser gesagt: wie das Christkindl, denn Micha feiert jedes Jahr am 24.12. auch noch seinen Geburtstag. Nun waren wir alle beisammen und konnten Geburtstag und den Weihnachtsabend feiern. Der schlabberige Jogginganzug wurde gegen eine gute Jeans und ein frisch gebügeltes Hemd getauscht; Kerzen tauchten alles in ein feierliches Licht. Auf dem festlich gedeckten Tisch fanden neben vielen Schüsseln und Tellern auch Brot, Salz und etwas Kleingeld ihren Platz – sie symbolisierten wie jedes Jahr die Bitte um genügend zu Essen und Geld zum Leben. Besinnliche Weihnachtsmusik spielte leise im Hintergrund, und wie immer stand pünktlich 18.00 Uhr unser traditionelles erzgebirgisches Weihnachtsmahl auf dem Tisch: Ente, selbstgemachte „grüne Klöße", Rotkohl, Sauerkraut und Dessert. Die Kirchenglocken läuteten, und dann war der Festschmaus eröffnet. Ich glaube, an keinem Tag im Jahr wird mit soviel Hingabe und Genuss gegessen – und in diesen Mengen. Ein Kloß nach dem anderen wandert auf Michas und Kais Teller und in ihre Mägen; ich habe keine Ahnung wo sie den Platz dafür hernehmen! Nach dem Festschmaus bedurfte es einer kleinen Pause, in der ich die Küche aufräumte und sich meine Männer wie Hochschwangere auf dem Sofa drapierten und sich erholten. Dann fuhren wir zu meinem Bruder, um im Kreise der Familie dem für meinen Neffen sicherlich wichtigsten Teil des Abends beizuwohnen: der Bescherung. Sie fiel wie immer außerordentlich umfangreich aus und es nahm dementsprechend viel Zeit in Anspruch, aus den liebevoll verpackten Gaben einen Haufen aus kaputtem und zerknülltem Geschenkpapier, Klebebandresten und Schleifen zu machen. Zum Glück musste meine Oma das nicht mehr miterleben, denn zu ihren Zeiten wurde das Papier noch glattgestrichen oder gar gebügelt, um bei der nächsten Bescherung seine Widerauferstehung zu feiern. So ändern sich die Zeiten!

Auch den Jahreswechsel begingen wir bei meinem Bruder. Und das war reine Glückssache, denn in den Zwischentagen musste Micha wieder eine England-Tour fahren, und ich begleitete ihn diesmal. Noch einen Tag vor Silvester standen wir mit unserem LKW auf der Fähre von England nach Frankreich und durften aufgrund schlechten Wetters nicht anlegen. Die Zeit lief uns davon, aber kurz vor Toreschluss trafen wir dann doch am Nachmittag des 31. Dezember müde und kaputt zu Hause ein. Zusammen mit meinen Eltern und einigen Freunden begrüßten wir das neue Jahr mit einer lustigen Feier, von der wir uns schon kurz nach Mitternacht zurückzogen, um todmüde in unser Bett zu fallen – nicht ahnend, dass das soeben begonnene Jahr unser Leben völlig aus seinen gewohnten Bahnen werfen würde.

3. Norwegischen Boden unter den Füßen

Der Januar 2007 verging wie im Flug: ein riesiger, schwerer Stoffsack mit Andreas Indianerzelt traf bei uns ein. Du lieber Himmel, wie sollten wir das Ungetüm denn ins unser Auto bekommen?? Nach einigem Hin und Her borgten wir uns bei Bekannten meines Bruders eine sogenannte *Oma*. Meine Vermutung, warum diese sargähnliche Auto-Dachbox diesen Namen trägt, mag ich gar nicht äußern, da sie mir doch etwas gewagt erscheint.

Meine kleine Josy gaben wir in die fürsorglichen Hände meiner Eltern, die ihr haariges Enkelkind nach Strich und Faden verwöhnen würden. Schließlich sollte das arme Ding nicht unter den Schnapsideen seiner Mama zu leiden haben!

Mit einer ausgedruckten Wegbeschreibung, die unterm Strich stattliche 1780 Kilometer Gesamtstrecke auswies, einem Reservekanister Benzin, mehreren Koffern mit warmer Kleidung und Proviant sowie der mit Andreas Zelt vollgestopften Oma fühlten wir uns gut genug gerüstet für unsere erste Reise in den hohen Norden, die am 8.Februar 2007 starten sollte. Für den unwahrscheinlichen Fall, dass unser kleiner Peugeot einmal Norwegens Straßen nicht mehr Herr werden würde, packten wir noch einen Satz Schnellmontage-Autoketten ein.

Und noch etwas hatten wir bei Reiseantritt im Gepäck: einen hustenden und schniefenden Micha, der mit einer ausgewachsenen Grippe eine über 20stündige Autofahrt auf sich zu nehmen gedachte. Im Normalfall würde er jetzt langsam auf dem Sofa dahinsiechen, sich immer der Gefahr seines plötzlichen Ablebens bewusst. Doch außergewöhnliche Umstände erfordern ebensolche Maßnahmen! Denn ans Lenkrad durfte ich bei solch einer Fahrt natürlich nicht. So ein Berufsfahrer hat seinen Stolz, auch mit 39 Grad Fieber und Augen so glasig, als hätte er 3 Promille Alkohol im Blut.

Also machten wir uns bei nasskaltem Winterwetter auf den Weg gen Rostock. Von hier aus hatten wir die Fähre nach Trelleborg gebucht. Die nächtliche Überfahrt dauerte sieben Stunden, für meinen Micha war die Zwangspause ein wahrer Segen. Ausgestreckt auf den Sitzpolstern eines Aufenthaltsraumes schlief er auf meinem Schoß wie ein Baby.

Ausgeruht und voller Tatendrang fuhren wir am nächsten Morgen einem herrlichen schwedischen Sonnenaufgang entgegen. Micha ging es etwas besser, aber noch lagen um die tausend Fahrkilometer vor uns.

Auf Andreas Rat hin umfuhren wir den offiziellen schwedisch-norwegischen Grenzübergang Svinesund, um einer eventuellen Kontrolle des Zolls zu entgehen. Da Norwegen kein EU-Mitgliedsstaat ist, unterliegen die meisten Waren dem Einfuhrzoll und der Einfuhrumsatzsteuer. Dies bedeutet nichts anderes, als das wir auf Andreas Tipi eine stattliche Summe hätten zahlen müssen, um es nach Norwegen einzuführen. Wie vorausgesagt erwies sich der empfohlene Übergang als völlig problemlos; nur ein Schild mit der Aufschrift „Riksgräns Norge“ zeigte uns, dass wir die Grenze zum Königreich Norwegen überfahren hatten.

Allen potentiellen Nachahme-Willigen sei heutzutage davon abzuraten, diesen Schleichweg zu benutzen. Die Grenzwacht ist natürlich nicht ganz dumm und steht dort jetzt Tag und Nacht Schmiere, um sich die Beschlagnahmung meist horrender Ladungen osteuropäischer Zigaretten- und Alkoholschmuggler nicht durch die Lappen gehen zu lassen.

Bis zur Grenze ging es auf gut ausgebauten und schneefreien Straßen recht angenehm und zügig voran; doch sobald wir unsere Räder auf norwegischen Boden setzten, änderte sich das Bild schlagartig. Die Straßen wurden schlechter und kurviger, das Eis darauf immer dicker. Heute wissen wir, dass man in Norwegen vorzugsweise mit den sogenannten *Piggdekks* , also Rädern mit Spikes, fährt.

Also schlichen wir mit unserem schwarzen Hengst, wie wir unser

Auto liebevoll nannten, auf teilweise eisglatten Straßen mit 50-60 Stundenkilometern dahin, und ich war froh, dass Micha trotz seiner Grippe darauf bestand, das Lenkrad nicht aus der Hand zu geben.

Irgendwann passierten wir ein Hinweisschild mit der Aufschrift *Lillehammer - 270 km.* Gefühlte fünf Stunden später belehrte uns das nächste Schild: *Lillehammer - 230 km.* Wir lernten unsere erste Norwegisch-Lektion: Einhundert Kilometer in Norwegen sind nicht das gleiche wie einhundert Kilometer in Deutschland! An dieser Stelle seien alle Campingfreunde herzlich gegrüßt, die der irrigen Meinung aufgesessen sind, in zwei Wochen bis ans Nordkap fahren und frisch und erholt rechtzeitig vor Arbeitsantritt wieder zu Hause aufschlagen zu können…

Das schlecht ausgebaute Straßennetz, viele Geschwindigkeitsbegrenzungen, eine oftmals enge, kurvenreiche Wegführung und nicht zuletzt der völlig ungewohnte Zustand der winterlichen Straßen machten das Fahren zum Abenteuer - und zu einem nicht endend wollenden Gewaltritt. Um dem allen noch die Krone aufzusetzen, überholten uns auf eisglatter Straße norwegische LKWs in halzbrecherischem Tempo, die Michas gesamtes Berufsweltbild zum Einsturz brachten.

Erfreulicher ging es während der Tankstopps zu; mein Sohnemann war sichtlich beeindruckt von den hübschen blonden Mädchen hinter der Theke. Natürlich stand auch mein Micha nicht blind vor dem Kaffeeautomaten, aber seine wohlwollenden Seitenblicke auf die weiblichen Angestellten entlockten mir nur ein kleines Lächeln. Na bitte, sein Gesundheitszustand schien so schlecht nicht mehr zu sein!

Es war langsam Nachmittag und Abend geworden, und allmählich gewöhnten wir uns an den Zustand der Straßen. Die erst recht eintönige Landschaft verwandelte sich in eine atemberaubende Kulisse. Sie verdrängte die ersten negativen Eindrücke und versüßte uns die vielen, vielen Fahrstunden. Fjorde eingerahmt von Felsmassiven und verschneiten Wäldern, riesige Eiszapfen, die wie Vorhänge aus Glas an den Felswänden der Straßen hingen. Es war wie im Bilderbuch -

ein Winter-Wunderland. Mich hatte ein Gefühl ergriffen, das wohl am ehesten als Ehrfurcht zu beschreiben war. Was die Natur hier vollbracht hat, ist gewaltig und einzigartig. Man fühlt sich klein und machtlos angesichts der über Jahrmillionen geformten gigantischen Landschaft. Selbst als es längst dunkel wurde konnten wir die riesigen, steil aufragenden Felsmassive um uns herum spüren. Kleine beleuchtete Häuschen schmiegten sich an die Berghänge, und ich war total entzückt von diesen typisch skandinavischen, so einladend und gemütlich wirkenden Behausungen.

Irgendwann, als wir uns fast am Ziel in der Kommune Sunndalsöra glaubten, riefen wir unsere Bekannten an um uns anzumelden. Als Andrea hörte, wo wir uns befanden, rief sie ganz erfreut: *Oh schön, da seid ihr ja in knapp zwei Stunden da!* Uns kam ein gequältes Stöhnen über die Lippen, und Micha fluchte: *Das kann doch nicht möglich sein, in zwei Stunden sind wir ja am Nordpol!*

Endlich, nach sechsundzwanzig endlosen Stunden, erreichten wir unser Ziel, ein kleines Dorf im mittleren Westnorwegen. Andreas Haus stand inmitten eines winzigen „Wohngebietes“ (kleine Einfamilienhäuschen, kein Plattenbau) auf einem Hügel, und hier -nur noch wenige hundert Meter vom Haus entfernt- schaffte unser tapferer Hengst die steile, kurvenreiche Auffahrt nicht mehr, und unsere Schneeketten durften letztendlich doch noch zum Einsatz kommen.

Andrea, ihr Mann und ihre zwei Töchter erwarteten uns schon. Wir begrüßten uns, als wären wir schon ewig alte Freunde. Dabei hatten wir uns noch nie zuvor gesehen! Sie zeigten uns im Schnelldurchlauf ihr kleines, typisch norwegisches Holzhäuschen und wir plauderten noch ein bisschen. Allerdings waren wir so erschöpft und unsere Aufnahmefähigkeit dermaßen auf dem Nullpunkt angekommen, dass Andrea bald ihre Couch in unsere Schlafstatt verwandelte und Kai neben den Räumen der Mädchen Quartier bezog. Völlig erschlagen von den vielen neuen Eindrücken des Tages schliefen wir tief und fest - das erste Mal auf norwegischem Boden.

Am nächsten Morgen weckte uns eine strahlende Sonne, die durch Andreas großes Wohnzimmerfenster schien. Nun konnten wir unsere Umgebung richtig wahrnehmen, war es doch am Abend davor viel zu dunkel gewesen.

Der Ausblick war atemberaubend. Der Himmel zeigte sich in leuchtendem Blau, das Thermometer zeigte 15 Grad unter Null. Unter uns in einigen Kilometern Entfernung lag, eingerahmt von Felsmassiven und Wäldern, der Fjord. Er sah aus wie eine überdimensional große, dampfende Badewanne. Das Naturschauspiel ist dem Einfluss des Golfstromes zu verdanken, der die Fjorde in den meisten Teilen Norwegens auch eisfrei hält. Dieser Wassernebel und die gigantische Wirkung der Fjorde und Berge auf die menschlichen Sinne sind das Saatgut, aus dem die märchenhaften Sagen über Trolle und Feen erwachsen.

Nach einem kräftigenden und wortreichen Frühstück fuhren wir zum Stall, in dem Andreas zwei Pferde untergebracht waren. Auf dem Weg dorthin bestätigte sich unser erster Eindruck dieser gewaltigen Landschaft; sie war einfach nur traumhaft schön. Die Vierbeiner schien ihre Umgebung weniger zu interessieren, denn solange das Buffet reichlich gedeckt ist, war für sie die Welt in Ordnung. Wir erfuhren, dass es in Norwegen üblich ist, die Tiere zum größten Teil mit Silo zu füttern. Ein großer hölzerner Verschlag auf der Koppel wurde damit gefüllt, und dann durften die Pferde fressen bis sie satt waren. Das war für uns neu; bekamen unsere beiden doch nur zweimal am Tag eine Ration Heu und Kraftfutter. So kannten wir das von allen Pferdebesitzern. Nun ja, andere Länder, andere Sitten, aber so wirklich begeistert waren wir davon nicht.

Gleich anschließend statteten wir der Berufsschule in Sunndalsöra einen Besuch ab, wollten wir doch die Lage auf dem Ausbildungsmarkt erkunden. Auch ohne vorherige Anmeldung wurden wir von der Rektorin freundlich empfangen, natürlich musste Andrea für uns übersetzen. Die Chancen auf einen Lehrplatz als Automechaniker für Kai stünden sehr gut, es wäre überhaupt kein Problem ihn aufzunehmen. Die Sprache würde er schon mit der Zeit lernen, es gäbe auch die Möglichkeit des zusätzlichen Norwegisch-Unterrichts. Diese Aussichten klangen ja schon mal sehr gut - im Gegensatz zu dem Kauderwelsch, welches der netten Dame da so spielend leicht über die Lippen kam. Das sollte eine Sprache sein?! Wir hörten weder wo ein Satz anfing noch aufhörte, geschweige denn waren einzelne Worte herauszuhören. Doch Andrea schien die Kommunikation keine größeren Probleme zu bereiten, auch wenn das Norwegisch aus ihrem Munde bei weitem verständlicher klang. Also kein Grund sich Sorgen zu machen.

Als nächstes fuhren wir zu mehreren Speditionen, um uns über die Arbeitsbedingungen eines LKW-Fahrers in Norwegen und die Arbeitsplatzsituation zu erkundigen. Auch hier hörten wir ähnliches wie in der Berufsschule: Prinzipiell wäre es kein großes Problem als Fahrer zu arbeiten, wenn man etwas Berufserfahrung mitbringt und arbeits- und lernwillig ist. Nun gut, nach zwölf Jahren Fernverkehr konnte man wohl von Berufserfahrung reden und an Arbeitswilligkeit sollte es nicht mangeln. Lediglich das Lernen von Neuem war eher nicht so Michas Ding, der eher an gut funktionierendem Althergebrachtem Freude hatte. Ich gehe sogar so weit zu behaupten, dass er nichts dagegen hätte, wenn statt Autos Pferdefuhrwerke das Verkehrsbild bestimmten und man anstelle des allgegenwärtigen Handyklingelns wieder den guten alten Geruch von Rauchzeichen oder das Ticken von Morseapparaten wahrnehmen könnte.

Die Chefs der Speditionen meinten, die Sprache käme schon von ganz alleine. Und wenn man ins kalte Wasser geschmissen wird, müsse man schließlich schwimmen lernen. Ah ja. In Michas Augen sah ich Zweifel aufleuchten - aber schwimmen konnte er doch! Nur mit dem kalten Wasser war ich mir jetzt nicht so sicher….

Andrea schlug vor, dass wir doch einfach mal dem nahegelegenen Arbeitsamt einen Besuch abstatten sollten. Gesagt, getan. Doch wie überrascht waren wir, als wir das kleine unscheinbare Gebäude betraten! Hier war ja gar nichts los! Weder mussten wir eine Nummer ziehen, noch war das Wartezimmer zum Bersten mit arbeitswilligen Antragstellern besetzt - im Gegenteil! Neben den vier Schalterangestellten befanden wir uns allein im Raum. Eine der freundlichen Damen gab uns Ausdrucke von freien Stellen und drückte Micha gleich noch einen ganzen Packen Prospekte über Leben und Arbeiten in Norwegen in die Hand, extra erstellt für Einwanderer und solche die es werden wollen. Anscheinend hat man Erfahrung mit Leuten wie uns.

Das Ergebnis unseres kleinen Ausfluges war in unseren Augen recht zufriedenstellend: Job und Ausbildung für die Männer schienen kein unlösbares Problem zu sein. Damit hatten wir die wichtigsten beiden Fragen abgeklärt, und nun wollten wir unseren Urlaub so richtig genießen. Wir unternahmen eine tolle Wandertour, die allerdings immer bergauf führte und uns Weichlinge ganz schön an die Substanz ging. Doch für die Strapazen belohnte uns eine fantastische Aussicht auf den Fjord, der glitzernd im Licht der untergehenden Sonne vor uns lag.

In den nächsten Tagen zeigte uns Andrea ihre neue Heimat mit all ihrer Pracht - und mit all ihren fremdartigen Erscheinungsformen. Es ging bereits damit los, dass die Töchter des Morgens den kurzen Weg bergab zur Bushaltestelle mit dem Schlitten absolvierten, um ihn dort zu deponieren und in den Schulbus zu steigen, der sie dann am Nachmittag wieder bis fast vor die Haustür brachte. Und - oh Wunder! Die zahlreichen Schlitten der Kinder stehen nach vielen Stunden herrenlosen Daseins noch genauso, wie sie am Morgen achtlos hingeworfen wurden. Andrea erklärte uns, dass dies völlig normal sei und die Schüler im Sommer das Gleiche mit den Fahrrädern machten.

Die nächste Überraschung erwartete uns im dorfeigenen Supermarkt, wenn man diesen so nennen möchte. Die Angebotspalette der Lebensmittel wirkte durchaus…überschaubar. So etwas wie eine Wurst- oder Fleischtheke suchten wir vergebens; die gäbe es nur in den größeren Städten, erklärte uns Andrea. Nun gut, wozu braucht man auch zehn verschiedene Sorten Leberwurst oder Salami? Auch vor dem Nudelregal musste ich nicht lange verweilen um fündig zu werden: bei zwei Typen Makkaroni ist die Qual der Wahl nicht allzu hoch. Erfreulicherweise entdeckte ich Lebensmittel, die uns dem Namen und Aussehen nach durchaus bekannt vorkamen. Ab und an ließen wir uns von Andreas nahrungsmitteltechnischem Erfahrungsschatz inspirieren und probierten Dinge wie Fisch aus der Tube (der heute übrigens bei jedem meiner Deutschlandbesuche der absolute Renner ist) und den weltberühmten braunen Karamelkäse. Letzteren empfehle ich jedem, der dieses für unsere Gaumen sehr gewöhnungsbedürftige Stück norwegischer Esstradition das erste Mal zu sich nimmt, in freier Natur oder wenigstens nicht in unmittelbarer Nähe zur einheimischen Bevölkerung zu probieren. Die Chance, dass dieses Produkt liebevoller Ziegenhaltung sofort wieder ausgespuckt wird, halte ich nämlich für überdurchschnittlich hoch. Allerdings habe ich in all den Jahren auch einige wenige deutsche Landsleute kennengelernt, die die Vorliebe der Norweger für ihren *brunost* (Braunkäse) teilen.

Ein wenig ernster wurde mein Blick dann schon - als ich nämlich die Preise von Obst, Gemüse, Wurst & Co sah und von Kronen in Euro umrechnete. Nun, jetzt ging mir so langsam auf, was mit *Norwegen ist ein teures Pflaster* gemeint war. Micha durchstreifte derweilen auf der Suche nach einem Feierabendbierchen und einem leckeren Tropfen Rebensaft die wenigen Abteilungen; ich fand ihn dann völlig fassungslos vor dem mit einem großen grünen Tuch verhangenen Regal wieder. Andreas Mann Bernd klärte uns auf: In Norwegen gibt es Wein und Spirituosen nur in speziellen Läden, dem sogenannten *vinmonopol* (übersetzt *Weinmonopol*). Ja, und der Bierverkauf in den Supermärkten ist wochentags nur bis 20.00 Uhr, samstags bis 18.00 Uhr gestattet, danach werden die Regale zugehängt. Ich musste nicht auf die Uhr schauen um zu wissen, dass es diesen Abend nichts mehr mit dem Bier werden würde.

Gleich am nächsten Tag standen wir wieder vor dem Bierregal. Es gab 0,3l und 0,5l - Bierflaschen und -dosen, übersichtlich verpackt in

Kartons zu je 6 Stück. Zwei dieser Packungen fanden den Weg in unseren Einkaufskorb, allerdings wanderte eine davon ganz schnell wieder zurück, als ich Micha ganz dezent auf das dazugehörige Preisschild hinwies. Für meinen Schatz als bekennenden Gerne-Bier-Trinker rückte eine mögliche Auswanderung nach Norwegen sofort in weite Ferne, während ich meinen Michi schon ohne sein Bierbäuchlein rank und schlank vor mir stehen sah.

In einem etwas weiter entfernten Ort gab es sogar einen Lidl-Einkaufsmarkt, in dem eine gute Auswahl an deutschen Lebensmitteln vorhanden war. Zu unerhört hohen Preisen unserer Meinung nach - aber immerhin. Auf unsere Bedenken hinsichtlich der Lebenshaltungskosten machten uns unsere Gastgeber plausibel verständlich, dass man ja als arbeitender Steuerzahler in Norwegen nicht mit einem deutschen Touristengehalt auskommen muss. Nach einem kurzen Einblick in das Lohnniveau sah die Welt schon nicht mehr so düster aus, die durchschnittlichen Stundensätze verursachten Augenleuchten und hörten sich schon ganz anders an als 7,50 Euro! Micha sah mich triumphierend an: *Na bitte, bei dem Gehalt wäre durchaus jedes Wochenende ein Sixpack machbar!*

4. Indianisches Flair mit Hindernissen

Bei unseren Streifzügen -oder besser gesagt Streiffahrten- durch die Wahlheimat unserer Freunde stießen wir auf viel Ungewohntes. Es war nicht selten, dass wir die Fähre benutzen mussten oder über Brücken fuhren, um einen Fjord zu überqueren. Wir passierten eine Unmenge von Tunneln der unterschiedlichsten Länge, die entweder dem Schutz vor Steinlawinen dienen oder direkt durch Felsmassive führen.

Wir befanden uns im tiefsten Fjordnorwegen, für viele die schönste Gegend des Landes. Natürlich gibt es auch hier größere Städte wie Molde, Ålesund oder Kristiansund, die durchaus mit über 20.0000 Einwohnern aufwarten können. Aber das vorherrschende Bild ist ein eher ländlicher Charakter. Außerhalb der „Metropole" finden sich keine Wohngebiete, wie wir sie aus Deutschland kennen. Kleine farbige Häuschen inmitten großer, hangiger Grünflächen, die im Winter natürlich unter einem dichten Schneemantel liegen, prägen das Bild. Während Michas interessierter Blick als erstes auf die zahlreich vorhandenen Ställe und Umzäunungen fiel, musterte ich mit Vorliebe die norwegischen Holzhäuser. Fast alle hatten eine große Veranda und einen Fahnenmast. Auch hatte ich keine Gardinen oder Jalousien an den Fenstern bemerkt; mit kleinen Lichtern darin wirkte alles anheimelnd und einladend. Ach ja, so ein Häuschen hätte mir schon gefallen können!

Andrea riss uns mit einer Vollbremsung aus unseren Tagträumen. Vor uns standen doch tatsächlich Hirsche auf der Straße! Ihre Augen leuchteten im Dämmerlicht, und sie machten keinerlei Anstalten den Weg zu verlassen. Nach einigen Minuten schien ihnen unser Hupkonzert aber doch auf die Nerven zu gehen, und sie sprangen über die Leitplanken und verschwanden im Dickicht. Ein tolles Erlebnis!

Apropos Erlebnis: Eines der besonderen Art stand uns kurz vor Ende unserer Ferien noch bevor: Andreas Tipi musste aufgestellt werden. Auf einem Grundstück im kleinen Örtchen Kvisvik, ein paar Kilometer von ihrem Wohnort entfernt, sollte ihr Westerndomizil entstehen.

Ein schönes Fleckchen Erde, leicht ansteigend über dem Fjord gelegen. Es hatte nur einen einzigen Nachteil: Eine meterhohe Schneedecke, unter der die Erde tief gefroren war. Zum Glück sanken wir auf dem harten Schnee nicht ein und konnten problemlos darauf laufen. Den Gedanken, wie wir hier Pflöcke und Heringe einschlagen sollten, schob ich jedoch erstmal weit von mir. Der große Manitu würde uns zur rechten Zeit schon die zündende Idee zukommen lassen.

Hier in Kvisvik lernten wir unsere zwei ersten richtigen Norweger näher kennen; Else und Knut hieß das nette ältere Ehepaar, welches die Besitzer von Andreas Land waren und hier in einem niedlichen kleinen Holzhäuschen wohnten. Wie fast jeder Norweger auf dem Lande besaß auch Knut einen gut ausgestatteten Fuhrpark und bot an, uns mit seinem Traktor beim Aufstellen der Tipistangen behilflich zu sein. *Ach du lieber Himmel*, dachte ich sofort und sah zu meinem Schatz, der sichtbar um Fassung ringend nach den richtigen Gesten suchte, um Knut verständlich zu machen, dass ein Indianerzelt niemals, NIEMALS! mit Hilfe moderner Technik aufgestellt wird. Axt, eine Leiter und die bloßen Hände waren vonnöten, mehr nicht. Wir konnten schon froh sein, dass Micha nicht vor hatte, die Leiter erst noch von Hand zu bauen! Der liebe Knut verstand als Nachfahre der legendären Wikinger natürlich sofort die rituelle und zeremonielle Bedeutung des bevorstehenden Ereignisses, bot aber für den Bedarfsfall seine Hilfe an.

Als erstes inspizierten wir die in mühseliger Handarbeit hergestellten Zeltstangen. Wir sahen mit einem sehr mulmigen Gefühl in der Magengegend auf die wie ein Riesenmikado vor uns aufgelegten Baumstämme, denn genau solche waren es. Andrea war unserem Hinweis, dass ihre Stangen schon ein bisschen was aushalten müssen, doch äußerst großzügig gefolgt! Jedoch mussten wir ihr unseren uneingeschränkten Respekt zollen, denn die Monsterstangen waren sauber geschält und geschliffen. Mir ging sofort der Gedanke durch den Kopf, dass Micha mit seinem NIEMALS vielleicht ein wenig voreilig gewesen sein könnte…

Zunächst breiteten wir die Zeltplane aus; zum Glück gab es am gewünschten Standort schönen sauberen Schnee und keinen Matsch. Das gute Teil hatte einen Durchmesser von rund acht Metern - eine beachtenswerte Größe. Unsere Tipis wählen wir nie größer als fünfeinhalb Meter; groß genug um mehrere Personen zu beherbergen und trotzdem übersichtlich und gemütlich. Aber wer weiß, vielleicht wollte Andrea ja auch den Nachbarstamm mit unterbringen?

Nun galt es zunächst, mit den drei stärksten Stangen einen Dreibock zu binden. Dazu muss man sie so auf die Plane auflegen, dass bestimmte Maße genau eingehalten werden. Es sei noch erläuternd hinzugefügt, dass wir hier nicht von Zentimetern oder Metern sprechen. Eine Handbreit, zwei Fingerbreit oder eine Fußlänge sind hierbei die üblichen Maßangaben. Am Anfang meines indianerjungfräulichen Daseins hatte ich Micha einmal gefragt, wie man denn damit ein einheitliches Maß erreichen kann, hatten doch die Indianer auch unterschiedlich große Hände und Füße...? Falsche Frage. Ein an meiner Intelligenz zweifelnder Blick auf mein bleichgesichtiges Antlitz war die Antwort. Seither vermeide ich es, tiefsinniger über etwaige Unzulänglichkeiten im Roten Reich nachzudenken.
Eine genaue Beschreibung des Dreibock-Bindens würde hier zu weit führen, gilt er doch als Wissenschaft für sich. Selbst erfahrene Tipiaufsteller sind manchmal erst nach zwei- oder gar dreifachem Anlauf zufrieden. Am verknoteten Kreuzungspunkt der Stangen befindet sich dann ein langes Seil, mit dessen Hilfe der Dreibock in seine stehende Position auf einen vorher abgemessenen Zirkel gebracht wird. Dies ist mit zwei Leuten normalerweise kein Problem - wenn man es mit normalen Tipistangen zu tun hat! Da wir bereits beim Auflegen *einer* dieser Baumstämme zwei Personen benötigten, war uns jetzt schleierhaft, wie wir gleichzeitig drei dieser immerhin zwölf Meter langen Pfähle aufstellen sollten. Wir gaben unser Bestes. Fünf Mann ächzten und stöhnten und schwitzen, vergeblich. Wir hatten keine Wahl: Micha musste zähneknirschend seinen rothäutigen Stolz hinunterschlucken und Knuts schwere Technik anfordern. Mithilfe des Traktors schafften wir es, das Dreibein aufzustellen und richtig zu

platzieren. Mir wurde übel bei dem Gedanken, was uns noch bevorstand.
Nachdem wir unter Aufbietung aller nicht mehr vorhandenen Kräfte die Stangen, bis auf eine, schön nach Anweisung in das Stangenkreuz eingelegt hatten, beschlossen wir, den schwierigsten Teil auf den nächsten Tag zu verschieben, denn mittlerweile war es schon dunkel geworden.

Am nächsten Morgen machten wir uns frisch gestärkt und voller Tatendrang ans Werk. Die Zeltplane, die sicher ihre fünfundzwanzig Kilo wog, musste an der letzten verbliebenen sogenannten Planstange befestigt werden. Dazu wird die ausgebreitete Plane an ihrem Oberteil mit der besagten, gewissenhaft aufgelegten Stange fest verschnürt und dann so zusammengefaltet, dass sie wie eine dicke Wurst um den Pfahl geschlungen ist. Nun musste das Ganze aufgehoben und in den dafür vorgesehenen Platz des Stangengerüstes eingelegt werden. Soweit die Theorie. In der Praxis sah es so aus, dass Knuts Traktor mit seinen Zinken am Hebearm die einzige Möglichkeit bot, die Planstange mit ihrem schwergewichtigen Stoffmantel aufrecht zu stellen. Dann nutzte Micha die bis an den Anschlag nach oben gehobene Traktorschaufel, um die Zeltplane um das Stangengerüst auszubreiten und vorn mit kleinen Stöckchen zu verschließen. Für meinen Schatz war die ganze Prozedur ein einziger Alptraum, widersprach sie doch all seinem Wissen indianischer Baukunst.
Nachdem wir Stunden gebraucht hatten, um die Plane an ihren Platz zu ziehen und die Zelthaut halbwegs faltenfrei lag, hätten wir sie eigentlich spannen und mit Pflöcken und Heringen befestigen müssen, wie es bei jeder alltagstauglichen Neckermannzelt-Ausgabe auch der Fall ist. Und was noch viel wichtiger war: Der große eiserne Mittelhering -auch Anker genannt-, der das gebundene Seil um die Stangen straff halten sollte, musste in der Mitte des Tipis in die Erde geschlagen werden. Wie macht man das bei gefrorenem Boden?! Zentimeter für Zentimeter tauten wir mit Fackeln und brennenden Ästen ein Loch in die Zeltmitte. Der Anker saß nicht so bombenfest

wie es hätte sein müssen - aber was war an diesem Monstertipi schon normal?
Wir befestigten noch die Rauchklappen und erklärten Andrea, wie sie das Innenzelt, die Klimaanlage dieser an Genialität kaum zu übertreffenden Behausung, anbringen musste; dann konnten wir unsere Aufgabe als erledigt betrachten. Die Feinarbeiten würde Andrea im Frühjahr selbst erledigen. Es hatte uns ganze zwei Tage, viel Schweiß und Nerven gekostet, aber jetzt stand das Objekt der Begierde. Vor dem Panorama der untergehenden Sonne über dem Fjord ein fantastisches Bild.
Statt der standesgemäßen Ausstattung mit Matratzen und weichen Fellen begnügten wir uns alternativ mit Stühlen und Bänken. Bald loderte ein gemütliches Lagerfeuer, denn schließlich musste Einweihung gefeiert werden! Es gab Bratwurst, Bier und selbstgebrannten Schnaps - Himmel! Allein beim Gedanken daran tränen mir jetzt noch die Augen. Immer mehr Leute stießen dazu und wir verbrachten einen heiteren Abend im Kreise vieler neuer Bleichgesichter deutscher und norwegischer Abstammung. Wir verstanden selbstverständlich nur die Hälfte, und ich konnte erstaunt zusehen, wie Michas Talent in der Gebärdensprache im Laufe des Abends auf ein beachtenswert hohes Niveau stieg. Mein Leben lang werde ich vor Augen haben, wie er auf dem nassen Zeltboden herumrobbte, um Knut den Häuptling *Sitting Bull* zu erklären. Wir lachten Tränen, und noch am nächsten Tag hatte ich Muskelkater im Bauch.

Den letzten Urlaubstag genossen wir ganz in Ruhe. Unsere Freunde erzählten von ihrem neuen Leben in einem Land, dass uns bisher vollkommen fremd gewesen war. Doch schon nach diesen wenigen Tagen konnte ich mir nicht vorstellen, dass es jemanden gab, den diese herrliche Landschaft nicht sofort in ihren Bann zog. Noch hatte der Winter, der hier oft bis in den April reichte, die Natur fest im Griff; aber wie wunderbar würde es hier erst aussehen, wenn ringsum alles grünte und blühte? Das ganze Land und seine Einwohner strahlten eine Ruhe aus, von der man sofort umfangen wurde. War es das wonach wir suchten? Wir erfuhren auch von den ein oder anderen Problemen, die man im Alltag zu meistern hatte, und es wurde mir bewusst, dass auch in einem der reichsten Länder der Welt nichts verschenkt wurde und die Integration kein leichtes Spiel sein würde.

Es breitete sich eine merkwürdige Stimmung aus; jeder war mit seinen eigenen Gedanken beschäftigt. Instinktiv wussten wir, dass wir an einem Wendepunkt angekommen waren.

Wir packten unser Auto mit der nunmehr leeren Oma auf dem Dach und machten uns auf den langen Weg zurück nach Hause - nach Deutschland.

5. Entscheidungen

Auf unserer Heimreise ging es anfangs recht still im Auto zu. Jeder hing seinen Gedanken nach und versuchte auf seine Weise das Erlebte zu verarbeiten. In meinem Kopf war ein einziges Wirrwarr von Empfindungen, die sich nicht so recht beschreiben lassen. Diese einmalig schöne Landschaft hatte mich sofort in ihren Bann gezogen, und ich nahm mir fest vor, etwas von dieser besonnenen Ruhe und Ausgeglichenheit der Bewohner mit nach Hause zu nehmen.

Wir wussten noch so wenig von Norwegen, doch das, was wir kennengelernt hatten, gefiel uns ausnehmend gut. Konnte Norwegen uns das bieten, wovon wir träumten? Vielleicht war es gerade dieses unscheinbare und doch so unermesslich reiche Land, was nur darauf wartete, uns glücklich zu machen?

Also, ich könnte mir schon vorstellen, hier zu leben. Erstaunt drehte ich mich zu Kai um, der mit diesem Satz mitten in meine widersprüchlichen Gedanken einfiel. *Ach ja, und wieso?* fragte ich ihn. Im Nu befanden wir uns in einer die ganze Fahrt andauernden Diskussion über das Für und Wider einer Auswanderung. Die Zeit verging diesmal wie im Flug; wir lachten viel und unterhielten uns mit lustigen Episoden der vergangenen Tage.

Gleichzeitig aber fühlte ich diese innere Unruhe in mir; die mich gleich nach Antritt der Rückfahrt beschlichen hatte. Das Wissen, dass wir irgendwann eine Entscheidung treffen mussten, machte mir Angst. Der Abenteurer in mir schrie danach, mit Sack und Pack in dieses wunderbare Land zu ziehen; als Tochter focht ich einen harten innerlichen Kampf mit mir aus, ob und wie ich es fertig bringen würde, meine Eltern allein zu lassen.

Wir trafen eine Entscheidung: Weder für noch gegen eine Auswanderung, sondern wir beschlossen, die ganze Sache ruhig und besonnen anzugehen. Uns fehlten die Entschlusskraft und der Mut, die Erfüllung unseres Wunsches mit der nötigen Ernsthaftigkeit anzugehen, vielleicht waren wir innerlich einfach noch nicht bereit, den Preis dafür zu bezahlen. Es fühlte sich mit einem Mal so an, als ob man seinen bequemen, ausgeleierten und so lieb gewonnenen Pyjama hergeben soll, in dem man sich all die Jahre friedlich und geborgen fühlte. Natürlich ist er mit der Zeit fadenscheinig und langweilig geworden, und ein neues Exemplar täte not. Aber man bringt es einfach nicht fertig, ihn gegen einen Neuen einzutauschen, weil man mit Herz und Seele an dem geliebten Teil hängt.

Daheim erzählten wir unseren Lieben von unserem Urlaub, schwärmten davon und zeigten ihnen massenhaft Fotos. Mein Bruder war sofort Feuer und Flamme; er hatte mit seiner Frau bereits einmal seinen Urlaub in Norwegen auf einer Husky-Farm verbracht. Und wäre meine Schwägerin nicht gewesen, die sich ein Leben außerhalb ihres Familienclans absolut nicht vorstellen kann, nun ja... wer weiß, vielleicht wäre mein Bruder uns auch zuvor gekommen.

Meine Eltern reagierten, wie ich es erwartet hatte: Egal wie wir uns entscheiden, sie würden uns immer unterstützen. Ich wusste, wie schwer ihnen das fiel; umso mehr liebte ich sie für diese selbstlose und bedingungslose Hingabe. Aber noch sah niemand aus unserer Familie oder unserem Freundeskreis eine ernsthafte Absicht hinter unserem Handeln, noch tat man es als Träumerei ab - vielleicht aus reinem Selbstschutz.

Es dauerte nur wenige Tage, bis wir wieder im Alltag angekommen waren. Die Ruhe und Entspanntheit, die sich in Norwegen wie von Geisterhand in uns ausgebreitet hatte, war wie weggeblasen und kam uns wie ein weit entfernter Traum vor. Micha fuhr irgendwo in Europa im Fernverkehr, ich hetzte zwischen Arbeit, Haushalt und Pferden hin und her. Und hatte es wieder so satt!

Eines Abends, seit unserem Urlaub war gerade mal eine Woche vergangen, fand ich auf der Internetseite des Arbeitsamtes, die ich in unregelmäßigen Abständen las, die Kontaktdaten eines norwegischen Arbeitsvermittlers. Ich weiß bis heute nicht, was mich an diesem Tag dazu getrieben hat, mit Andreas Hilfe und einem nagelneuen Wörterbuch eine norwegische Bewerbung für Micha aufzusetzen und diese kurz entschlossen und mit Michas telefonischem Einverständ-

nis an die angegebene Mailadresse zu senden. Ich war mir der etwaigen Folgen nicht im Geringsten bewusst, ich tat es einfach aus dem Gefühl heraus, irgendetwas unternehmen zu müssen.
Dann überschlugen sich die Ereignisse. Die Antwort kam prompt. Micha könne eine Arbeitsstelle als LKW-Fahrer in Åndalsnes bekommen, gewünschter Arbeitsantritt sofort. Ach du lieber Schreck! Mir war heiß und kalt zu gleich, mein Herz sackte mindestens zwei Etagen tiefer und mir wurde speiübel. Damit hatten wir nun überhaupt nicht gerechnet. Sicher sollte sich etwas an unserem Lebensstil ändern - aber so plötzlich?! Ich suchte sofort in der Karte, wo sich dieses Åndalsnes überhaupt befand. Mittlerer Westen. Im tiefsten Fjordnorwegen - nur etwa zwei Autostunden von Andrea und Bernd entfernt! Die Bilder im Internet sprachen für sich, das kleine Städtchen lag eingebettet in einem Tal, vom Fjord, Wäldern und Bergen umgeben. Es sah himmlisch aus.
Und was jetzt? Nun hatte ich uns quasi zu einer Entscheidung gezwungen, jetzt mussten die Würfel fallen.
Ich bin im Sternbild Waage geboren, und auch wenn ich alles andere als ein regelmäßiger Leser der täglichen Zeitungshoroskope bin, besitze ich doch mindestens eine der den Waagen nachgesagten Eigenschaften: Ich tue mich schwer darin, Entscheidungen zu treffen. Ich wäge alles -zig mal ab, hinterfrage und suche nach der ultimativen Lösung. Doch wenn ich mir dann einmal etwas in den Kopf gesetzt habe, setze ich es mit höchstem Ehrgeiz und eisernem Willen durch.
Ich telefonierte stundenlang mit Micha und sprach mit Kai. Dann stand unser Plan fest: Micha würde die Arbeit annehmen und vorerst allein nach Norwegen fahren. Der Arbeitsvertrag beinhaltete drei Monate Probezeit, und Micha konnte jederzeit zurück, falls es ihm nicht gefiel oder etwas schief ginge. Einreisen und arbeiten konnte man in Norwegen zwölf Wochen lang ohne Aufenthaltsgenehmigung, also waren keine Papiere im Voraus notwendig. Alles Weitere würde sich ergeben.
Micha bat seinen damaligen Arbeitgeber vorerst um unbezahlte Freistellung, aber damit war dieser nicht einverstanden. Also ließ sich

Micha fristlos kündigen, auch wenn mir dabei nicht ganz wohl war. Mein weiblicher Instinkt sollte wieder einmal Recht behalten: Einen Tag später meldete sich der norwegische Arbeitsvermittler mit der Nachricht, dass aus besagtem Job doch nichts wird, weil Michas ADR-Schein -die Berechtigung zum Transportieren von Gefahrgut-kurz vorher abgelaufen war und der Arbeitgeber ihn nicht ohne diesen einstellen könne. In Deutschland fuhr Micha kein ADR-Gut, deswegen war uns der Ablauf dieses scheinbar so wichtigen Dokumentes gar nicht aufgefallen.

Nun waren wir völlig verzweifelt. Mein Schatz hatte seine Arbeit gekündigt! Schweren Herzens und am Boden zerstört ging Micha aufs Arbeitsamt und erklärte dort einem sehr netten Sachbearbeiter die Situation.

Nach Hause kam er viel weniger betrübt, es gab auch gute Neuigkeiten! Gleich am nächsten Tag begann ein ADR-Kurs, und offiziell als arbeitssuchend gelistet übernahm das Arbeitsamt die Kosten dafür. Nicht schlecht, ein Problem weniger. Der beflissene Beamte hatte meinem Michi auch gleich noch ganz andere Dinge in Aussicht gestellt, die da hießen: *Übernahme der Kosten zum Arbeitsantritt im Ausland* und *Umzugskostenbeihilfe bei Arbeitsantritt im Ausland.* Dies hinterließ ein freudiges Herzklopfen bei mir, bedeutete es doch nichts anderes, als dass Micha die Fahrt nach Norwegen und -sollte es darauf hinauslaufen- wir den Umzug bis zu einer Höhe von 4000 Euro vom Arbeitsamt bezahlt bekommen würden. Ich war ziemlich sprachlos angesichts der Bereitschaft unserer Gesellschaft, mit allen Mitteln so viele Arbeitslose wie möglich aus der Statistik streichen zu können. Nun ja, unser Schaden sollte es diesmal nicht sein. Wieder erwies sich Muttis gern gesagter Spruch als richtig: Verzweifle nicht, wenn du meinst, dass das Leben ungerecht zu dir ist - wer weiß, für was es gut ist. Nun wussten wir, warum Michas großer Manitu ihn für eine Woche arbeitslos machen musste.

Schon am nächsten Tag erhielten wir eine weitere Nachricht des Vermittlers aus Norwegen. Er könne Micha eine freie Stelle anbieten, bei einer anderen Transportfirma in Åndalsnes. Wir sagten sofort zu. Gleich nach Beendigung des ADR-Kurses sollte es los gehen. Wir hatten nichts zu verlieren; Micha war in Deutschland ohne Arbeit.

Per Fax bekamen wir den unterschriebenen Arbeitsvertrag zugesandt und somit war alles in Sack und Tüten. Um die Frage der Unterkunft für Micha würde sich der Arbeitgeber kümmern, das sei so üblich und darauf könnten wir uns verlassen. Also gut, jetzt hatten wir alles eingerührt, nun musste mein Schatz da durch.

Wenn wir uns im Nachhinein darüber unterhalten, stellen wir fest, dass wir damals den Ernst der Situation überhaupt noch nicht begriffen hatten, dass wir an einem komplett neuen Abschnitt unseres Lebens angekommen waren. Alles hatte etwas Abenteuerliches an sich und noch längst nicht den Stempel der Endgültigkeit. Vielleicht war es ganz gut so, dass wir die Situation mit einer gewissen Naivität und Blauäugigkeit gemeistert haben; es machte vieles einfacher, und womöglich wären wir sonst heute nicht da wo wir sind.

Meine Eltern sahen mit fassungslosem Entsetzen, dass aus der Spinnerei auf einmal bitterer Ernst geworden war. Die Ereignisse überschlugen sich, und ich konnte selbst nicht glauben, was da passierte. Mich beschlich das Gefühl, dass sich mein Leben verselbstständigt hatte und mir alle Entscheidungen quasi aus der Hand genommen wurden. Die traurigen Folgen unseres Tuns schob ich weit von mir; ich konnte und wollte mich nicht damit auseinandersetzen, was es für mich und meine Familie bedeutete.

Doch eins wusste ich genau: wenn wir jetzt nicht die Chance am Schopf packten, würden wir nie wieder den Mut dazu aufbringen.

Am Wochenende packten wir unseren kleinen schwarzen Hengst mit Michas Sachen voll bis unters Dach; in meinen Kleiderschränken zeugte nichts mehr davon, dass er jemals hier wohnte. Ich stellte ihm auf die Schnelle noch ein kleines Fotoalbum mit den holden Antlitzen seiner haarigen Damen und seinem Lieblingsporträt von mir zusammen, damit mein mahnender Blick auch in der Fremde immer auf ihm ruhen konnte.

Wir wussten nicht, wann wir uns wiedersehen würden, und der Abschied fiel dementsprechend emotional und tränenreich aus.
Am 21. März 2007, gerade mal einen Monat nachdem wir das erste Mal unsere Füße auf norwegischen Boden gesetzt hatten, brach Micha auf - einer neuen und ungewissen Zukunft entgegen.

6. Von Einem der auszog...

Micha fuhr mich an diesem Morgen noch auf Arbeit; er hatte bis zur Abreise noch ein bisschen Zeit. Vor seinem endgültigen Aufbruch schaute er noch einmal kurz bei mir vorbei, wieder kullerten die Tränen. Ich war schon immer nah am Wasser gebaut, aber bei einer Indianer-Tauglichkeitsprüfung wäre mein Schatz diesmal auch gnadenlos durchgefallen.

Den Rest des Tages verbrachte ich völlig in Gedanken an meiner Glasschleifmaschine, im Gegensatz zu sonst ganz froh darüber, dass ich meine Ruhe hatte und mein Geist nicht gefordert war.

Am nächsten Morgen begann mein unfreiwilliges Fitnessprogramm: Ich lief jeden Tag vier Kilometer auf Arbeit und wieder zurück, mein Auto trieb sich schließlich irgendwo in nördlicheren Gefilden herum. Ich empfand weniger die Bewegung als störend, sondern eher den höheren Zeitaufwand, der mich noch mehr von meiner kostbaren Freizeit kostete. Zum Einkaufen nahmen mich meine Eltern mit oder ich borgte mir Vatis Auto. Ab und zu schleppte ich auch auf dem Rückweg von der Arbeit einige Tüten nach Hause, da ich direkt am Supermarkt vorbeilief.

Ich wusste, dass Micha etwa sechsundzwanzig Stunden bis nach Åndalsnes brauchte, also saß ich am nächsten Abend pünktlich vor dem Computer und wartete. Da uns Telefonieren mit dem Handy in den sicheren Ruin getrieben hätte, hatten wir uns extra einen Laptop angeschafft, damit Micha sich über die unbegreiflichen Weiten des Internets mit mir verständigen konnte. Kai verbrachte die letzten Tage vor Michas Abreise damit, ihn in die Welt von Microsoft & Co und in die absolut notwendigsten Funktionen dieses fortschrittlichen Gerätes einzuweisen. Inwieweit seine Fähigkeiten diesbezüglich gediehen waren und ausreichen würden, um mit mir in einem Chatprogramm zu kommunizieren, wusste ich nicht. Kai versicherte mir jedoch, dass Micha auf alle Fälle in der Lage sei, den Laptop einzuschalten.

Aufgeregt und auch in einem gewissen Grade beunruhigt wartete ich auf ein Lebenszeichen. Tausend Fragen gingen mir durch den Kopf. War Micha gut angekommen? War er schon in der zugesagten Unterkunft? Hatte er seinen norwegischen Chef schon kennengelernt? Und vor allem: Wie klappte die Verständigung?

Endlich sah ich das ersehnte Blinksignal auf meinem Monitor und Micha war online. Er hatte es tatsächlich geschafft, die richtigen Knöpfe zu drücken und das Chatprogramm zu starten! Ich jubilierte vor lauter Freude, wusste ich doch, wie ungern sich mein kleiner Indianer mit dieser Technik angefreundet hatte. Er war gut angekommen, die Fahrt problemlos verlaufen. Er sei für eine Nacht erst einmal in einer Pension einquartiert worden, aber morgen würde man ihm eine kleine Mietwohnung zur Verfügung stellen. Ach, das klang ja schon mal sehr gut. Viel mehr konnte mir Micha noch nicht erzählen, da er erst am nächsten Tag seinen Arbeitgeber kennenlernen sollte. Nun war er kaputt und müde von der Fahrt, und schon nach wenigen Minuten beendeten wir unser erstes Online-Date. Ich war beruhigt, dass alles glatt gegangen war und natürlich aufgeregt, wie der nächste Tag bei Micha laufen würde.

Von nun an saß ich jeden Abend hibbelig vor meinem Computer und wartete auf neue Nachrichten aus Norwegen. Da Micha bis vor kurzem noch nicht einmal wusste, dass eine Maus zwangsläufig nicht immer vier Beine hat, bevorzugt in mit Käse gefüllte Fallen tappt und man alle zehn Finger zum Schreiben auf der PC-Tastatur benutzen kann, hatten wir vorausschauend ein kleines Kameraset gekauft, mit dem wir nun sogenannte Videounterhaltungen führen konnten. Ich wäre wahnsinnig geworden, hätte ich warten müssen, bis mein kleiner Hinterwäldler einen Satz auf der Tastatur eingetippt hat! So erfuhr ich zügig und aktuell, was in seinem Leben los war. Irgendwie schaffte er es sogar, Unmengen an Fotos anzuhängen und seine Berichte damit lebendig zu untermalen.

Micha hatte eine nette kleine Wohnung im Untergeschoss eines Einfamilienhauses mitten im Zentrum von Åndalsnes bekommen; nur mit einem kleinen Garten von den anderen Häusern der Straßenzeile getrennt. Die aus roten Klinkersteinen bestehende Fassade des Gebäudes entsprach nicht so ganz meiner Vorstellung vom typisch norwegischen Holzhäuschen, aber irgendwie fügte es sich doch harmonisch in die Umgebung ein. Trotz das dieses Steinhaus auch in Deutschland hätte stehen können, wirkte irgendetwas völlig anders.... Ich kramte alle Bilder unseres Norwegenurlaubs hervor und sah mir die von Micha geschickten Fotos an. Dann wusste ich endlich, was mir die ganze Zeit an den Gebäuden „komisch“ vorgekommen war: Die Fenstersimse! Diese fehlen nämlich in Norwegen gänzlich. Ich habe hier noch kein einziges Gebäude gesehen, welches außer einer schmalen Blechleiste einen außen liegenden Fensterstock hat, wie wir es von deutschen Landen kennen. Meine Erkenntnis ließ mich die halbe Nacht nicht schlafen, weil ich mir Gedanken darüber machte, ob das nun ein Vor- oder Nachteil ist und welche Funktion so ein Ding überhaupt hat.

Aber zurück zu Michas Wohnung. Sie bestand aus einem kombinierten Wohn-/Schlafraum und integrierter Kleinküche, Flur und Bad. Auf dem Fensterbrett über dem Bett hatte er wie erwartet seinen Altar errichtet - natürlich mit meinem holden Antlitz in der Mitte und all den Lieben drum herum. Leider konnte er die ersten Tage noch nicht von seiner Wohnung aus mit mir in Verbindung treten, da kein Internet angeschlossen war. Also fuhr er Abend für Abend in der Stadt herum, um ein unverschlüsseltes drahtloses Netzwerk aufzuspüren. Auch das war etwas ganz neues für meinen Schatz, und er stellte sich dabei gar nicht so dumm an! War er fündig geworden, saß er dann stundenlang im Auto, um mit mir zu schreiben oder zu telefonieren. Manchmal hatte er am Hafen guten Empfang, dann zeigte er mir über seine Webkamera die herrliche Aussicht über den Fjord; manchmal lagen sogar Kreuzfahrtschiffe im Hafen. Zum Glück waren die Temperaturen schon halbwegs erträglich, sonst hätte sich mein armer Michi bei seinen Dauersitzungen im Auto womöglich noch eine ordentliche Erkältung eingefangen. Bloß nicht - ein beinahe-toter Micha hätte mir gerade noch gefehlt.

Später erhielt er dann von seinem Chef einen mobilen Internetstick, den er nutzen konnte wann immer er wollte.

Michas neuer Arbeitgeber hieß Arne und half ihm wo er konnte. In Norwegen ist es unüblich, sich mit *Herr* oder *Frau* und dem Nachnamen anzusprechen, und die fehlende Sie-Anrede bewirkt ein völlig anderes zwischenmenschliches Verhältnis, egal ob im Arbeitsverhältnis, in der Schule oder im Bekanntenkreis. Wenn ich mir vorstelle, dass ich meine Geographie-Lehrerin in der Schule mit *Marianne* angeredet hätte oder meinen Chef mit *Jürgen*, ach du lieber Himmel! Ein Ding der Unmöglichkeit.

Die Verständigung ging zwar schleppend voran, meinte Micha, aber mit Händen und Füßen und ein wenig englisch, dass er zwar nie gelernt, aber auf seinen Europatouren immer mal aufgeschnappt hatte, konnte das Nötigste geklärt werden.

Morgens um sieben ging es los. Zuerst musste Micha mit Kleidung gefüllte Container vom Güterbahnhof holen (Åndalsnes hat als einzige Stadt der mittleren Westküste Anschluss ans Schienennetz) um dann mit diesen ins fünfzig Kilometer entfernte Molde zu fahren. Dort lieferte er dann stangen- und kistenweise Hosen, Blusen und Mäntel an die verschiedensten Bekleidungsgeschäfte, in die er normalerweise ohne mein Drängen niemals freiwillig einen Fuß gesetzt hätte. Das war eine Arbeit, die er nun so gar nicht gewöhnt war! In Deutschland fuhr Micha die letzten zwölf Jahre sehr lange Strecken, ohne seinen Sattelzug auch nur einmal zu öffnen. Zum Glück hatte er die ersten Tage einen norwegischen Arbeitskollegen mit an Bord, der ihn anlernte. Er hieß Johnny und sprach deutsch. Nun ja, nicht so richtig deutsch…ein kleines bisschen. Oder besser gesagt: Einen Satz. *Harry, hol den Wagen!* Die deutsche Fernsehserie *Derrick* war in den Achtzigern ein großer Renner im norwegischen Fernsehen. Da hierzulande nur Kinderserien synchronisiert werden, hören die Norweger immer den Originalton der Schauspieler, natürlich mit norwegischen Untertiteln. Wie oft haben sich unsere norwegischen Freunde und Bekannten vor Lachen gekugelt, wenn sie Rambo oder Brad Pitt in unserem Fernsehen deutsch haben reden hören!

Johnny versuchte, neben den Handgriffen im gewohnten Arbeitsalltag Micha auch die ersten Brocken norwegisch beizubringen. Mit Händen und Füßen verständigten sich die beiden; der Spaßfaktor dabei machte es Micha leichter, in der Fremde zurechtzukommen. Ich hörte ihm mit gemischten Gefühlen zu, wenn er von seinem doch noch so ungewohnten neuen Alltag sprach und mir die Fotos erklärte, die er parallel dazu schickte. Ich wusste, dass Micha nicht der Typ ist, der forsch auf andere zugeht, sich schnell anpassen kann und mit Neuem problemlos klar kommt. Deswegen machte ich mir schon Sorgen, ob er der neuen Herausforderung auch gewachsen war.

Aber bisher konnte ich noch keinen großen Verdruss aus seinen Worten heraushören, und das beruhigte mich. Auch halfen ihm sein Arbeitgeber und Johnny bei allem so gut sie es konnten, und das gab Micha ein ganzes Stück weit das Gefühl, nicht völlig alleine und verloren zu sein. Arne erledigte alle Formalitäten mit Micha zusammen; sie eröffneten ein Bankkonto, machten einen Handyvertrag und beantragten gemeinsam die Aufenthaltsgenehmigung. Diese bekommt man übrigens erst, wenn man einen festen Wohnsitz und einen Arbeitsvertrag vorweisen kann; ohne diese Genehmigung darf man sich nur drei Monate lang in Norwegen aufhalten.

Micha schwärmte von seinen Arbeitszeiten; so etwas kannte er aus seinen Fernfahrerjahren natürlich überhaupt nicht! Je nachdem, wie voll die Container waren, konnte er seinen LKW nach spätestens acht Stunden abstellen. Micha erzählte mir schmunzelnd, dass er die ersten Tage noch ins Büro gegangen sei um zu fragen, was denn der nächste Auftrag wäre. Man sah ihn dort nur komisch an, weil sie seine Frage nicht begriffen. Und Micha wiederum dachte er hätte falsch verstanden, als ihm Arne sagte, dass er doch für heute seine Tour weg habe und nach Hause gehen könne… Soviel Freizeit war Micha bestimmt seit Jahrzehnten nicht vergönnt gewesen! Also was anfangen mit den vielen freien Stunden? Genau - Fotos schießen und die Daheimgebliebenen neidisch machen! Täglich erreichten mich Bilder, eines schöner als das andere. Von einem Städtchen namens

Åndalsnes, von stahlblauem Himmel über dem Romsdalsfjord, majestätischen Bergen, kleinen und großen Schiffen. Micha auf der legendären Atlantikbrücke oder in seiner neuen Uniform an der Reeling der Fähre lehnend. Mit Johnny im amerikanischen Oldtimer auf den gigantischen Serpentinen der Trollstigen. Unglücklich sah er wirklich nicht aus, mein Micha. Die größten Probleme bereiteten ihm der Umgang mit den Hängerzügen und die noch fehlenden Verständigungsmöglichkeiten; allerdings sah ich es nur als eine Frage der Zeit an, bis Micha den Hänger ohne zwanzigmaligen Anlauf in die Parklücke rangierte oder sich auf norwegisch halbwegs verständlich ausdrücken konnte. Ich ahnte nicht, dass letzteres noch eine der größten Barrieren für ihn werden würde.

Mittlerweile war es Ende April, und Micha wohnte noch immer in seiner schicken kleinen Einraumwohnung - ohne einen Cent für Miete, Wasser oder Strom zu bezahlen! Auch sein mobiles Internet nutzte Micha kostenlos. Ich konnte es kaum glauben. Sein erster Lohn trudelte überpünktlich auf dem neuen norwegischen Konto ein, und jedem deutschen Fernfahrer stünden die Tränen in den Augen, wenn sie die auszubezahlende Summe am Ende des Lohnscheines gelesen hätten.

Er hielt stolz seine Gehaltsabrechnung in die Kamera, und ich bemerkte neben der wunderbaren Zahl am Ende des Blattes, dass die einzelnen Posten doch etwas anders aussahen als bei uns. Im obersten Teil sind als allererstes die persönlichen Angaben zu finden, die neben Namen und Adresse auch die norwegische Personenennummer (P-Nummer) enthält. Diese *fødselsnummer* (fødsel=Geburt) besteht aus elf Ziffern, wobei die ersten sechs Zahlen das Geburtsdatum darstellen. Jeder Norweger bekommt diese Nummer automatisch bei seiner Geburt zugewiesen; Einwanderer erhalten bei Erteilung einer Aufenthalts- oder Arbeitserlaubnis vorerst eine provisorische, sogenannte D-Nummer. Ist ein längerer oder gar unbefristeter Aufenthalt in Norwegen geplant, beantragt man die P-Nummer und wird ins *folkeregister*, dem norwegischen Einwohnermeldeamt, eingetragen. Diese Personnummer ist die Identität jedes in Norwegen registrierten Bürgers, ohne die so ziemlich NICHTS funktioniert! Ob bei Bankangelegenheiten, Steuererklärungen, Hauskauf und jeglicher Art von Verträgen, ja sogar bei Anmeldung zum Arztbesuch ist diese heiligste aller Zahlen vonnöten. Sie ist quasi das, was bei Schafen und Kühen die Ohrmarke ist... In der Praxis sieht das so aus, dass jeder Verwaltungsangestellte, jeder kleine Beamte oder sogar diverse Verkäufer von Dienstleistungen die P-Nummer in ihre Computer eingeben können und schwuppdiwupp! deine persönlichen Daten abrufen können, je nachdem, in welchem Umfang und auf welche Bereiche der Sachbearbeiter Zugang hat.

Gleich unter den persönlichen Angaben sind die Anzahl der Arbeitsstunden, Stundenlohn, Zuschläge usw. aufgeschlüsselt. Etwaige Beiträge für Gewerkschaften, zusätzliche Unfallversicherungen o.ä. folgen als nächstes. Soweit unterscheidet sich die Abrechnung im Wesentlichen nicht von denen in Deutschland, aber danach ist es schon etwas anders: Es gibt nur EINEN Beitrag, welcher grob gerechnet ein Drittel des Einkommens ausmacht, der an das *folketrygden*, die öffentliche Sozialversicherung Norwegens, abgeführt wird. Dieser an den Staat abgeführte Betrag gibt Anrecht auf eine Vielzahl von Sozialleistungen, wie z.B.: Bezahlung von Arztbehandlungen, Soforthilfe bei Unfällen, Berufsunfähigkeit und Invalidität, Hilfe bei Adoptionen und Unterstützung für Alleinerziehende. Selbige Sozialabgabe deckt aber auch die Bezahlung von Arbeitslosengeld (das sogenannte *dagpenger*-Tagesgeld), die Alters- und Hinterbliebenenrente und Beerdigungen. Es gibt also keine privaten Krankenkassen, sondern die Krankenleistungen fließen in die staatliche Sozialversicherung ein. Hier kommt auch das norwegische Arbeitsamt NAV (*Norsk Arbeids-og Velferdsforvaltning* – Norwegische Arbeits- und Wohlfahrtsverwaltung) ins Spiel, das rund ein Drittel des Staatsbudgets verwaltet und unter anderem für die Auszahlung von Arbeitslosen- und Krankengeldern, Renten und Kindergeld verantwortlich ist.

Aus diesem einen auf dem Lohnschein ausgewiesenen Betrag ist also nicht ersichtlich, wieviel Kronen für welche Steuer abgezogen werden. Ich muss zugeben, dass mich das an dieser Stelle auch gar nicht stört - wichtig ist, was unterm Strich als auszuzahlender Betrag steht! Genauer definiert wird die Lohnsteuer dann in der jährlichen Steuererklärung. Ob Personennummer, Registrierung im *folkeregister* oder Sozialamt - alle Lebensbereiche sind auf wundersame Weise miteinander verknüpft, und macht, meiner persönlichen Einschätzung zufolge, die Verwaltung um einiges einfacher, wenn auch nicht unbedingt durchsichtiger.

Nun, wir beide waren über Michas erstes Einkommen rundum zufrieden. Auch das war sicherlich ein Punkt, der Micha die noch vorhandenen Probleme leichter ertragen ließ.

Eines Abends berichtete er ganz stolz, dass er gerade beim Wäsche waschen sei. *Oh, du hast wohl jetzt eine Waschmaschine?* fragte ich ganz überrascht. *Nein*, lachte er, *aber ich hab mir endlich einen Stöpsel fürs Waschbecken gekauft.* Dazu folgten Fotos mit Socken und Unterwäsche, T-Shirts und Arbeitshosen, die wild durcheinander gewürfelt über der Duschabtrennung zum Trocknen hingen. Ich musste schmunzeln.

Es war ja sehr löblich, dass Micha halbwegs gut allein zurecht kam, aber ein Dauerzustand konnte und sollte es nicht bleiben. Er sehnte sich nach uns, und es fiel ihm zusehends schwerer, ohne seine kleine Familie zu leben. Auch ich bekam langsam Entzugserscheinungen und wollte meinen Indianer gerne wieder bei mir haben. Micha gefiel es in Åndalsnes; solch gute Arbeitsbedingungen und so viel Freizeit hatte er noch nie gehabt. Im Gegensatz zu mir - ich wusste zu Hause gar nicht, wo ich anfangen sollte. Die Arbeit, Sohnemann, Haushalt, meine Josy, die Pferde. Ich stürzte von einer Sache zur nächsten und holte erst Luft, wenn ich abends vorm Computer saß und mit Micha chattete.

Also wurde es wieder einmal Zeit, Nägel mit Köpfen zu machen. Wir wollten es versuchen. Was hatten wir denn schon zu verlieren?

Deine Heimat... flüsterten kleine Stimmen in meinem Ohr. Jedoch behielten mein angeborener Tatendrang und die Lust auf Neues immer die Oberhand; der lockende Geruch eines großen Abenteuers vertrieb die lästigen Gewissensbisse.

Meine Eltern wurden zunehmend unruhiger, merkten sie doch nun, dass wir auf dem besten Weg waren, unsere Pläne tatsächlich in die Realität umzusetzen. Heute versuche ich manchmal, mich in ihre Situation von damals hineinzuversetzen, es ist kein schönes Gefühl Nein, das ist es nicht. Aber wir hatten uns entschieden - für einen Neuanfang in Skandinavien.

7. Die Sache mit dem eigenen Herd

Für Micha stand nun eine schwere Aufgabe an: eine Unterkunft für unsere Familie zu suchen, denn seine Mietwohnung war definitiv nur für eine Person ausgelegt und auch nur als vorübergehende Lösung gedacht. In den nächsten Tagen stellte sich heraus, dass es gar nicht so einfach sein würde, etwas Passendes für uns und unsere Vierbeiner zu finden - denn unsere Pferde mussten mit, ganz klar. Zum einen ist es in Norwegen nicht üblich, Objekte zu mieten. Gerade außerhalb der großen Städte kauft und verkauft man Wohnungen und Häuser wie andere Leute ihre Unterwäsche wechseln. Kaufen kam natürlich nicht in Frage - dafür fehlten uns um die 3 Millionen Kronen, und einen Bankkredit würden wir noch nicht bekommen, dessen waren wir uns bewusst. Zum anderen brauchten wir natürlich nicht nur ein Haus und einen Stall, sondern auch Weideland für Sedona und Cheyenne.

Mehrere Wochen tat sich nichts. Als Alternative hatte Micha noch in Betracht gezogen, vorerst auf einen eigenen Stall zu verzichten und die Pferde auf einem anderen Hof einzustellen. Aber auch das war nicht so einfach, da keiner in der Gegend einen freien Platz und nur ungenügend Weideflächen hatte. Dass dies trotz des ländlichen Charakters der Gegend und der vielen vorhandenen Höfe ein so großes Problem darstellen würde, hatten wir nicht vermutet. Dazu kam, dass Micha noch keinen nennenswerten Bekanntenkreis hatte; dies und die nach wie vor vorhandenen Sprachprobleme waren bei seiner Suche nicht eben von Vorteil.

Schließlich nahm sich Michas Chef Arne des Problems an und gab in der örtlichen Zeitung eine Annonce auf, in der wir ein Haus mit Stall bzw. einen Hof zu leihen suchten. Endlich -es war mittlerweile Mai geworden- kam von Micha die erlösende Nachricht: Es hatten sich zwei Hofeigentümer auf unsere Anzeige gemeldet. Ich erinnere mich noch genau, dass ich gerade mit Josy auf dem Weg zu meinen Eltern war, als mein Handy klingelte und er mir die guten Neuigkeiten mitteilte. Nun war die Aufregung groß. Micha versprach mir, gleich am nächsten Tag das erste Haus anzuschauen. Vom zweiten hatte ihm Arne von vornherein abgeraten; er meinte es läge zu weit außerhalb. Also machte Micha einen Termin aus, und ich saß am Abend des darauf folgenden Tages wie auf Kohlen vor meinem Bildschirm und wartete auf seinen Bericht. Der dann auch kam.

Nun ja, es wäre kein neues Haus, und es müsste ein bisschen was daran gemacht werden. Der Stall würde zur Zeit noch als Schafstall genutzt und sei eher wie eine Art Unterstand aufgebaut. Aber mit ein bisschen gutem Willen und Tatkraft könnten wir es schon hinkriegen. Es klang ja gar nicht so schlecht. Als jedoch nach und nach die Fotos unseres zukünftigen Traumhauses eintrudelten, war ich sofort ernüchtert. Hatte sich doch mein messerscharfes Gehör wieder einmal nicht getäuscht, als ich aus Michas Hausbeschreibungen keinerlei Euphorie im Unterton heraus hören konnte.

Ich erwartete ja keine Villa, aber dieses Gebäude war wirklich mehr als ausbaufähig! Das Holzhaus hatte sicher schon seit Beginn der Zeitrechnung keine Farbe mehr gesehen, am Fundament bröckelte der Putz ab. Auch das Dach wirkte nicht gerade Vertrauen erweckend. Die Bilder der Koppeln waren ebenso nicht dazu angetan, meiner Enttäuschung Herr zu werden: Sie waren komplett am Hang gelegen und sahen wie das gesamte Grundstück ungepflegt und verwahrlost aus. Überall lagen Schrott, Müll und alte Autoteile.

Im Haus selbst war Micha noch nicht gewesen, da es noch bewohnt war und die Mieter zum Zeitpunkt der Besichtigung mit Abwesendheit glänzten. Das sollte nachgeholt werden.

Ich versuchte, das Ganze mit nüchterner Sachlichkeit und einer großen Portion Optimismus zu sehen. Ohne Zweifel würde man mit einiger Mühe den baulichen Zustand des gesamten Anwesens verbessern können. Wir scheuten keine Arbeit, und das handwerkliche Wissen, das wir beide nicht hatten, würden wir durch Tatkraft und vollem Einsatz wett machen. Kurzum - ich redete es mir schön, und nach einer Weile glaubte ich sogar daran. In Natura sähe es auch nicht so schlimm aus wie auf den Bildern, versicherte mir Micha halbherzig.

Ja dann…. wollte ich mir die Sache doch lieber im Original anschauen. Ein Besuch meiner zukünftigen Heimat war sowieso längst überfällig; und jemandem wie Micha, dessen Lebenstraum es war, in den Weiten der Prärie nur mit dem Sattel als Kopfkissen und dem Sternenzelt als Zudecke zu leben, konnte ich so schwerwiegende Entscheidungen selbstverständlich nicht allein überlassen. Also buchte ich Mitte Mai kurzerhand Flug und Zug nach Åndalsnes.

Die Flüge, die wir heute noch bei Besuchen nutzen, starten von Berlin und landen in Oslo-Gardamoen, einem außerhalb gelegenen Flugplatz, den ich seiner Überschaubarkeit wegen von Anfang an ins Herz geschlossen habe. Von da aus geht es noch einmal sechs Stunden mit der Bahn durch halb Norwegen bis nach Åndalsnes, der Endstation der Schienenanbindung an der Westküste.

Der Flug klappte reibungslos, die Bahnfahrt durch wunderschöne Landschaften genoss ich. Es ging vorbei am Holmenkollen, dem Mekka des nordischen Skisports. Die berühmte Holmenkollen-Schanze bei Oslo gilt als die älteste der Welt; eine Vielzahl nationaler und internationaler Wettkämpfe finden auf der bisher schon siebzehn mal umgebauten Anlage statt. In 2008 wurde sie dann komplett abgerissen und durch einen stählernen Neubau ersetzt. Städte wie Hamar und Lillehammer kannte ich bisher nur dem Namen nach; nun flogen sie in Windeseile an meinem Zugfenster vorbei.

Ich malte mir im Geiste nach den Vorlagen von Michas Fotos aus, wie es an meinem Ziel wohl aussehen würde. Eine gute Stunde, bevor der Zug Åndalsnes erreichen sollte, fiel mir auf, dass die vorherrschende Farbe der vorbeihuschenden Vegetation auf keinen Fall mehr grün war - grün, so wie es sich im Mai doch eigentlich gehörte! Die Landschaft wirkte trist und noch im Winterschlaf, nicht ein Hauch von Frühling war spürbar. Es gab nur vereinzelt ein paar Häuser, die sicher auch schon bessere Zeiten gesehen hatten. Der ausgeprägte bäuerliche Charakter der spärlich bewohnten Landschaft verursachte mir ein mulmiges Gefühl in der Magengegend. Ich wurde langsam unruhig. Wo um Himmels Willen hatte es Micha

hinverschlagen?!
Hin und wieder fielen mir ungewollt die Augen zu; einige Minuten muss ich wohl wirklich geschlafen haben. Denn als ich das nächste mal aus dem Fenster sah, hatte sich die Landschaft gewandelt: Neben den Schienen ragten riesige Felsmassive auf, auf der anderen Seite wurden sie von einem azurblauen Fluss begleitet, der einmal sachte vor sich hin floss und sich ein anderes mal an großen, im Wasser liegenden Steinbrocken brach. Der Raumafluss mit seinen hundert Gesichtern, wie ich heute weiß. Einstmals galt er als einer der lachsreichsten Flüsse Norwegens, was sogar dazu führte, dass sich englische Lords Ihrer Majestät der Königin von England - die sogenannten Lachslords- an seinen Ufern ansiedelten und komplette Höfe bauten, um dann mehrere Male im Jahr ihrem Angelhobby zu frönen.

Je näher ich dem vorläufigen Ende meiner Reise kam, desto aufgeregter wurde ich. Endlich würde ich meinen Micha wieder in die Arme nehmen können! Drei lange Monate hatten wir uns nicht gesehen, und ich versuchte ganz schnell, mir sein Bild vor mein geistiges Auge zu holen. Er stand sicher schon lange vor der Zeit am Bahnhof, genauso wie ich die Minuten zählend.
Ach, und dann war es endlich soweit: Das enge Tal wurde breiter und breiter, immer mehr Häuser kamen in Sicht. Hier waren die Bäume grün, die meisten trugen Blüten. All das registrierte mein Unterbewusstsein mit Wohlwollen, vorbei war das ungute Gefühl. Mein Schatz stand wie erwartet am Bahnhof, mit seinem typisch verschmitzten Lächeln auf den Lippen. Die Zugtüren öffneten sich, ein äußerst netter und hilfsbereiter Schaffner trug mir sogar den Koffer auf den Bahnsteig. Als ich meinem Micha entgegen flog, sah ich auch Tränen in seinen Augen, wir lachten und weinten beide gleichzeitig. Gut sah er aus. Braungebrannt von der Frühlingssonne Norwegens; meine fehlenden Kochkünste vor Ort hatten ihm gut getan und ihn um einiges schlanker werden lassen. Erst nach Minuten nahm ich unsere Umgebung wieder wahr - und was für eine! Ich kannte sie schon von Michas unzähligen Fotos, aber kein Bild konnte

dieser traumhaften Landschaft gerecht werden. Nun wusste ich, warum Åndalsnes auch „*Die Alpenstadt am Fjord*“ genannt wird. Micha würde mir am nächsten Tag alles zeigen, doch erst einmal wollten wir zu seiner Wohnung, es gab so viel zu erzählen!
Michas kleines Reich war genauso, wie ich es mir vorgestellt hatte. Klein, aber vollkommen ausreichend für einen so genügsamen Mieter wie ihn. Ich improvisierte ein kleines Abendessen -viel gab der Kühlschrank nicht her- ; wir quatschten bis in die Nacht hinein, über unseren veränderten Alltag und wie wir damit zurechtkamen, und über unsere Träume, denen wir freien Lauf ließen. Eng an meinen Micha gekuschelt schlief ich schließlich ein, voller Vorfreude auf den kommenden Tag.

Nach einem ausgiebigen Frühstück machten wir uns auf den Weg. Das Wetter zeigte sich von der Norwegen nachgesagten schlechten Seite: Es war grau, kühl und ab und an regnete es. Nicht gerade traumhaftes Frühlingswetter! Aber wir ließen uns nicht beirren und starteten unsere Sightseeing-Tour.
Zuerst zeigte mir Micha „seine“ Stadt. Mit seinen 3500 Einwohnern ist Åndalsnes recht überschaubar; mit einem Stadtkern in der Nähe des kleinen Hafens und außerhalb gelegenen Wohngebieten. Hier würden hin und wieder Kreuzfahrtschiffe anlegen, erklärte mir Micha. Ja, das wusste ich. Auf einigen seiner Fotos waren die Ozeanriesen schon zu sehen gewesen. Mitte Mai ging die Saison los, und vielleicht bekäme ich ja während meines fünftägigen Aufenthaltes eines zu sehen.
Wir fuhren an Michas Arbeitsstelle vorbei, er hatte ohne Probleme frei bekommen, um die Zeit mit mir verbringen zu können. Ich war froh, dass uns Michas Chef soviel Verständnis entgegenbrachte; es sollte sich im Laufe der Jahre noch oft zeigen, wie groß in dieser Beziehung die Unterschiede zur deutschen Arbeitswelt sind.
Im kleinen Stadtzentrum gibt es mehrere Geschäfte, ein großes Rathaus, Post, Apotheke - und auffallend viele Friseure. Dies war Micha natürlich bisher entgangen, genauso wenig wie die beiden relativ nah

aneinander gelegenen Schuhläden. Als ich dies erwähnte, verdrehte Michi erwartungsgemäß die Augen und meinte, dass so was auch nur der holden Weiblichkeit auffallen könne. Auch gab es mehrere Bekleidungsgeschäfte, die mich aufgrund ihrer ungewohnt anmutenden schlichten Schaufenstergestaltung und der dabei gezeigten Mode zu einigen Bemerkungen veranlassten. Michas Augen machten noch eine Umdrehung.

Das Vorhandensein von vier Lebensmitteldiscountern, genauso vielen Tankstellen und eine für die Größe der Stadt recht ansehnliche Anzahl an Industriebetrieben ließen mich staunen.

Neben all diesen ersten Eindrücken war natürlich einer dominierend: Die Landschaft. Åndalsnes liegt auf einer Art Halbinsel, einerseits vom Fjord und andererseits von bis zu 1600 Meter hohen Gipfeln umgeben. Fuhr man nur ein paar Meter weiter ins Talinnere, finden sich Wälder, Wiesen und Flüsse, die auch wieder von hohen Bergmassiven eingeschlossen sind. Karg und trotzig ragten die noch schneebedeckten Gipfel vor mir auf. Als hätte ein riesiger Troll flüssiges Teer über den Zinnen ausgekippt, waren überall große, länglich schwarze Farbeinschlüsse in den Felswänden zu sehen. Heute weiß ich, dass diese Gesteinsbildung ihren Ursprung in der Kristallisierung von Schiefer hat, die bei hoher Wärmeentwicklung, wie sie bei der Faltung von Gebirgen entsteht, einsetzt. So genau kenne ich mich da nicht aus, aber ein Geologe hat mir so etwas in der Richtung einmal erklärt…

Längst waren die gigantischen Eiszapfen an den Felswänden verschwunden, die wir bei unserem ersten Norwegenaufenthalt bei Andrea bewundert hatten. Sie wurden nun durch unzählige große und kleine Wasserfälle ersetzt, die im Nirgendwo aufzutauchen und wieder zu verschwinden schienen. Die Flüsse führten enorme Wassermengen mit sich; die Schneeschmelze von den Bergen war in vollem Gange. Die Weiden standen in ihrem zartgrünen Frühlingskleid, hin und wieder machte ich sogar schon einzelne Lämmerherden aus, die in purer Lebensfreude über das frische Grün jagten. Ich konnte mich gar nicht satt sehen an diesem Schauspiel, das mir jedes Jahr wieder

aufs Neue das Herz aufgehen lassen würde.
In den Gärten sah man teilweise noch einzelne Tulpen blühen, während Pfingstrosen und Flieder schon die Herrschaft übernommen hatten. Der Fjord lag diesmal nicht wie ein glatter Spiegel vor mir; der Wind peitschte das Wasser auf, und nur ganz vereinzelt sah ich die sonst allgegenwärtigen Fischerboote auf den Wellenkämmen treiben. Trotz des tristen Wetters sog ich alle Eindrücke wie ein Schwamm auf; wie wundervoll musste all dies erst bei strahlendem Sonnenschein aussehen! Keine andere Landschaft hatte bisher eine solche Ehrfurcht in mir hervorgerufen. Ich versuchte mir vorzustellen, wie Vulkane und bis zu 3000(!) Meter dicke, schmelzende Eisplatten dieses Wunderwerk geformt hatten - unmöglich. Die natürlichen Kräfte, die hier über Tausende von Jahren diese einmalige Schönheit erschaffen hatten, sind für das menschliche Ermessen einfach unvorstellbar.

Unser nächster Weg, und eigentlich der wichtigste Grund meines Besuches, sollte uns ins Grövdal führen. Dort befanden sich Haus und Hof, der vielleicht unser neues Zuhause werden sollte. Wir fuhren durch einen kurzen Tunnel aus Åndalsnes hinaus, entlang der Straße begleitete uns der Fjord noch einige wenige Kilometer. An dessen Ende schloss sich ein breites, von Wäldern und Wiesen durchzogenes Tal an. Dieses idyllische kleine Örtchen nannte sich Isfjorden - Eisfjord. Unser Weg führte uns weiter ins Tal hinein, vorbei an schönen Häuschen und größeren Weideflächen. Ich dachte noch bei mir, dass es mir hier schon gefallen könnte, aber Micha fuhr unbeirrt weiter, bis kaum noch Häuser zu sehen waren und die Straße nur noch ein holpriger Weg war. Die Gegend wirkte auf einmal nicht mehr einladend und ansprechend, sondern machte eher einen heruntergekommenen und ungepflegten Eindruck. Die wenigen Häuser standen vernachlässigt in hohem Gras, kaputte Zäune und Müllberge prägten das Bild.
Meine Vorfreude sank. Ich wollte mich nicht gleich Vorurteilen hingeben und hielt die Zähne zusammengebissen, bis wir am Objekt der

Begierde angekommen waren. Vielleicht lag es am schlechten Wetter, welches möglicherweise alles grauer erscheinen ließ als es tatsächlich war, vielleicht hatte ich meine Erwartungen auch einfach zu hoch angesetzt. Wie Michas Fotos bereits angedeutet hatten, war das Wohngebäude in einem arg renovierungsbedürftigen Zustand. Sicher waren die Fenster schon hundert Jahre alt, mein mangelnder Sachverstand in Bezug auf Dach und Außenfassade sagten mir jedoch, das hier sicher kein Krieg mehr zu gewinnen war. Micha hatte bemerkt, dass mein vorher freudig gerötetes Gesicht seine Farbe fast völlig verloren hatte und schwieg. Er wusste, welche Gedanken mir im Kopf herumgingen und versuchte zu retten was zu retten war.
Wenn du dir den ganzen Schrott ringsumher wegdenkst, neue Farbe am Haus und neuen Putz am Sockel – vielleicht würde es dann schon viel besser aussehen....

Ja, vielleicht. Möglicherweise.

Wir gingen einen Teil der als Weide in Frage kommenden Flächen ab. Wir hatten Mai, und hier gab es noch nicht ein grünes Hälmchen. Die Bäume standen noch in ihrem kahlen Winterkleid, große Teile der Flächen waren noch mit Schnee bedeckt! Die Weiden an für sich waren nicht schlecht gelegen, sogar ein kleiner Bach führte hindurch. Aber sie waren völlig verwahrlost; altes, langes braunes Gras aus dem Vorjahr lugte zwischen den Schneeresten hindurch. Die dazugehörige Scheune stand dem Wohnhaus in Sachen Vernachlässigung in nichts nach, wobei ein kleiner nachträglich angebrachter offener Verschlag noch im besten baulichen Zustand war. Im dunklen Stall, der wenigstens nach einer Seite offen war und ein wenig Tageslicht einließ, standen einige Schafe auf einer Holzunterkonstruktion mit Maschendraht. So etwas hatte ich noch nie gesehen, und ich konnte mir nicht vorstellen, welchen Zweck dieser unbequeme Fußboden haben sollte. Heute weiß ich es.

Meine Laune war auf dem Nullpunkt angekommen. Ich wollte eigentlich nichts mehr sehen, den Gang ins Wohnhaus konnte ich mir sparen. Es war zu diesem Zeitpunkt noch vermietet, aber der Mieter war bereit uns einen Blick hineinwerfen zu lassen. Und der genügte

mir. Ich kann mich noch an kleine, niedrige Zimmer erinnern, schiefe Fußböden und zum Himmel schreiende grelle Farben an den Wänden. Ich nahm es wahr und zur Kenntnis, mehr nicht. Mein Urteil war schon längst gefällt: Niemals. Niemals würde ich hier wohnen wollen.
Soeben war mein Kartenhaus in sich zusammengefallen.

8. Wer suchet, der findet

Was nun? Seit Wochen schon versuchte Micha ein Zuhause für uns zu finden, und das scheinbar einzige Angebot entpuppte sich als unzumutbar. Unsere Stimmung war im Keller, die anfängliche Euphorie und Zuversicht hatte sich zum größten Teil verflüchtigt. Die nächsten Tage verbrachten wir damit, ziellos in der Gegend umherzufahren, immer in der Hoffnung, vor einem schönen Häuschen ein Schild zu finden, auf dem stand: *Mich kannst du preiswert mieten, und deine Pferde bring' gleich mit!* Leider fand sich nirgendwo solch eine Aufschrift. Wir kannten niemanden, den wir noch hätten fragen können; und zugegebenermaßen wirkten wir mit unserem deutsch-englisch-norwegisch-Gestammel nicht eben seriös und vertrauenerweckend auf etwaige potentielle Vermieter. Sollte ich wirklich unverrichteter Dinge wieder nach Hause fahren? Und Micha mit diesem scheinbar unlösbaren Problem alleine zurücklassen? Das kam für mich nicht in Frage. Mir fiel der zweite Hof ein, der sich auf unsere Annonce hin gemeldet hatte und von dem man uns abgeraten hatte. Es stand eine Telefonnummer dabei, und kurz entschlossen nahm ich mein Handy und wählte sie. Fragen kostet nichts, und schlimmer als das bereits gesehene Objekt ging es ja wohl kaum. Wenn Micha sich richtig erinnerte, war sogar ein Stall im Mietobjekt inbegriffen.

Es meldete sich ein Herr, dessen Namen ich nicht wirklich verstand. Wir müssten aus Åndalsnes hinausfahren, durch das Romsdal nach Skiri. Er sprach es Sch-i-r-i aus, und wenn ich meinen Ohren richtig trauen konnte, hatte er sich am Telefon auch mit diesem Namen vorgestellt. Oder jedenfalls klang es nach etwas in der Art. Mittlerweile hatte ich schon einige Norweger sprechen hören, aber für mich hätte es keinen Unterschied gemacht, wenn sie sich in Chinesisch unterhalten hätten, ich verstand nur Bahnhof. Auf Englisch erklärte er mir geduldig die Anfahrt zu dem Hof, den er zu vermieten gedachte. Immer auf der E136 entlang, vorbei an einer kleinen Holzkirche im Ortsteil Marstein. Hm, klang irgendwie deutsch. Später würde ich erfahren, wie diese Handvoll Häuser zu ihrem Namen gekommen sind. Von der Kirche aus seien es noch rund fünf Kilometer bis nach Skiri; wir würden es an den vielen Blumen im Garten erkennen. Blumen - das hörte sich doch gut an! Jedenfalls nicht nach Verfall und wüster Prärie. In mir keimte wieder Hoffnung auf, und noch am gleichen Tag stiegen wir ins Auto und machten uns auf den Weg nach Skiri.

Bereits bei meiner Zuganreise war ich durch das wunderschöne Romsdal gefahren, und wieder sog ich den Anblick der majestätischen Felsmassive, des azurblauen Raumaflusses und der Felder und Wälder ringsum in mich auf. Gigantisch, fantastisch. Micha war beruflich schon des Öfteren hier lang gefahren, für ihn waren diese Eindrücke schon fast Normalität geworden. Von Skiri hatte er aber noch nie etwas gehört.

Und so fuhren wir Kilometer um Kilometer; ich war so abgelenkt von der schönen Natur, dass ich kaum auf die Entfernung achtete. Wir passierten besagte Kirche - niedlich war das erste Wort, was mir dazu einfiel. Es gab nicht viele Häuser auf unserem Weg, aber die wenigen waren gepflegt und schön anzusehen. Hinter den Gebäuden erstreckten sich grüne Wiesen bis zum Waldrand, der nahtlos in die Felsmassive überzugehen schien.

Dann kamen wir an einer weiteren kleinen Ansammlung von Wohnhäusern vorbei. Nun ja, Ansammlung ist vielleicht zuviel gesagt, es waren genau drei. Das Haus sei weiß, hatte der Vermieter gesagt, daran konnte ich mich erinnern. Herrje, alle drei Häuser waren weiß. Aber die Blumen, richtig! Auf einem der Grundstücke standen zwei weiße Wohnhäuser und ein Stallgebäude, und hunderte von Tulpen blühten zwischen gepflegten grünen Rasenflächen. Das sah schon ganz anders aus als im grauen Grövdal! Ich hoffte, dass dies unser Ziel sein möge. Und das war es.

Der Hausherr erwartete uns bereits. Ich schätzte ihn auf etwa fünfundfünzig bis sechzig Jahre, war mir aber nicht sicher. Im Alter erraten bin ich eine echte Katastrophe und schon mehr als einmal ins Fettnäpfchen getreten.

Also ein schlanker, nicht mehr ganz junger Mann empfing uns gleich an der Straßeneinfahrt. Und was für eine Überraschung! - er sprach sogar ein recht gutes Deutsch. Warum bitte hatte ich mich am Telefon in Englisch abgemüht? Aber es sollte uns in unseren ersten Monaten in Norwegen oft passieren, dass wir uns mit unseren noch bescheidenen norwegischen Sprachkenntnissen quälten, nur um nach einer halben Ewigkeit von unserem Gegenüber zu hören, dass es eigentlich auch ganz gut Deutsch kann. Sie finden das lustig, die Norweger.

Wir waren sehr erleichtert, dass wir uns richtig verständigen konnten. Das machte alles so viel einfacher! Ich hatte mich nicht verhört: Der Hofbesitzer hieß tatsächlich Skiri, Arne Skiri. Aha, noch ein Arne. Schien ein weit verbreiteter Name zu sein, denn Michas Chef hieß ja auch so.

Arne zeigte auf das kleinere der beiden hübschen Holzhäuser und erzählte uns, dass es seinen verstorbenen Eltern gehört hatte. Nun sei es an der Zeit, es wieder mit Leben zu füllen.

Meine Sinne nahmen auf den fünfzig Metern von der Einfahrt bis zum Haus eine Unmenge von Eindrücken wahr. Es hatte zwei Etagen und die für norwegische Häuser unerlässliche Veranda. Rund ums Haus wuchs saftiges Gras, gelber Löwenzahn verlieh einer riesigen Wiese gleich daneben das Aussehen eines gelb gepunkteten grünen Teppichs; ich sah Cheyenne und Sedona regelrecht vor mir, wie sie sich auf dieses Buffet stürzten.

Daneben ragte ein riesiger, von Tulpen umgebener Stein aus der Erde heraus; das Grau des Felsbrockens und die farbige Blumenpracht harmonierten wunderbar miteinander. Sein Vater sei ein begeisterter Hobbygärtner gewesen, sagte Arne, als er meinen bewundernden Blick bemerkte.

Eine kleine Treppe führte zur Haustür, und meine innere Anspannung wuchs. Wir traten in einen Flur - weinrot vom Boden bis zur Decke. Hier bestätigte sich, was ich schon im Grövdal bemerkt hatte: Die Norweger hatten anscheinend ein Faible fürs Farbenfrohe. Aber nun ja, nichts was man nicht mit ein bisschen Farbe ändern konnte. Weiter ging es ins Wohnzimmer: Es war groß und geräumig, mit einer riesigen Fensterfront und der Tür zur Veranda. Alles war noch möbliert; es war unschwer zu erkennen, dass sich hier eine ältere Generation wohl gefühlt hatte. Es gab einen offenen Durchgang zur Küche, die mir zwar nicht sehr groß, aber vollkommen ausreichend erschien. Die alten Küchenschränke ersetzte ich im Geiste mit meiner Einbauküche von zu Hause, die mintgrünen Wände tauschte ich gegen ein zartes gelb aus - perfekt. Gleich nebenan gab es sogar einen kleinen Abstell- und Waschraum, äußerst praktisch.

Auf dieser Etage befand sich noch das Schlafzimmer, indem selbstredend anstatt des weißen Holzbettes *mein* Schlafmöbel stehen würde. Mein riesiger fünftüriger Kleiderschrank würde wohl hier keinen Platz finden. Aber er war teilbar, und die andere Hälfte bekäme ich wohl auch noch irgendwo unter. Und im neuen IKEA-Katalog hatte ich schon seit längerem ein begehrliches Auge auf eine Kommode geworfen, die perfekt in diesen Raum passte....Was mir in diesen Minuten alles durch den Kopf ging! Wir hatten weder den Stall noch die Weidefläche gesehen und auch noch über keine vertraglichen Dinge gesprochen - und doch richtete ich in meiner Fantasie das Haus schon komplett ein.

Eine Tür weiter befand sich das Badezimmer mit einer Badewanne, einer Toilette (deren merkwürdige Spülkästen mir schon in Michas Wohnung aufgefallen waren) und einem zweiten tiefen Becken mit Wasserhahn. Für den ersten Moment hielt ich es für ein Bidet, aber nach näherem Hinschauen verwarf ich den Gedanken. Man drehte den Hahn, (der sich übrigens stark von den in Deutschland gebräuchlichen Modellen unterschied) mit zwei Plastikhebeln auf und das Wasser floss in die Schüssel. Sowas hatte ich noch nie gesehen, und Micha offenbar auch nicht, denn nach einem kurzen Seitenblick zu ihm zuckte er unmerklich mit den Schultern. Es war mir aber auch peinlich, Arne danach zu fragen, also beließ ich es bei der Mutmaßung, dass man sich wahrscheinlich die Füße drin wusch – Höhe und Größe waren genau richtig.

Die Wände zierten abwaschbare Tapeten, und dem Badmöbel würde ich auch den Gnadenstoß versetzen müssen. Wir kannten von zu Hause einen anderen Standard, irgendwie wirkte hier alles wie aus lang vergangenen Jahrzehnten und… anders.

Dann führte uns eine wunderschöne Holztreppe nach oben in die zweite Etage. Hier fanden sich zwei kleine Zimmer mit jeweils zwei Betten darin, die offensichtlich als Gästezimmer genutzt worden waren und mit ihren Dachschrägen sehr gemütlich wirkten. Ja, Gästezimmer waren eine praktische Sache! Das könnte ich direkt so beibehalten.

Im gut ausgebauten Keller zeigte uns Arne noch drei kleinere Abstell- bzw. Lagerräume, einer davon mit einer Tür nach draußen. Ein viertes Zimmer, welches sich über die ganze Breite des Hauses hinzog und noch eine Art gemauerten Raumteiler und sogar drei kleine Fenster hatte, weckte gleich mein Interesse. Ein kunstvoll verzierter schmiedeeiserner Ofen, der nach Arnes Aussage auch voll gebrauchsfähig war, hatte es mir sofort angetan. Im Moment glich der Raum zwar eher Willi Schwabes Rumpelkammer, vollgestopft mit Möbeln, alten Kleidungstücken und Werkzeug, aber nach einer kompletten Entrümpelung würde er das ideale Gemach für meinen Sohnemann abgeben. Kai das Kellerkind, wie cool war das denn?!

Mir gefielen zwar die überall an den Fenstern hängenden Rüschen- und Spitzengardinen nicht, und auch der Vorliebe für großblumige Tapeten und Glaslampen der Vorbesitzer konnte ich nichts abgewinnen, aber vom Haus selbst war ich begeistert und überzeugt, uns hier ein gemütliches Nest schaffen zu können.

Die Besichtigung ging draußen weiter. Als nächstes war das Stallgebäude dran. Es war groß und an einer Seite stand noch ein alter Siloturm, der nicht mehr in Gebrauch zu sein schien. Der Stall selbst wurde schon seit längerem nicht mehr genutzt; er bestand eigentlich nur aus einem soliden Betonboden, zwei gegenüberliegenden steinernen Futterrinnen und einem hölzernen Gitterfußboden, der mich entfernt an diesen Schafstall im Grövdal erinnerte. Die Stallräume selbst waren nicht ebenerdig gebaut, sondern der Eingang über eine erhöht angebrachte Steinrampe erreichbar. Das Gebäude war sozusagen unterkellert und mit einem rückseitig angebrachten großen Tor versehen. Bei Arnes Erklärung ging mir ein Licht auf: Die Tiere, als letztes die Kühe vom Nachbarn, standen auf diesen Holzgitterböden, und wenn sie die Überreste ihrer mehrfach gekauten Mahlzeiten ausschieden, fielen sie gleich eine Etage tiefer in den „Mistkeller". Wenn der dann voll war, fuhr man mit dem Traktor hinein und leerte ihn aus. Zur Sicherheit gab es auf dem Gang des Stallbodens noch eine eingelassene Falltür, über die sich jegliche anderen unerwünschten Dinge leicht entsorgen ließen. Ganz schön praktisch, dachte ich bei mir, aber ich mochte nicht darüber nachdenken, ob es für das Vieh angenehm war auf diesen Holzplanken mit den Zwischenräumen stehen zu müssen. Wir machten Arne klar, dass wir einen ordentlichen Boden einziehen und zwei Boxen für die Pferde bauen müssten. Das wäre in Ordnung, er würde damit kein Problem haben.

Die große Wiese, der ich bei unserer Ankunft schöne Augen gemacht hatte, sei an den Nachbarn verpachtet, der nutze sie zur Futterherstellung für seine Milchkühe. Blöder Nachbar, diese Wiese wollte ich doch für unsere Pferdchen!

Arne hatte wohl meine Gedanken gelesen –wie ich später erfuhr arbeitet er als Psychologe- und meinte, es gäbe noch genügend Weideland hier. Also trotteten wir ihm gehorsam hinterher, überquerten die Straße, auf der wir gekommen waren und stiegen über Zuggleise. Die nahezu endlos erscheinende Weidefläche, die sich vor uns ausbreitete und die ich schon vom Wohnzimmerfenster aus gesehen hatte, war durchsetzt mit kleinen Baumansammlungen und umgeben von Wald. Mittendrin fanden sich die allgegenwärtigen Felsbrocken, die dem Ganzen das Aussehen eines riesigen Abenteuerspielplatzes verliehen. Fast wie in der Prärie. Und die war für uns gedacht! Wahnsinn… ich konnte unser Glück kaum fassen. Hier mangelte es nicht an Platz, unsere Pferde würden sich fast wie in der freien Wildbahn fühlen können. Dass wir sie vom Stall auf die Weide über eine vielbefahrene Europastraße und Bahngleise bringen mussten, war uns in dem

Moment nicht wirklich bewusst. Und wenn es das war, ignorierten wir dieses kleine Übel.
Wir überquerten die Wiese und folgten Arne auf einem breiten Trampelpfad in den Wald. Schöner fester Waldboden mit nur wenigen Steinen, registrierte ich. Gut für die Hufe. Nach wenigen Metern kamen wir an eine große Lichtung, die wie geschaffen war für unser kleines Indianerlager. Wir könnten alles nutzen, sagte Arne. Am Waldrand entlang ging es weiter über die zukünftige Koppel, die auf einmal schmäler wurde und in einem kaum sichtbaren Pfad endete und bergab führte. Den Anblick, der sich mir dann bot, werde ich nie vergessen: Am Ende des kleinen Weges standen wir auf blütenweißem Sandstrand, vor uns schimmerte der Raumafluss in all seiner Farbenpracht, eingebettet in hoch aufragende Felsen auf der anderen Seite und von Bäumen auf unserer Seite. Am Ufer lagen wieder große Steine, die regelrecht zum Klettern und Sitzen einluden. Mein kleines Paradies. So taufte ich diesen Ort und wusste, dass ich meinen Lieblingsplatz gefunden hatte.

Arne nannte uns den Mietpreis, indem alles enthalten war: Haus, Stall, Weide. Und sogar seine Maschinentechnik wie Traktor, Hänger usw. könnten wir nutzen. Der Betrag erschien mir völlig angemessen und lag genau am Limit, das wir uns gesetzt hatten. Zurück am Haus schlug Arne vor, dass wir eine Nacht darüber schlafen sollten und uns am nächsten Tag wieder treffen. Aber ich wollte doch gar nicht noch mal schlafen! Ich wollte am liebsten sofort einziehen, die Ärmel hochkrempeln und mein Werk beginnen.
Euphorisch und den Kopf voller Pläne fuhren wir die 25 km zurück nach Åndalsnes in Michas Wohnung. Wir mussten nicht lange diskutieren oder Für und Wider abwägen, die Suche war für uns beendet – alles fühlte sich gut und richtig an. Alternativen gab es eh nicht, und wir wollten auch keine.
Wir hatten unser neues Zuhause gefunden.

9. Vorbereitungen

Der Abend war geprägt von aufgeregter Vorfreude und endlosem Pläneschmieden. In meinem Kopf nahm die Liste der zu erledigenden Dinge schon riesige Ausmaße an; fast minütlich fielen mir neue Aufgaben ein. Ich behielt meine Ideen zum größten Teil erst einmal für mich, wusste ich doch, dass Micha mit meinen manchmal recht sprunghaften Gedankengängen völlig überfordert ist. Glücklich schliefen wir ein, das erste Mal seit Tagen schienen Sorgen und Probleme weit weg zu sein.

Am nächsten Morgen statteten wir als erstes der örtlichen Berufsschule einen Besuch ab. Ohne Anmeldung oder nennenswerte Wartezeit wurden wir von der Rektorin empfangen. In einem Mix aus Englisch und Norwegisch erklärte sie uns erst einmal, wie das Schulsystem überhaupt aufgebaut ist.

Die 10jährige Schulpflicht für Kinder im Alter von sechs bis sechzehn Jahren ist in drei Abschnitte aufgeteilt, wobei die Klassenzusammenstellungen in allen Jahren beibehalten werden. Als erstes wird ein Kind in die Grundschule (*barneskole,* frei übersetzt *Kinderschule*) eingeschult, welche die Klassen 1- 4 beinhaltet. Dabei wird dem Tag des Schulanfangs, der ja in Deutschland mit Zuckertüte und Familienfest und Geschenken als ein Meilenstein im Leben eines Menschen gefeiert wird, eher wenig Bedeutung beigemessen. Gefeiert wird er nicht.

Im ersten Jahr wird der Unterricht vorwiegend spielerisch gestaltet; es werden Grundkenntnisse in Mathematik, Norwegisch und soziale Strukturen vermittelt. Auch beginnt man schon mit den ersten Englischlektionen. Ab der 2. Klasse kommen dann Religion, Sport und Heimatkunde hinzu.

Von der 5. bis zur 7. Klasse geht man in die *mellomtrinn* – die Mittelstufe. Ab hier werden dann Sozialkunde und *naturfag* (Naturfach - ein fächerübergreifender Unterricht von Geografie, Biologie, Physik, Chemie und Astronomie) gelehrt. Was allerdings komplett aus dem europäischen Rahmen fällt ist die Tatsache, dass in den ersten sieben Klassenstufen keine Zensuren vergeben werden! Auch Kopfnoten wie z. B. Betragen und Ordnung kennt man hier nicht.

Benotet werden die Schüler erst von der 8. Klasse an - im nächsten Abschnitt ihres Schullebens, der Sekundarstufe I (*ungdomsskole*, wortwörtlich: *Jugendschule*). Hierbei ist die Zensur 1 die schlechteste und eine 6 die beste Note. Neben den bereits gelehrten Fächern gesellt sich noch ein Wahlfach; beliebt sind bei den norwegischen Jugendlichen Deutsch, Französisch und Spanisch.

Nach der 10. Klasse, die Kinderlein haben nun gewöhnlich ein zartes Alter von sechzehn Jahren erreicht, besuchen alle Jugendliche noch mindestens zwei Jahre die Sekundarstufe II, genannt *Videregående skole* = weiterführende Schule. Hier sollten die jungen Erwachsenen so langsam wissen, in welche Richtung ihre berufliche Zukunft geht und müssen sich für eine der Fachausbildungen oder das Abitur entscheiden.

Je nach Größe und Lehrplan einer Schule werden verschiedene Bildungslinien, wie z,B. Transport und Logistik, Restaurant und Lebensmittel, Gesundheit und Erziehung oder Technik und industrielle Produktion angeboten. Letzteres wäre die Linie, die Kai wählen müsste, um nach vier Jahren seinen Abschluss als Automechaniker machen zu können. Im zweiten Berufsschuljahr werden die Klassen fachspezifischer aufgeteilt; in Sohnemanns Fall wäre das die Klasse der *bilmekaniker*, der Automechaniker. Dabei sind im Lehrplan schon einige Tage vorgesehen, an denen die Schüler „ausplatziert" werden; d.h. sie verbringen die vollen Arbeitsstunden in wechselnden berufsrelevanten Firmen.

Danach ist die theoretische Ausbildung so gut wie abgeschlossen. Erst in den letzten beiden Jahren beginnt die praktische Ausbildung in einem Betrieb oder einer Einrichtung. Dort legen sie dann auch ihre *fagprøve* (Fachprüfung) ab.

Der Vorteil dieses Bildungssystemes liegt für mich mit Sicherheit nicht in der fehlenden Benotung der ersten sieben Klassen (Das würde ich als Bildungsministerin sofort abschaffen – aber meine Chancen diese zu werden stehen eher schlecht). Jedoch sehe ich die Tatsache, dass alle Kinder vom Schulbeginn bis zum Ende der Jugendschule mit sechzehn Jahren in der gleichen Klasse unterrichtet und nicht auf verschiedene Schulen verteilt werden, als eine sehr gute Lösung an. Ich kenne das noch von meiner Schulzeit in der DDR – auch wir waren zehn Jahre lang eine eingeschworene Gemeinschaft. Nicht wie heute in Deutschland, wo man möglichst nach der 4. Klasse schon wählen muss, mit welcher ehrlichen Arbeit man später einmal seine Brötchen verdienen will, und ob dafür ein Realschulabschluss oder das Gymnasium vonnöten ist!

Es gibt in Norwegen in der Regel auch keine Sonderschulen, sondern alle Kinder, auch lernbehinderte oder solche mit einer Schwäche in bestimmten Fächern, besuchen die gleiche Schule. Dies ist möglich, da der Unterricht in differenzierte Aufgabenniveaus gegliedert ist. Ein Beispiel: Im Mathematikbuch finden sich drei farblich unterschiedlich gekennzeichnete Rechenaufgaben. Während der „normal“ lernende Schüler die roten Aufgaben löst, versucht sich der Lernschwache zuerst an der leichtesten, einer gelben Fragestellung. Klappt dies gut, kann er sich dann eventuell an die etwas schwerere grüne Aufgabe wagen oder sogar die „normale“ rote in Angriff nehmen.

Ich meine mich zu erinnern, dass ich damals maximal die Hälfte von dem verstanden hatte, was uns die nette Rektorin zu erklären versuchte. Wir sollten noch einige Papiere ausfüllen, und voller Erleichterung begriffen wir: Mission „Ausbildungsplatz zum Autoschrauber finden“ erfolgreich abgeschlossen. Juhu! Alles schien wie am Schnürchen zu laufen.

Unser nächster Weg führte uns noch einmal nach Skiri. Ich hatte mich mit Papier, diversen Schreibutensilien und einem Zollstock bewaffnet, um sämtliche Räume auszumessen und Zeichnungen anzufertigen. Diesmal achteten wir darauf, wie lang der Fahrtweg dauerte: fünfundzwanzig Minuten. Trotz dass es sich um eine Europastraße handelt ist die Fahrbahn eher schmal, viele Kurven verhindern einen all zu schnellen Fahrstil. Dachten wir wenigstens – später sind wir des Öfteren eines besseren belehrt worden. Wir würden mindestens zweimal täglich diese fünfundzwanzig Kilometer (oder zweieinhalb Meilen, wie der Norweger sagt) fahren müssen, aber das war uns egal. Wer bei uns zu Hause hatte schon einen solch sagenhaft schönen Arbeitsweg? Außerdem gab es weder Ampeln oder Kreuzungen, an denen wir morgens oder zur Feierabendzeit warten mussten.

Wir besprachen mit Arne noch ein paar Einzelheiten, nichts stellte sich als unlösbares Problem heraus. Es erschien uns nicht weiter schlimm, dass wir nur drei norwegische Fernsehsender auf die Mattscheibe bekommen würden, da die hohen Berge ringsum jegliches Satellitensignal im Keim erstickten und somit die Anschaffung einer Schüssel witzlos war. Das machte uns nichts aus, die viele Werbung im deutschen Fernsehen hatten wir sowieso leid. Nur dreißig Meter vom Haus entfernt rollten Tag und Nacht Autos und LKW´s über die E136, und die Gleise der Raumabahn verliefen gleich daneben. Von so ein bisschen Verkehrslärm würden wir uns doch nicht die Freude verderben lassen! Arne erwähnte nebenbei, dass wegen der Felsen im Winter die Sonne nicht direkt auf den Hof scheinen würde… Nun ja, immer nur Sonne war ja auch langweilig.

Wir kamen überein, dass Micha so schnell wie möglich von Åndalsnes nach Skiri umziehen sollte, um mit den Vorbereitungen beginnen zu können. Die erste Miete würde erst fällig werden, wenn ich mit Kai und sämtlichen Umzugsgütern auf Skiri Einzug hielt. Ein äußerst großzügiges Angebot, das wir dankend annahmen. Unser Zeitplan sah im Groben so aus: Micha zieht sofort nach Skiri um, ich bereite nach meiner Heimreise nach Deutschland den Umzug vor, während Kai seinen Realschulabschluss in Sack und Tüten bringt. Die Umsiedelung unserer Pferde sollte schon im Juni über die Bühne gehen. Soweit unser Schlachtplan.

Während Micha noch mit Arne über diverse Einzelheiten sprach, schwang ich meinen Zollstock. Ich vermaß alles: Wände, Fenster, Türen. Wir hatten nach einer kurzen Stippvisite im örtlichen Baumarkt beschlossen, soviel wie möglich Baumaterial, sprich Bodenbeläge, Laminat, Fliesen und Farbe aus Deutschland mitzubringen. Denn mit OBI & Co hat so ein norwegischer Heimwerkerladen aber auch so gar nichts gemeinsam! Während das Warenangebot weniger als ein Drittel des von uns gewohnten Sortiments ausmachte, trieben uns die Preise die Tränen in die Augen. Also warum teuer bezahlen wenn wir alles viel preiswerter umsiedeln konnten?

Wenn ich an die Liste denke, die ich damals in Skiri begonnen hatte anzufertigen, läuft es mir heute kalt den Rücken herunter. Vielleicht ist es manchmal ganz gut wenn man nicht weiß, was auf einen zukommt, sonst wäre wohl so manch ein Plan zum Scheitern verurteilt gewesen, noch ehe man mit dessen Ausführung begonnen hat.

Nach einigen Stunden hatte ich alles aufgeschrieben, von dem ich meinte, dass ich es unbedingt brauchte. Wir hatten ein Zuhause für uns und für unsere Tiere gefunden, Kais Lehrstelle war gesichert. Die erste Zeit würden wir mit Michas Lohn auskommen, und später fand sich mit Sicherheit auch ein passender Job für mich. Ich war nicht dumm, hatte mehrere Ausbildungen und hielt mich für anpassungsfähig – und nicht zuletzt blickte ich so optimistisch wie seit langem nicht mehr in die Zukunft. Ruhigen Gewissens und hoch motiviert trat ich den Heimweg an, diesmal genau wissend, dass ich meinen Micha schon in einem Monat wiedersehen würde - wenn er nämlich nach Deutschland käme um die Pferde zu holen.

Es gab nur eine Sache, die mir wieder das Herz schwer machte: Wir hatten diesmal Nägel mit Köpfen gemacht und sie schon ein ganzes Stück weit eingeschlagen - und ich wusste genau, welche Wunden eben diese Nägel meinen Eltern zufügen würden. Natürlich freuten sie sich mit uns und versicherten mir, dass alles in Ordnung sei solange wir nur glücklich sind. Nur zu gerne glaubte ich ihnen und filterte den traurigen Unterton in der Stimme meiner Mutti heraus, einfach um mein schlechtes Gewissen zum Schweigen zu bringen.

Die nächsten Wochen hatte ich kaum Gelegenheit zum Nachdenken. Ich lief weiter jeden Tag auf Arbeit, versorgte die Tiere und kümmerte mich um den Haushalt. Zum Glück war mein Sohnemann ein so pflegeleichter und umgänglicher Jugendlicher, dass ich mir um ihn keine Sorgen machen musste. Ihm gefielen die Fotos von Skiri gut, vor allem die Maschinentechnik, die ich extra für ihn geknipst hatte.

Auf Arbeit und in unserem Freundeskreis sprach sich die Neuigkeit in Windeseile herum: Micha und Heike hatten in Norwegen ein Haus gemietet und ziehen im Juli um. Meine Fotos machten die Runde und wurden mit vielen Ahh!s und Ohh!s begutachtet. Erst jetzt schienen sie zu begreifen, dass wir es ernst meinten und wir schon in wenigen Wochen in ein völlig neues Leben starten würden. Die meisten waren begeistert und wünschten uns Glück, andere zweifelten am Gelingen unserer Pläne und prophezeiten uns eine baldige Wiederkehr in deutsche Gefilde. Nun, wir würden ja sehen! Eben diese Zweifler waren es, die mich umso mehr anspornten.

Meine vordringlichste Aufgabe bestand darin, die Pferde auf ihren Umzug vorzubereiten. Ich machte mich über Einreisebestimmungen schlau und entwarf einen Routenplan. Unsere beiden Fellnasen würden eine ausführliche Untersuchung des Amtsveterinärs und mehrere Impfungen über sich ergehen lassen müssen. Desweiteren sollte ich ihm einen detailierten Transportplan vorlegen, in dem jede Pause mit Zeit- und Ortsangaben vermerkt war. Mit Michas fernmündlicher Hilfe legte ich die genaue Fahrstrecke fest, einmal Fähre inbegriffen. Wir wählten die eineinhalbstündige Überfahrt von Warnemünde nach Gedser in Dänemark, damit die Pferde nicht länger als unbedingt nötig allein auf dem Hänger im Bauch der Fähre stehen mussten. Alle anderen möglichen Fähren in Richtung Skandinavien dauerten weitaus länger. Mit den nötigen Pausen würde die Fahrt drei Tage dauern; mir wurde schon schlecht wenn ich nur daran dachte. Unsere Freunde Mirko und Denise waren bereit, den Pferdetransport zu begleiten; sie hatten einen Hänger und das geeignete Zugauto. Ich holte Angebote von Tiertransportfirmen ein, aber natürlich war es uns viel lieber, wenn unsere Freunde fahren konnten. Ich war mit Micha überein gekommen, dass ich den Pferdeumzug nicht begleiten sollte - es gab einfach daheim zu viel zu tun um eine knappe Woche entbehren zu können. Zum Glück - meine Nerven hätten diese aufreibende Angelegenheit nicht überstanden, denn wenn es um die Tiere geht bin ich überängstlich und zu fürsorglich, ständig mache ich mir Sorgen um alles Mögliche, selbst wenn es weit und breit keinen Grund dazu gibt.

Auch meine kleine Josy konnte nicht so ohne weiteres umziehen, oh nein! Da Norwegen eines der wenigen tollwutfreien Länder Europas ist und dies natürlich auch so bleiben soll, gibt es sehr strenge Einreisebestimmungen für Hunde und Katzen. Das Wichtigste ist die Bestätigung eines bestimmten Tollwut-Antikörper-Wertes (genannt Titerbestimmung). In meinem Norwegenforum, in dem ich mich häufig mit anderen Auswanderern austauschte und mir wichtige Informationen holte, wurde ich ausdrücklich auf die Wichtigkeit des Dokumentes hingewiesen, denn eine fehlende Beglaubigung durch ein staatliches Labor führt an der norwegischen Grenze zu fatalen Folgen: Mitsamt dem Hund umkehren, oder das Tier in eine drei monatige Quarantäne des Zolls geben oder aber allein einreisen und den Hund an Ort und Stelle einschläfern lassen. Man bestätigte mir, dass alle drei Varianten in regelmäßigen Abständen vorkämen. Du lieber Himmel! Um nichts in der Welt wollte ich hierbei ein Risiko eingehen. Das bedeutete im Klartext für meine Josy: Impfen, Warten, Blut abzapfen und hoffen dass der Titerwert stimmt. Geimpft wurde sie sowieso jedes Jahr, das war kein Problem. Das Blut abnehmen gestaltete sich schon schwieriger; mein Tierarzt brauchte fast eine Stunde und viel Nerven, um meinem armen kleinen Schatz ein paar Tropfen des kostbaren Nasses zu entlocken. Dann noch eine Woche gewartet, und: Aufatmen. Der Tollwutwert stimmte, sie war frei von jeglichen Krankheiten und Josys Umzug nach Norwegen stand somit nichts mehr im Wege. Ich war erleichtert, denn mit einem falschen Tollwutwert wäre unser Zeitplan nicht mehr durchführbar gewesen. Josy hätte erneut geimpft werden müssen, und erst nach einhundertzwanzig Tagen ist eine neue Titerbestimmung möglich.

Danach waren die Pferde an der Reihe. Geimpft und entwurmt waren sie schon, nun wartete noch die Untersuchung des Amtstierarztes auf sie. Der Arzt war eine nette Dame, die unsere beiden Mädels fröhlich vor sich hinmampfend auf ihrer Koppel antraf. Sie warf von Weitem einen Blick auf sie und stellte mir einige Fragen. Nachdem ich diese offenbar zu ihrer Zufriedenheit beantwortet hatte, erklärte sie die Pferde für gesund und seuchenfrei und bat mich, in den nächsten Tagen bei ihr im Büro vorbeizukommen und die Papiere abzuholen. Das tat ich doch gerne; meinen bis ins Detail ausgefeilten Transportplan mit den zwei Übernachtungen in Dänemark und Schweden nahm sie wohlwollend zur Kenntnis und setzte ihren Stempel unter alle nötigen Formulare. Yes! Wieder konnte ich einen wichtigen Punkt von meiner ewig langen Liste streichen.

So ziemlich mit an erster Stelle meiner Aufstellung stand da noch rot unterstrichen: *Arbeitsamt Kostenübernahme klären*. Damit war ich tagelang beschäftigt. Dank Michas zweiwöchiger Arbeitslosigkeit und dem Ziel des deutschen Staates, ihre Arbeitslosenquoten um jeden Preis zu senken und willige Arbeitnehmer ins Ausland zu befördern, hatten wir die Möglichkeit, unsere Umzugskosten vom Arbeitsamt bezahlt zu bekommen. Ich erwischte einen sehr netten und kompetenten Sachbearbeiter, der mir mit Rat und Tat zur Seite stand. Ich holte Angebote von verschiedenen Umzugsfirmen ein und war nicht erstaunt zu sehen, dass der Zuschuss des Amtes von maximal viertausend Euro nicht einmal die Hälfte der angebotenen Umzugskosten decken würde. Zum Glück hatten wir von Michas Chef ein viel besseres Angebot bekommen: Micha durfte Zugmaschine, Container und einen Hänger der Firma für den Umzug nutzen und wir brauchten nur den Diesel und natürlich die Fährgebühren bezahlen. Damit würden wir Tausende von Euros sparen und den Zuschuss optimal nutzen. Endlich hatte es sich als Vorteil erwiesen, einen Berufskraftfahrer zur besseren Hälfte zu haben! Eine kleine Diskussion gab es noch wegen der Bezuschussung des Pferdetransportes - ich bestand darauf, dass sie wie mein Kind zur Familie gehörten und damit als Umzugsgut zählten. Meiner logischen Argumentation konnte der Sachbearbeiter letztendlich nichts entgegensetzen, und so waren auch die Kosten für den Pferdetransport auf ein Minimum geschrumpft.

Neben all den bürokratischen Dingen musste ich auch langsam anfangen, an die eher praktischen Vorbereitungen zu denken. Spätestens jetzt wurde mir bewusst, dass unsere Auswanderung eine logistische und organisatorische Meisterleistung von mir abverlangen würde. Langsam fing ich an, Kleider-, Wohnzimmer- und Küchenschränke auszusortieren. Die ersten Kisten stapelten sich im Wohnzimmer. Mit Hilfe meiner Skizzen und Maßangaben von Skiri erstellte ich maßstabsgerechte Zeichnungen der Räume und schnipselte mir aus Papier kleine Möbel, Betten, Sofas und Schränke zurecht. Die schob ich dann wie ein verkappter Architekt auf meinen Zeichenblättern hin und her; schob ein Sofa dahin und den Tisch dorthin, nur um ihn einen Tag später komplett anders zu positionieren. Der aktuelle IKEA-Katalog lag immer griffbereit; ein kleines bisschen Freude inmitten des ganzen Nervenkrieges musste Frau ja schließlich haben!

Spätabends saß ich müde und völlig ausgelaugt vor meinem Computer und schrieb oder chattete mit Micha. Auch für ihn gehörten die geruhsamen Feierabende vorerst der Vergangenheit an; täglich erreichten mich Fotos, die ein klares Zeugnis seiner arbeitsreichen Tage auf Skiri ablegten. Er hatte mittlerweile seine wenigen Habseligkeiten in „unser" Haus umgesiedelt und wohnte nun offiziell auf dem Skiri-Hof. Arne und er hatten begonnen, das Mobiliar aus dem Haus in die große Scheune zu räumen. Einen großen Teil seines letzten Monatslohnes musste Micha in den Kauf von Koppelpfählen und Weidematerial investieren, denn für so eine riesige Fläche waren wir nicht ausgerüstet. Mehrere Tage verbrachte Micha dann damit, einhundertfünfzig mannshohe Pfähle zu setzen. Was sich einfach anhört, war eine Knochenarbeit, denn der Boden ist teilweise felsig und die Löcher musste er mit der Brechstange vorbohren. Zusätzlich erschwerte ihm der Raumafluss das Vorankommen, denn regelmäßig im Frühsommer tritt er aufgrund des vielen Schmelzwassers von den

Bergen über seine Ufer und überschwemmt den in Flussnähe liegenden Weideteil. Aber auch dafür hatte Arne eine Lösung: Er borgte Micha seine hüfthohe Gummi-Anglerausrüstung, und schon gab es keine nassen Füße mehr. Im Gegenteil, Schatzi machte aus der Not noch eine Tugend: das auf der Weide im eisigen Schmelzwasser kalt gelegte Bier schmeckte gleich noch mal so gut!

Eine weitere wichtige Arbeit wartete noch: Feuerholz machen. In den ländlichen Gebieten Norwegens ist es üblich, das Haus mit Holzöfen zu heizen. Viele Norweger besitzen eigenen Wald und eine geniale Maschinenausstattung, um in wenigen Arbeitsgängen die größten Stämme in kleine Holzscheite zu verarbeiten. Auch Arne besaß eine vom Traktor angetriebene Kreissäge mit integriertem Holzspalter, den wir mit benutzen durften. Doch erstmal musste Micha die Bäume mit der geborgten Kettensäge umlegen, was auch völliges Neuland für ihn war. Und so erhielt ich viele Fotos, auf denen nichts als liegende Bäume und Äste zu sehen waren. Fleißiges Bienchen, mein Micha. Zu guter Letzt hatte er auch schon das erste Heu eingefahren, mit einem Balkenmäher geschlagen, in mühevoller Handarbeit gewendet und mit Traktor und Hänger in die Scheune verfrachtet. Er hatte die ersten Aufgaben unseres neuen gemeinsamen Lebens bravourös gemeistert, und ich war stolz auf ihn.

Nach nur zwei Wochen war alles für Cheyenne und Sedona vorbereitet; sie beide würden Deutschland schon sehr bald für immer den Rücken kehren.

10. Abschied ist ein bisschen wie Sterben

Für den 14. Juni 2007 hatte ich für Micha Flug und Zug nach Deutschland gebucht. Es war an der Zeit, unsere Pferde in ihr neues Zuhause zu bringen. Aber vorher wollten wir uns mit einer großen Party offiziell von unseren Freunden verabschieden. Noch blieb uns zwar ein ganzer Monat bis zu unserem eigentlichen Umzug, aber wenn Micha das nächste Mal mit seinem LKW nach Hause kommen würde, um uns und unser gesamtes Umzugsgut zu holen, würde keine Zeit mehr für eine Feier sein. Also planten wir eine Ha-det-bra-Tyskland-Party (Auf Wiedersehen Deutschland-Party), zu der wir alle Freunde, Verwandten und Arbeitskollegen einluden.

Mit meinen Eltern holte ich Micha vom Flughafen ab - wie hatte er sich in den drei Wochen seit meinem Besuch in Åndalsnes verändert! Schlank und braungebrannt stand er mit seinem Koffer vor uns; seine mangelnden Kochkünste und die harte tägliche Arbeit im Freien hatten die Pfunde schmelzen lassen und ihm eine braungoldene Gesichtfarbe verliehen, mit der er bei seinen indianischen Idolen ganz socher hätte Eindruck schinden können.

Micha war ganz erstaunt über die vielen Kartons, die sich schon in unserer Wohnung stapelten. Dabei war das erst der Anfang! In den letzten Wochen bis zum Umzug würde es für mich noch viel zu tun geben.

Am nächsten Tag schleppte ich Micha von einem Baumarkt zum nächsten. Ich hatte bereits Tapeten, Farbe, Fußbodenbeläge, Laminat und Fliesen ausgesucht - er musste eigentlich nichts anderes mehr tun als zustimmend nicken. Wie erwartet war mein Schatz mit allem einverstanden; an dieser Front war ich zweifelsohne der bessere Kämpfer. Wir ließen meine Einkaufsbeute auf Lager legen, bis wir einige Wochen später alles mit dem LKW abholen wollten. Auch neue Gardinen und sogar zwei neue Gästebetten hatte ich schon geordert. So wie sich meine Wohnung mit Paketen und Umzugskisten füllte, leerte sich mein Bankkonto. Das wenige Gesparte war längst aufgebraucht und mein Sparkassen-Dispokredit auf dem Weg zum obersten Limit. Zum Glück trug Micha seine nagelneue norwegische Bankkarte an Mann, die er bei der einen oder anderen Gelegenheit zücken musste. Aber ich hatte nun so ziemlich alles zusammengetragen, von dem ich meinte es unbedingt haben zu müssen.

Der Abend verging mit den Vorbereitungen für unsere Party, die schon am Tag darauf stattfinden sollte.

Der nächste Morgen versprach einen drückend heißen Tag. Unser Indianertipi war noch nicht abgebaut, es stand in „unserer Reservation", nur wenige hundert Meter vom Wohnhaus meiner Eltern entfernt. Die Pferde wurden von ihrem Pensionsstall geholt; sie grasten nichts ahnend von ihrer bevorstehenden langen Reise auf der saftigen Koppel im Lager. Wir bauten mit meinem Vati aus einfachen Holzstangen noch einen großen, mit einer Plane überspannten Unterstand auf, den wir mit Bänken und vielen zusammengeborgten Stühlen vervollständigten. Micha hatte sich einen roten Tuchfetzen wie ein Stirnband um den Kopf geschlungen, er sah mit seinen schulterlangen Haaren aus wie ein kleiner Rambo - oder ein blonder Indianer.

Wir bereiteten ein großes Lagerfeuer vor und setzten einen deftigen Kesselgulasch an. Alles war vorbereitet, und wir gönnten uns noch eine kleine Verschnaufpause, in der wir besorgt beobachteten, wie immer mehr dunkle Wolken heranzogen. Und tatsächlich: Der überdachte Unterstand sollte sich als wichtigstes Utensil des ganzen Abends erweisen, das Wetter passte sich dem Ereignis an. Der Himmel weinte, und es regnete wie aus Eimern. Schon bald hatte sich unsere Wiese so mit Wasser vollgesogen, dass wir unseren Gästen schnell noch Nachrichten schickten, sie sollten doch am besten in Gummistiefeln erscheinen. Unsere Laune verschlechterte sich mit jeder Stunde, das durfte einfach nicht wahr sein! Ich fühlte mich so schon nicht besonders wohl in meiner Haut, die vielen anstrengenden Tage zeigten ihre Wirkung. Da schüttete ein Regenguss nach dem anderen natürlich noch Öl ins Feuer!

Trotzdem kamen sie alle. Unsere Freunde, Arbeitskollegen, die Familie und Nachbarn. Sie bewunderten uns für unseren Mut, in ein völlig fremdes Land mit fremden Menschen zu gehen, auch wenn sie uns vermissen würden. Von Mut konnte ich damals nichts spüren; ein bleischwerer Ring begann sich um mein Herz zu legen.

Wir verbrachten einen fröhlichen Abend; es wurde viel gelacht und erzählt, alte Geschichten aufgewärmt und peinliche Anekdoten zum Besten gegeben. Kaum einem fiel auf, dass sich unter dem Deckmantel der Ausgelassenheit ein ganzes Stück Wehmut und Traurigkeit breit machte und -dem Regen sei Dank- keiner die ein oder andere Träne kullern sah. Ich lachte und scherzte mit wie alle anderen und nahm die aufrecht gemeinten Wünsche und Geschenke unserer Freunde lächelnd entgegen. Mein Bruder übergab uns ein wunderschönes Kalbsfell mit einer herzlichen Widmung, und der Kloß in meinem Hals wuchs und wuchs. Mir wurde bewusst, dass ich all diese lieben Menschen bald für immer verlassen würde, einige sah ich sogar an diesem Abend das letzte Mal. Natürlich freute ich mich auf unser neues Leben in Norwegen, aber gleichzeitig war mir so elend zumute. Ich litt heimlich, in aller Stille. Nur Micha wusste, dass mir der bevorstehende Abschied schwerer fallen würde als ich gedacht hatte. Ich danke meinem Schöpfer, dass er mich zu einem immer optimistischen und lebensfrohen Menschen gemacht hat, in dessen Leben kein Platz für Trübsinn und Schwermütigkeit ist. Diese Eigenschaften sollten mir helfen, die nächsten emotional schwierigen Tage zu überstehen.

Nach einer durchfeierten Nacht und wenig Schlaf machten wir uns ans Aufräumen, nichts wollte so richtig von der Hand gehen und dauerte dementsprechend lang. Wir bauten unser Tipi ab und verstauten es zwischenzeitlich in unserem Geräteschuppen (den sich mein Bruder schon als Erbe ausgesucht hatte); das nächste Mal sollte es auf norwegischem Boden stehen. Am Abend kamen Mirko und Denise mit ihrem Pferdehänger, denn schon ganz früh am nächsten Morgen sollten die Pferde ihre Reise gen Norden antreten. Auto und Hänger wurden beladen; Sättel, Zaumzeug, Decken, Futter, Putzsachen - alles musste mit. Auch Michas kleiner Koffer fand wieder einmal den Weg ins Auto. Danach gingen wir früh schlafen; meinen

Lieben stand eine anstrengende mehrtägige Fahrt bevor.
Es war noch dunkel, als wir am Morgen des 18.Juni 2007 unsere Vierbeiner von der Koppel holten. So richtig schlafen konnte ich nicht, vor Aufregung hatte ich mich nur von einer Seite auf die andere gedreht. Ich blieb zwar zu Hause, aber ich wusste genau, dass ich keine Ruhe haben würde, bevor der Transport nicht sicher auf Skiri angekommen war.
Das Verladen ging zügig vonstatten; Pferde auf den Hänger und los ging es. Die feinfühligen Tiere wittern jede Art von Aufregung, Stress oder Angst, und wir wollten sie nicht durch unnötig in die Länge gezogene Abschiedsszenen verunsichern. Also gab es nur ein kleines Küsschen für Micha, eine kurze Umärmelung für meine Freundin und ein dem Wagen nachgebrülltes *Fahrt vorsichtig!*, bevor sie sich auf die lange Reise machten und ich zwei rote Rücklichter im Dunkel verschwinden sah.

In regelmäßigen Abständen meldete sich Micha bei mir. Alles lief nach Plan, die Pferde standen ruhig in ihrer Box auf Rädern und ließen sich widerstandslos Richtung Norden kutschieren. Am meisten Angst hatte ich vor der Fähre: die lauten Geräusche im Schiffsrumpf, neunzig Minuten still im Hänger stehen, ohne das der sich bewegte – und kein Mensch weit und breit in dem hermetisch abge-riegelten Autodeck. Ich malte mir die schlimmsten Horrorszenen aus und war ein einziges Nervenbündel. Am späten Nachmittag kam endlich der erlösende Anruf von Micha: Alles gut überstanden. Er war während der Überfahrt heimlich im Hänger geblieben und hatte den Pferden Gesellschaft geleistet. Mir fiel ein Stein vom Herzen. Die Fahrt ging weiter durch Dänemark, und nach nur einigen Kilometern gab es den ersten Stopp mit Übernachtung. Unsere Vierbeiner waren froh, nach den vielen Fahrtstunden wieder festen Boden unter den Hufen zu haben und auf einer Koppel zu stehen. Das gleiche wiederholte sich am nächsten Tag: Früh die Pferde aufgeladen, fahren bis zum frühen Abend und Übernachtung, diesmal schon auf norwegischen Boden. Endlich erhielt ich am Nachmittag des dritten Tages die heiß ersehnte Nachricht, dass Micha, unsere Freunde und die Pferde zwar völlig kaputt und müde, aber gesund und wohlbehalten auf Skiri angekommen waren. Dem Himmel sei Dank! Diese drei Tage waren eine Strapaze für alle gewesen; Micha erzählte mir, dass die letzten Stunden der Fahrt eine Qual waren. Die Pferde waren immer unruhiger geworden, und Mirko riss bald der Geduldsfaden. Für jemand wie ihn und Denise, die noch nie so extrem lange Touren gefahren waren, mussten Michas Worte *Wir sind da!* wie eine Offenbarung gewesen sein. Das konnten wir nachvollziehen, oh ja! Hatten wir doch bei unserer ersten Reise zu Andrea die gleichen Gefühle gehabt. Na und der Hänger am Auto und der ständige Gedanke an das Wohlergehen der Tiere hatten die Fahrt wirklich nicht unbeschwerter gemacht.

Doch wie immer entschädigte die einzigartige Landschaft für die ewig lange Reise. Unsere Freunde waren begeistert von dem herrlichen Fleckchen Erde, auf dem wir uns niederzulassen gedachten. Mich erreichten noch am gleichen Abend Fotos zweier glücklicher Pferde, die über eine riesige Koppel tobten und sich das hohe saftige Gras schmecken ließen. Cheyenne hatte sich sofort einen der großen Gesteinsbrocken als Aussichtspunkt auserkoren; wie eine Bergziege kletterte sie darauf und thronte dort über ihr Land. In aller Eile koppelten Micha, Mirko und Denise noch einen Flussteil mit ein, sodass die Pferde jederzeit klares, frisches Gebirgswasser saufen konnten.

Unsere Freunde genossen noch einige Tage in Norwegen, bevor sie sich wieder auf die lange Heimreise zu ihren eigenen Pferden machten.

Ich freute mich zu Hause in Deutschland über die Fotos unserer offensichtlich sehr zufriedenen Vierbeiner. Die nächste Hürde war damit genommen. Aber die größte stand uns ja noch bevor: unser eigener Umzug. Und es war meine Aufgabe, ihn so gut wie irgend möglich vorzubereiten.

In den nächsten Wochen verpackte ich unseren gesamten Hausrat in 86 Kisten, sortierte und beschriftete sie, während Kai sich auf seine Abschlussprüfungen vorbereitete. Hin und wieder ertappte ich ihn dabei, wie er etwas gedankenverloren vor sich hinstarrte; auch ihm wurde jetzt richtig bewusst, welche Entscheidung wir getroffen hatten und er sein gewohntes Leben bald aufgeben würde. Er tat mir leid, aber für Gewissensbisse war es jetzt zu spät. Auch Kai hatte der Auswanderung zugestimmt - mit allen Konsequenzen.

Am Abend und an den wenigen verbliebenen Wochenenden lernte ich norwegisch. Michas Probleme mit der fremden Sprache hatten mir gezeigt, dass es wohl angebracht war, im Vorab wenigstens einen kleinen norwegischen Wortschatz mein Eigen zu nennen. Also kaufte ich mir auf Andreas Tipp hin eine interaktive Lern-CD, die mich Schritt für Schritt zu einem echten Norweger machen sollte. Es klappte auch recht gut; zur Erheiterung meiner Arbeitskollegen murmelte ich meine neu erworbenen Vokabeln an meiner Glasschleifmaschine vor mich hin. *Jeg elsker deg* (gesprochen jai elsker dai) Ich liebe dich, das musste man in jeder Sprache können! Es klang richtig toll und so gar nicht wie das unverständliche Kauderwelsch, welches wir bei unserem Norwegenbesuch auf die Ohren bekommen hatten. Langsam machte mir das Sprache Lernen sogar ein wenig Spaß. Eigentlich war Norwegisch eine Mischung aus Englisch und Plattdeutsch; die Grammatik schien längst nicht so schwer wie die Deutsche. Ich war optimistisch, dass ich mich nach einer nicht allzu langen Zeit ordentlich verständigen würde können. Die Lern-CD bestand aus mindestens zwanzig Kapiteln; bis zum sechsten war ich mittlerweile vorgedrungen, bis ich aufgrund chronischen Zeitmangels das Weiterlernen vorerst aufschob. Kai warf nur einen kurzen Blick aufs Sprachprogramm und war der Meinung, er würde vor Ort noch schnell genug norwegisch lernen. Na gut, des Menschen Wille ist bekanntlich sein Himmelreich.

Die Tage vergingen wie im Flug, mittlerweile hatte ich sämtlichen Behördenkram erledigt und meine schon leicht schwankenden Kistentürme im Wohnzimmer vervollständigt. Die meisten Schwierigkeiten machte unsere Einbauküche, die ja unbedingt mit musste, um das Skiri-Exemplar aus grauer Vorzeit zu ersetzen. An den erneuten Aufbau der maßgeschneiderten Schränke wollte ich gar nicht denken. Auf meinen perfekt ausgeklügelten Raumplänen hatte ich zwar alle Möbel, Herd und Spüle passend angeordnet – es blieb abzuwarten, inwiefern meine innenarchitektonischen Fähigkeiten mit der Realität harmonierten. Sicher würde mir der ein oder andere Zentimeter einen gewaltigen Strich durch meine Zeichnungen machen, da war ich mir ganz sicher. Es würde ein Alptraum werden! Aber damit konnte ich mich befassen, wenn es soweit war.

Eine große Überraschung bescherten uns zwei unserer Freunde: Annett, die ja mit ihrem Tipp für das Reitforum eigentlich unsere Auswanderung ins Rollen gebracht hatte, und ihr Freund Robert beschlossen, ihren Jahresurlaub zu nehmen, um uns nach Skiri zu begleiten und uns dort zwei Wochen lang Gesellschaft zu leisten. Das war ja klasse! Wir freuten uns riesig. Nicht nur das jeder der Beiden handwerklich um vielfaches begabter war als Micha und ich zusammen und mir mein Küchenaufbau mit einem Mal gar nicht mehr so undurchführbar erschien – nein, es war auch ein sehr beruhigendes Gefühl, die ersten Tage in einem fremden Land zwei Freunde an unserer Seite zu wissen.

Am 21. Juli 2007 stand Micha mit seinem LKW plus Hänger vor der Haustür. Auf dem Nachhauseweg hatte er meiner Anordnung gemäß unser neues Sofa von IKEA geholt, noch stand es einsam und verlassen in dem riesigen Container von Michas LKW. Dies änderte sich in den nächsten zwei Tagen. Meine Familie und einige Freunde halfen uns, die restlichen Möbel abzubauen und zusammen mit meinen fast einhundert Kartons zu verladen. Ich bemerkte einige bisher unentdeckte Talente, die das ordnungsgemäße Schlichten und Sichern der Packstücke feldwebelmäßig mit größter Autorität und wahrer Hingabe überwachten. Die hektische Geschäftigkeit der beiden Tage ließen glücklicherweise keine Zeit zum Nachdenken, sonst hätten die harten Konsequenzen unserer bevorstehenden Auswanderung meine Entscheidung vielleicht ins Wanken gebracht. Die eingelagerte Baumarktware hatten wir abgeholt und verstaut, Boden und Keller waren

leer geräumt. Kein Blumenstock und kein Möbelstück erinnerten mehr daran, dass wir hier je ein gemütliches Zuhause gehabt hatten. Unsere Wohnung bekam die erforderliche Endreinigung, und dann schloss ich ihre Türen auf Nimmerwiedersehen. Am Abend packten wir noch unser Tipi ein, sogar die acht Meter langen Zeltstangen fanden den Weg in den LKW-Hänger, der mittlerweile bis auf den letzten Zentimeter ausgefüllt war. Zum krönenden Abschluss lud Micha die großen rötlich gefärbten Basaltsteine unserer Feuerstelle, die von den sogenannten Orgelpfeifen des Scheibenberges stammten, ein. *Habt ihr denn in Norwegen keine Steine?* fragte mein Vati. Natürlich hatten wir die, mehr als genug. Aber diese hier waren ein Stückchen Heimat. Aus einer emotionalen Eingebung heraus füllte ich noch einen Eimer mit Erde; ich würde einen Rosenstock hineinpflanzen und ihn hegen und pflegen.
Nun war wirklich alles fertig und vorbereitet. Es war soweit. Die letzte Nacht verbrachten wir bei meinen Eltern. Von meiner Mutti hatte ich mich unter Aufbietung aller Willensstärke vor dem Zubettgehen kurz und mit aufgesetzter Fröhlichkeit verabschiedet - bloß nicht zusammenbrechen, hieß die Devise. Ich schlief nicht und stellte mir vor, wie sich meine Mutti in Papas Armen in den Schlaf weinte. Es war furchtbar.

Den Morgen des 23. Juli 2007 werde ich nie vergessen. Schon früh um Vier versammelten wir uns am LKW. Annett und Robert, die uns ja begleiteten, standen etwas abseits in den Startlöchern. Einige Freunde waren gekommen, auch die Kumpel meines Sohnes waren da. Ich sah ihm an, dass er um Fassung rang und ihm der Abschied zu schaffen machte. Natürlich waren auch mein Bruder und Vati da. Mutti fehlte, ich wusste zu gut warum. Es hatte keinen Sinn, das Unvermeidliche hinauszuzögern, und so verabschiedeten wir uns. Natürlich würde es ein Wiedersehen geben, daran bestand kein Zweifel. Aber das war mir kein Trost in diesem Moment. Bald würde ich fast zweitausend Kilometer weit weg sein, ohne den Rückhalt meiner Eltern, ohne Freunde. Mein Vati war für mich immer der starke Fels in der Brandung, ihn konnte nichts erschüttern, es gab kein Problem was er mit seiner Engelsgeduld nicht lösen konnte. Mutti sagt noch heute scherzhaft, ich hätte ihm einen Heiligenschein aufgesetzt. Er brachte mich zum Lachen, tröstete mich wenn ich traurig war und stand zu mir, egal was ich anstellte. Ich hatte meinen Papa noch nie im Leben eine Träne vergießen sehen. An diesem Morgen weinte er wie ein Kind.

Dieses Bild hat sich in mein Herz gebrannt. Was um Himmels Willen tat ich meinen Eltern an? Meinen lieben, fürsorglichen Eltern, die immer für mich da waren wenn ich sie brauchte? Wieviel Überwindung und selbstlose Hingabe musste es sie in den vergangenen Wochen gekostet haben, mir dabei zu helfen, ein neues Leben so weit weg ohne sie zu beginnen? Konnte ich denn allem, was mir in über dreißig Jahren lieb und teuer geworden war, einfach den Rücken kehren?

Ich konnte. Es kostete mich zwar eine fast übermenschliche Kraft in den LKW zu steigen, aber ich tat es. Mit tränenüberströmtem Gesicht und zusammengebissenen Zähnen drückte ich meine Josy an mich, schob Kai vor mir ins Fahrerhaus und stieg ein.

Ich schaute nicht zurück, als Micha losfuhr.

Mein Indianer und Trucker Micha.

Morgenstimmung im Indianerlager in Grünhain.

Sedona und ich beim besten Fotoshooting aller Zeiten!

Mein kleiner Flitzer Josy.

Fotos (3): Conny Schmidt Atelier fotogenial

Das erste Mal norwegischen Boden unter den Füßen!
Wir erleben ein Winter-Wunderland wie aus dem Bilderbuch.

Unstandesgemäßer Tipiaufbau – Michas Alptraum.

Abendstimmung nach getaner Arbeit am Fjord in Kvisvik.

Micha macht sich vorerst allein auf den Weg nach Norwegen.

Jeden Tag erstattet er Bericht über Neues, Ungewöhnliches oder auch Unglaubliches.

Ab 20.00 Uhr ist Schluss mit Bier!
Alkohol wird dann mit Tüchern abgedeckt.

Blick über das Romsdal mit Raumafluss nach Åndalsnes und den Romsdalsfjord – einfach nur traumhaft schön.

Åndalsnes mit Hafen. Links im Hintergrund das 1550 Meter hohe Romsdalshorn.

Micha erlebte das erste mal den Nationalfeiertag am 17. Mai. Maja und Toto in ihren traditionellen Bunads (Trachten).

Johnny und sein Amerikaner.

Jeden Tag erreichten mich neue Bilder. Micha an der legendären Atlantikstraße …

... oder beim Erkunden der Umgebung.
Das einzig echte, originale Troll-Warnschild der Welt steht am Fuße der Trollstigen.

Nach drei langen Monaten sehen wir uns endlich wieder…

… und ich lerne meine zukünftige Heimat kennen.

Foto: Leif Johnny Olestad.

Blick über den Raumafluss zum Isterdal, Heimat der weltberühmten Trollstigen.

Ich kann mich kaum satt sehen an der überwältigenden Natur rund um Åndalsnes…

… und grabe meinen längst vergessen geglaubten Traum wieder aus.

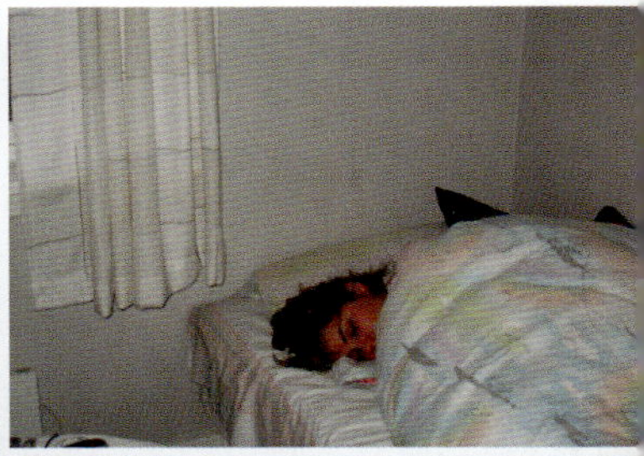

Fotos (2): Leif Johnny Olestad.

Jedoch bricht beim Anblick unseres „Traumhauses“ im Grövdal eine Welt für mich zusammen. Niemals!

Der Weg nach Skiri führt durch das Romsdal. Gewaltig erhebt sich die Trollwand mit ihren sagenumwobenen Zinnen. Sie gilt als die höchste Steilwand Europas; ihre Kletterrouten zählen zu den Schwersten der Welt.

Fotos (2): Leif Johnny Olestad.

Skiri. Unser typisch norwegisches Häuschen, umgeben von 1500 Meter hohen Gipfeln, saftigen Wiesen …

… und „unserem“ hauseigenen Sandstrand
an den Ufern des glasklaren Raumaflusses –
mein Paradies.

Wir feiern unsere Abschiedsparty: Ha det bra Tyskland, Velkommen til Norge!

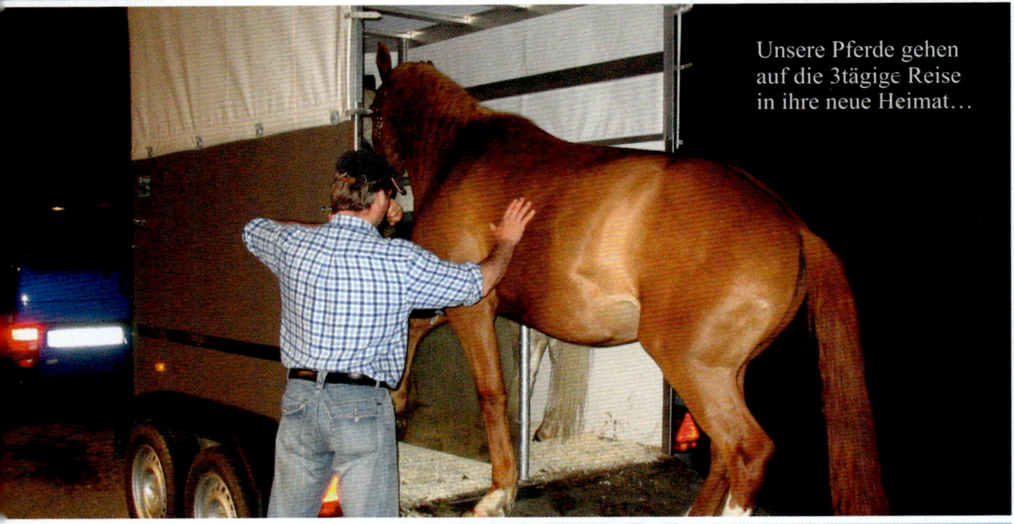

Unsere Pferde gehen auf die 3tägige Reise in ihre neue Heimat…

… und auch wir sagen dem Erzgebirge Lebwohl.

11. Auf zu neuen Ufern

Die nächsten Stunden war es ruhig im LKW. Die Tränen versiegten nur langsam und jeder hing seinen eigenen Gedanken nach. Kai hatte sich auf das bequeme Bett in der Fahrerkabine zurückgezogen; Josy machte es sich zusammen mit ihm gemütlich. Ich fühlte mich elend und Gewissensbisse nagten an mir. Immer wieder schob sich das Bild meines Vatis vor mein geistiges Auge. Ich hatte nicht gedacht, dass es so schwer werden würde! Wir trösteten uns gegenseitig, und mit dem immer größer werdenden Abstand zur alten Heimat beruhigten sich die angespannten Nerven und der Abschiedsschmerz wich einer gewissen Aufregung und Vorfreude.

Mein regelmäßiger Blick in den Außenspiegel zeigte mir, dass Annett und Robert mit ihrem blauen Audi wie ein Kaugummi im Windschatten unseres Lastzugs klebten. Wir hatten genügend Zeit eingeplant, um mit einigen Pausen unterwegs unsere Fähre in Rostock pünktlich zu erreichen.

Wir kamen nicht nur rechtzeitig im Hafen an, sondern viel zu früh. Zum Glück war das Wetter schön, so dass wir uns die Wartezeit im Freien vertreiben konnten. Josy nutzte die Zeit um sich ausgiebig ihre kleinen behaarten Beinchen zu vertreten.

Am frühen Nachmittag war es dann endlich soweit. Nach einer halben Ewigkeit hatte das riesige Maul der Fähre alle aus Dänemark kommenden Fahrzeuge ausgespuckt, und wir konnten im Magen des stählernen Ungetüms einparken. Die Überfahrt nach Gedser in Dänemark dauerte nur eineinhalb Stunden; wir verbrachten die Zeit bei viel Sonne an Deck. Ich genoss mit etwas Wehmut den Anblick von Warnemünde, das langsam an uns vorüber zog. Wie viele Sommer hatte ich hier verbracht? Viele meiner schönsten Kindheits- und Jugenderinnerungen habe ich an den weiten Sandstränden Warnemündes gesammelt.

Auch meine kleine Fellnase ließ sich genießerisch den Wind um ihre frisch gestutzten Ohren wehen und bellte aufgeregt die vorbeipreschenden Wellen an.

Nach dieser kurzen, aber doch entspannenden Überfahrt fuhren wir noch einige Kilometer auf dänischen Straßen, bevor wir auf einem schön gelegenen Rasthof unser erstes Nachtlager aufschlugen. Der Parkplatz war umgeben von Grünflächen, sodass es für Annett, Robert und Kai kein Problem war, ihre Zelte aufzubauen. Denn in genau diesen verbrachten sie die beiden Nächte während unserer Umzugsfahrt. Für ein leckeres Abendessen sorgte unser Einweggrill. Während wir an unseren Würstchen knabberten, redeten wir über unsere Pläne, mutmaßten darüber, wie die sich nächsten Tage und Wochen entwickeln würden. Keiner in der Runde wusste, ob und wie sich unser Wunschdenken in der neuen Heimat realisieren ließ; und da die Temperaturen hier schon merklich kühler geworden waren, packten wir recht schnell unsere Siebensachen zusammen und zogen uns in unsere jeweiligen Unterkünfte zurück. Während Kai in seinem Neckermann-Zelt der alleinige Herrscher über seine Matratze war, teilte ich mir mit Micha seine Liege im LKW-Fahrerhaus. Auch Josy ergatterte noch ein kleines Plätzchen zu meinen Füßen. Während mein Schatz schon nach wenigen Minuten in seeliger Ruhe schnarchte, konnte ich lange nicht einschlafen. Die Ereignisse des Tages drängten sich mir wieder ins Bewusstsein, und ich versuchte mir meine Zukunft in Norwegen vorzustellen. Doch außer den anstehenden Renovierungs- und Malerarbeiten tappte meine Fantasie noch im Dunkeln. Mit meinem kleinen haarigen Baby, das sich mittlerweile bis in meine Achselhöhle hochgearbeitet hatte, und einem aus voller Inbrunst Holz hackenden Micha im Rücken, fiel ich vor Erschöpfung schließlich doch noch in einen unruhigen Schlaf.

Nach einem ausgiebigen Frühstück im Freien machten wir uns am nächsten Morgen auf zur zweiten Etappe. Es ging weiter durch Dänemark und Schweden; die Kilometer zogen sich dahin. Ab und an tauschten Kai und ich die Plätze; einmal durfte ich das Bett in Beschlag nehmen, dann wechselte ich auf den Beifahrersitz, immer mit Josy als aufmerksamen Copiloten.
Mit Michas erlaubter Fahrzeit hinterm Steuer schafften wir es über

die Grenze bis kurz vor Oslo. Am Grenzübergang zeigten wir unsere Papiere vor; ich hatte Listen über das gesamte Umzugsgut erstellt, das sich in unserem LKW und dem Hänger befand. Auch Josys Pass und die Gesundheitsnachweise wurden genauestens geprüft. Ich war heilfroh, dass ich die Vorbereitungen so ernst genommen hatte und unserer Einreise nach Norwegen nichts im Wege stand. Annett und Robert nutzen die Zwangspause, um ihre müden und völlig steifen Knochen etwas zu entspannen, die Fahrt zehrte an ihren Kräften. Erleichtert, dass die Zollkontrolle so unspektakulär abgegangen war und wir wenigstens schon norwegischen Boden unter den Rädern hatten, übernachteten wir kurz vor Oslo ein zweites Mal. Wieder wurden die Zelte aufgestellt; bei einem schlichten Abendessen werteten wir die bisher so gut gegangene Fahrt aus und amüsierten uns über die sechs Kästen Bier, die wir, gut versteckt im Bauch des LKW-Anhängers, den Zöllnern unterschlagen hatten. Mit dem Wissen, am nächsten Tag endlich unser Ziel zu erreichen, ließen wir uns müde in die Kissen fallen.

Tag 3 unserer Umzugstour begann grau und trüb, streckenweise nieselte es sogar. Heute wollten wir spätestens am Nachmittag unser neues Zuhause erreichen, also hieß es Zähne zusammenbeißen und durchhalten. Zum Glück war Micha ein eingefleischter Fahrer, dem die endlosen Kilometer nicht viel auszumachen schienen; er war es aus seiner Fernfahrerzeit nicht anders gewohnt. Nur Annett und Robert taten mir leid, denn so langsam schlug auch ihnen die ewig lange Fahrstrecke aufs Gemüt. Trotzdem blieben sie brav hinter uns und machten tapfer gute Miene zum bösen Spiel.

Irgendwo auf dem weiten Weg Richtung Romsdal wurde die Eintönigkeit des Fahrens mit einem für uns sehr erheiterndem Erlebnis unterbrochen, als wir nämlich das erste Mal den Einsatz eines *ledebils= Leitfahrzeug,* miterleben durften.

Es kommt ja hin und wieder vor, dass bestimmte Situationen auf Straßen, wie z.B. Baustellen oder eine länger andauernde Unfallbeseitigung, den Einsatz von verkehrsregelnder Technik nötig macht. Im fortschrittlichen Deutschland nimmt man da im Regelfall eine

Ampel, schließt sie mit Kabeln an irgendeine Stromquelle an und lässt den Dingen seinen Lauf. Die Fahrzeuge sind jetzt gezwungen, auf ihr grünes Freizeichen zu warten und erst dann zu fahren. Nicht so in Norwegen. Hierzulande überlässt man solche Dinge nicht der fehlbaren und menschenunfreundlich daherkommenden Technik, sondern einem *ledebil*. Am Beginn der Straßensituation, nennen wir es hier der Einfachheit halber Tunnel-Baustelle, steht ein neonfarben gekleideter Angestellter mit Helm und Walkie-Talkie. Sein Ebenbild (vielleicht ist es auch eine Frau, das weiß man ja vorher nicht) steht am anderen Ende des Tunnels, wie wir später feststellten. Ersterer hält nun mit einer Kelle und wichtig wirkenden Gebaren den Verkehr an und erklärt dem verärgerten Verkehrsteilnehmer, dass er noch circa soundsoviel Minuten warten muss, bis das *ledebil* wiederkommt. Manchmal sagt er auch gar nichts; das ist immer wetter- und launenabhängig. Wir wussten damals mit dieser Aussage nichts anzufangen und harrten gespannt der Dinge die da kommen. Es kam. Aus der Gegenrichtung in Form eines weiß-orangenen Transporters mit blinkenden Rumdumleuchten auf dem Dach und der Aufschrift *Følg meg* auf einem Schild am Heck. *Folge mir*. Es zog eine lange Schlange mit Fahrzeugen hinter sich her, die anscheinend von der anderen Seite der Baustelle kamen. Aha. Nun verstanden wir so langsam! Während die Fahrzeugschlange an uns vorbei rauschte, drehte das *ledebil* und schob sich vor die wartenden Fahrzeuge auf unserer Fahrbahnhälfte. Sodann setzte es sich in Bewegung, und wir folgten brav der Anordnung auf dem Schild bis zum Ende der Baustelle, wo sich schon wieder eine neue Schlange von wartenden Autos gebildet hatte. Das *ledebil* scherte aus und setzte sich vor die wartenden Fahrzeuge… Hatten wir bis jetzt schon mit offenen Mündern dem Schauspiel zugesehen, klappten uns jetzt die Kinnladen herunter. Für einen kurzen Moment erhaschten wir nämlich einen Blick ins Innere des Leitwagens: Da saß neben dem Fahrer tatsächlich noch ein Beifahrer drin! Nachdem sich der Schock gelegt hatte, brachen wir in unkontrollierbares Gelächter aus. Zwei Lotsen an jedem Ende und zwei im Auto – macht ganze vier Mann zum Regeln des Gegenverkehrs! Einfach köstlich. Wir diskutierten darüber, ob wir der deutschen Regierung nicht den Vorschlag unterbreiten sollten, sämtliche Baustellenampeln durch eine vierköpfige manuelle Dirigierung auszutauschen…Eine tolle Arbeitsbeschaffungs-Maßnahme, bei der ganz schnell einige Arbeitslose aus der Quote gestrichen werden konnten!

Langsam begann sich die Landschaft zu verändern. Aus flachem oder leicht hügeligem Land wurden hohe Berge und Felsformationen, an denen unzählige Wasserfälle hinabstürzten. Die Fahrt führte an den uns schon bekannten Fjorden entlang, nur das diesmal grüne Wiesen und Wälder statt Schnee und Eis das Bild bestimmten. Trotz ihrer Erschöpfung waren unsere Mitreisenden fasziniert und überwältigt von der wunderbaren Landschaft. Wen zog sie nicht in ihren Bann?

Je weiter wir uns Skiri näherten, desto schlechter wurde das Wetter. Grau und kühl zeigte es sich uns von seiner schlechtesten Seite; es regnete mittlerweile fast ununterbrochen.

Nach drei langen Tagen kamen wir am frühen Nachmittag des 25. Juli 2007 auf Skiri an. Kai sah sein neues Heim zum ersten Mal, und seine Begeisterung hielt sich noch arg in Grenzen, ich hörte ihn so etwas wie *abgeschnitten von der Außenwelt* und *mitten in der Pampa* murmeln.

Als erstes sahen wir nach den Pferden. Arne hatte sich während Michas Abwesendheit um sie gekümmert - er musste eigentlich nur nachschauen, ob sie brav und friedlich auf ihrer Weide standen. Futter gab es mehr als genügend, und als Trinknapf erfreute sich unser Fluss äußerster Beliebtheit. Wie erwartet fanden wir Cheyenne und Sedona mit vollgefressenen Bäuchen und einem lauernden Was-stört-ihr-uns-denn-im-Paradies-Blick in der äußersten Ecke ihrer Riesenkoppel. Hier gab es schon mal keinen Handlungsbedarf.

Nachdem wir Annett und Robert unser schönes kleines Häuschen und den Stall gezeigt hatten, heckten wir einen Schlachtplan für die nächsten Tage aus. Micha und Arne waren in den letzten Wochen recht fleißig gewesen und hatten alles alte Mobiliar entfernt. Nun mussten die Wände gestrichen, Fußbodenbeläge und Laminat verlegt und alle unsere Möbel aufgebaut werden - inklusive Einbauküche. Damit uns nichts im Weg umherstand, wollten wir alle Möbelstücke, Kartons und Einzelgegenstände vom LKW abladen und vorübergehend in unserem Pferdestall unterbringen. Micha musste seinen Laster nebst Hänger so schnell wie möglich wieder auf Arbeit abgeben, also spuckten wir widerwillig in die Hände und entluden noch am gleichen Tag das gesamte Umzugsgut. Die Bettmatratzen wanderten gleich ins Haus; sie würden vorläufig als Schlafstatt dienen. Das für Annett und Robert vorgesehene Zimmer in der oberen Etage bestückten wir noch mit unseren neuen Gästebetten, sodass wenigstens unsere zwei fleißigen Mithelfer ihr ordentliches Nachtlager bekamen. Nach einem kleinen Imbiss im Stehen und halbherziger leichter Konversation fielen wir wie die Steine auf unsere Matratzen und holten uns den dringend notwendigen erholsamen Schlaf.

Die nächsten Tage vergingen mit Renovierungsarbeiten und Möbelaufbau. Zum Glück gab es um diese Jahreszeit noch bis weit in die Nacht hinein Tageslicht, auch wenn der Mittsommer mit seinen durchgehend hellen Nächten im mittleren Norwegen schon vorbei war. So konnten wir auch noch spät am Abend mit Farbe und Pinsel hantieren oder mit Annetts genialem MuFu (Multifunktionswerkzeug) Schränke und Kommoden zusammenschrauben. Nach und nach nahmen die Zimmer Gestalt an und ähnelten langsam meinen Vorstellungen eines gemütlichen Heimes. Wie erwartet klappte nicht alles so wie es meine zeichnerischen Pläne vorschrieben, aber nicht umsonst gelten wir Ostdeutschen als Meister der Improvisation! Unsere Mahlzeiten bereitete ich auf einer Kochplatte zu, da wir uns die Küche sozusagen als krönenden Höhepunkt bis zum Schluss aufgehoben hatten. Wir sehnten uns alle ein Ende des Chaos herbei, denn mittlerweile zehrten die arbeitsreichen Wochen und Monate an den Kräften - und nicht zuletzt an den Nerven.

Die nicht vermeidbaren Stippvisiten in den örtlichen Supermärkten waren wie erwartet ein Abenteuer für sich; wir kauften was uns halbwegs bekannt vorkam und preislich erschwinglich schien. Micha

hatte da im Laufe der letzten drei Monate seine eigene Strategie entwickelt: In seinen Einkaufswagen wanderten die Dinge, die schön aussahen, ein ansprechendes Etikett besaßen und die er von vorangegangen Einkäufen als essbar eingestufte. Nun gut, es war wirklich an der Zeit, dass ich die Beschaffung der Lebensmittel übernahm! Später, wenn dann irgendwann Ruhe in den Alltag eingekehrt war, würde ich mich intensiv mit den norwegischen Nahrungsmitteln auseinandersetzen.
Auch gab es noch den deutschen Biervorrat für die Männer, aber der schwand zusehends. Tief in meinem Inneren schwante mir, dass das nicht eben billige Thema Bier noch des Öfteren Gegenstand hitziger Diskussionen werden würde.
Während des nun nicht mehr aufschiebbaren Aufbaus unserer Küche erlebte ich das erste Mal norwegische Marktwirtschaft. Und das gleich zweimal an einem Tag.
Zunächst musste an die Wand zwischen den Küchenunter- und Oberschränken ein Fliesenspiegel. Vorher prangte dort eine braune abwaschbare Tapete, die gleich als erstes in den Müllsack wanderte. Nun gibt es in Norwegen eine klasse Alternative zu Keramikfliesen: Pressspanplatten im Fliesen- oder Paneeldesign. Sie sehen aus wie echt; man erhält sie in allen Formen und Farben. Da diese Platten rund 2,50 Meter hoch und über einen halben Meter breit und mit einer Nut versehen sind, ist es ein leichtes, sie mit einer Nagelpistole an die in Norwegen üblichen Holzwände zu tackern. So kann man in Null-Komma-Nichts ein großes Zimmer mit schicken Holzwänden versehen. Eine geniale Erfindung! Einfacher ging es nicht. Also rein ins Auto und ab in einen der örtlichen Baumärkte in Åndalsnes. Wir fanden auch gleich ein geeignetes Muster; graues Schieferdesign in Fliesenform. Superschick, passend zum Bodenbelag. Eine nette Verkäuferin kam auf uns zu und fragte, ob wir Hilfe bräuchten. Sie hatte uns wohl vorher schon miteinander sprechen hören und wechselte gleich ins Englische. *Wir möchten gern zwei dieser Platten kaufen*, riss ich wie immer die Gesprächsführung an mich. Kontaktfreudig wie ich nun mal bin, erzählte ich ihr gleich wofür wir sie brauchten

und auch dass wir in Deutschland so etwas nicht kennen. Das erstaunte die Dame doch sehr; sollte es wirklich in Norwegen etwas geben was die Deutschen nicht schon seit Jahrzehnten auf dem Markt haben?! Ja, sah ganz so aus. Ihr war die Begeisterung anzusehen. Nun aber kam der Höhepunkt des Tages: Sicher sollten Verkäufer dem Kunden mit Rat und Tat zur Seite stehen. Das macht schließlich einen guten Service aus. Der Tipp, den wir nun bekamen, ließ mich jedoch aus den Socken fallen: *Im Baumarkt nebenan sind die Platten diese Woche im Angebot und viel billiger als bei uns. Da würde ich doch lieber da erstmal schauen, ob die nicht auch dieses Design vorrätig haben.* Ich zuckte erschrocken zusammen. Hatte ich sie falsch verstanden? Ein kurzer Seitenblick zu meinen Begleitern verriet mir, dass ich ihren Worten doch die richtigen deutschen Vokabeln zugeordnet hatte. Hoffentlich hatte das jetzt ihr Chef nicht gehört! Die Kunden zur Konkurrenz schicken, schlimmer ging es doch gar nicht! Nichts geschah, die Verkäuferin sah uns verständnislos an und verstand nicht, wo das Problem lag. Es gab einfach keins. Wir erlebten dergleichen noch öfter; es gibt hier nicht annähernd so ein Konkurrenzdenken wie in unserer alten Heimat. Noch völlig fassungslos trabten wir zum Baumarkt nebenan und kauften dort unsere Platten, tatsächlich 30 Prozent günstiger. Noch während wir über die Vor- und Nachteile dieser nicht marktwirtschaftlichen Verkaufsstrategie diskutierten, ereilte uns die nächste Überraschung. Für den Anschluss unserer Spüle benötigten wir ein Verbindungsstück, keine Ahnung wie das Ding hieß oder aussehen sollte. Robert und Annett hatten voll den Durchblick hinsichtlich unserer Küche; ein erneuter Gang zu unserer Lieblingsverkäuferin im Baumarkt würde das Problem lösen. Dachten wir jedenfalls. Wir erfuhren, dass dieses Sanitärzubehör nicht im Warenangebot der Baumärkte zu finden sei, nur der örtliche Installateur könne uns diesen Verteiler verkaufen. Also nichts wie hin zum Klempner. Wir hatten mittlerweile Anfang August, und jeder arbeitende Steuerzahler in Norwegen hat ein Anrecht auf mindestens drei zusammenhängende Wochen Urlaub in den Monaten Juni, Juli, August. Ein Schild an der Eingangstür ließ schon Böses erahnen: Unser Sanitärbetrieb machte ausgerechnet in den ersten drei Augustwochen seine Ferien! Also rückte das Objekt unserer Begierde in weite Ferne. Nirgendwo war so ein Teil aufzutreiben. Wieder hieß es: Improvisieren. Nichts können wir besser. Die Männer bastelten irgendwie etwas zusammen, sodass wir unsere Spüle plus Geschirrspüler trotzdem funktionsfähig bekamen. Nach zwei weiteren nervenaufreibenden Tagen stand unsere Küche. Dank sei Annett und Robert! Ohne sie würde ich wahrscheinlich heute noch Spaghetti auf meinem Campingkocher zubereiten. So nach und nach konnten nun alle im Stall gestapelten Kartons und Sitzmöbel Einzug halten. Meine beiden niegelnagelneuen IKEA-Sofas fanden ihren Platz auf dem frisch verlegten Korkfußboden - ein Träumchen! Auch Kais riesiges Kellerzimmer hatte sich mit dezent gestrichenen Wänden und dem hellen Laminatboden zu einem echten Schmuckstück gemausert.

Nach knappen zwei harten und anstrengenden Wochen war es vollbracht: unser Häuschen erstrahlte innerlich in neuem Glanz. Wir waren so froh, es endlich hinter uns zu haben, waren doch unsere körperliche Belastbarkeit und vor allem die Lust am Ganzen völlig ausgeschöpft.

Zwischendurch mussten Annett und Robert auch noch einen Tag lang Zwangspause einlegen; sie hatten beide mit Magen-Darm-Problemen zu kämpfen. Später fiel uns auf, dass dieses Schicksal so ziemlich alle unsere deutschen Gäste, die das erste Mal auf Skiri zu Besuch waren, ereilte. Wir vermuteten, dass es an unserem Trinkwasser lag, welches wir als reines Gebirgswasser aus unserem Brunnen erhielten. Solch sauberes und wohlschmeckendes Nass waren wohl die deutschen Mägen nicht gewohnt! Wir trinken bis heute nur Wasser aus der Leitung; ich habe in all den Jahren in Norwegen nicht eine einzige Flasche Wasser im Supermarkt gekauft. Das machen hier nur die Touristen.

Glücklicherweise dauerte das Unwohlsein unserer fleißigen Bienchen nur einen Tag an, und wir verbrachten die letzten Tage ihres Arbeitsurlaubes damit, ein bisschen die Pferde zu trainieren und ihnen unsere neue Heimat zu zeigen. Beide waren restlos begeistert;

die spektakuläre Fahrt auf die Trollstigen -eine Serpentinenstraße mit elf Haarnadelkurven- setzte allem die Krone auf. Aus 850 Metern Höhe blickten wir hinab ins Tal und den Romsdalsfjord. Åndalsnes lag uns zu Füßen, und vergessen waren Hektik, Sorgen und Probleme der vergangenen Wochen und Monate. Dieser Traum einer Landschaft war nun unsere neue Heimat, alles um uns herum war von unfassbarer Größe und Schönheit. Ich empfand ein tiefes Glücksgefühl, mein Geist fand in diesen Stunden hoch über der Stadt eine Ruhe, die meinem rastlosen Wesen sonst unbekannt war. Ich wusste so gut wie nichts über dieses Land und seine Menschen, redete kaum ihre Sprache. Ihre Gewohnheiten und Traditionen waren mir fremd, ja ich kannte noch nicht mal eine Handvoll Leute hier. Sicher würden die nächsten Wochen nicht einfach werden, dessen war ich mir bewusst. Aber ich fühlte mich stark und bereit, allen Problemen ins Gesicht zu lachen. Mein angeborener Tatendrang und mein frohes Gemüt machten es mir leicht, unserem ungewohnten neuen Alltag offenen Herzens und mit einer gesunden Portion Naivität gegenüber zu treten.

Viel zu schnell war es an der Zeit, dass unsere Freunde ihre Koffer packten und wieder nach Hause fuhren. Es hatte ihnen richtig gut bei uns gefallen, und sie versprachen, irgendwann wieder zu kommen. Wir winkten ihnen lange nach, bis ihr Auto nicht mehr zu sehen war. Nun waren wir wirklich allein, und unser neues Leben mit all seinen Höhen und Tiefen begann.

12. Ein neuer Freund

Nun gab es weit und breit nur noch uns drei, meine kleine Josy, unsere Pferde und zwei Nachbarn. Der eine war unser Vermieter Arne mit seiner Frau Svanhild, der andere ein etwa mit mir gleichaltriger junger Mann namens Fredrik, der sich mit seinen Eltern und einer Reihe von Milchkühen den Hof nebenan teilte. Micha hatte mir schon einiges über Fredrik erzählt, war er doch während seiner Alleinherrschaft auf Skiri schon öfter mit ihm in Kontakt gekommen.

Eines Nachmittags sollte ich ihn persönlich kennenlernen. Er kam mit seinem Traktor die fünfzig Meter von seinem Hof zu uns gefahren, parkte das Riesengerät zu Kais Entzücken vor der Haustür und sprang die wenigen Stufen zum Eingang hinauf. Wie fast jeder Norweger, der auf dem Lande wohnt, nennt Fredrik eine Reihe moderner Landmaschinen sein Eigen, die sich in Zukunft für unsere Pferdehaltung noch als unentbehrlich erweisen sollte.

Mit einem noch etwas verlegenen Lächeln stand er vor mir und sagte etwas, was ich nicht verstand. Schalk blitzte aus seinen Augen, und weil mir nichts anderes einfiel, grinste ich einfach zurück. Ich mochte Fredrik auf Anhieb. Mit seinen blonden, meist völlig zerwuseltem Haarschopf und einem immerwährenden sympathischen Lächeln im Gesicht war er jemand, dem man einfach nie bös sein konnte und gern um sich hatte.

Mittlerweile schien die Sonne und ich schleppte mein noch in Deutschland neu erworbenes Korbmöbel nach draußen auf unsere schöne große Veranda. Micha schien auch recht große Stücke auf unseren neuen Nachbarn zu halten, denn er kramte ohne mit der Wimper zu zucken ein Feierabendbierchen aus den schon arg geschrumpften deutschen Vorräten heraus. Fredrik guckte ganz erschrocken: Nachmittags schon Alkohol trinken?? Das war für ihn neu. Nach einigem Zögern konnte er Michas Gastfreundschaft jedoch nicht widerstehen, auch ein kleines Kräuterlikörchen fand den Weg in zwei durstige Kehlen. Micha würde Fredrik schon ein paar deutsche Manieren beibringen!

Stockend und wild gestikulierend versuchten wir eine Unterhaltung zu führen. Fredrik erzählte uns lachend, was ihm durch den Kopf gegangen war, als er Micha die ersten Male über den Hof gehen sah - mit Hut und seinen Cowboyboots, die ihm regelrecht an den Füßen angewachsen schienen. Wunderlich und total verrückt, grinste Fredrik. Na da passten die beiden gut zusammen, dachte ich mir. Mit gekonnt übertriebener Pantomime machte uns Fredrik Michas Standardsatz vor, mit dem er in regelmäßigen Abständen bei ihm aufgekreuzt war: *Fredrik, har du kanskje lit tid? Kan du hjelpe meg? (Fredrik, hast du vielleicht ein bisschen Zeit? Kannst du mir helfen?)* Es war urkomisch, und wir wussten, dass er es in keinster Weise abwertend oder gar beleidigend meinte. Wir lachten Tränen an diesem Nachmittag. Fredrik ließ seinen Traktor bei uns stehen und lief den kurzen Weg über die Wiese nach Hause. Trinken oder Fahren - null Promille auch auf eigenem Grund und Boden. In Punkto Alkohol haben die Norweger ihre ganz eigenen Gesetze.
In den folgenden Wochen und Monaten zeigte sich Fredrik nicht nur als hilfsbereiter Nachbar, sondern wurde zu einem lieben Freund und gern gesehenen Gast. Auch unser Vermieter Arne ließ es sich nicht nehmen, ab und an nach uns zu schauen und sich zu vergewissern, dass es uns gut ging und wir halbwegs zurecht kamen. Er bat uns, in unserer Muttersprache mit ihm zu sprechen, damit er seine Deutschkenntnisse anwenden und auffrischen konnte. Seine Frau Svanhild sahen wir eher selten, aber wenn wir uns zufällig über den Weg liefen, grüßte sie freundlich und wechselte auch das ein oder andere Wort mit mir.

Während Micha seinen gewohnten Arbeitsalltag wieder aufgenommen hatte, übernahm ich vorerst den stets freien Job als Hausmütterchen, Köchin und Putzfrau. Ich genoss es anfangs, überall Ordnung zu schaffen und Hand an die letzten notwendigen Renovierungsarbeiten zu legen. Meine Eltern hatten uns eine tolle neue Wäschespinne geschenkt, und ich kann mich gut daran erinnern, welch tiefe Zufriedenheit es in mir auslöste, das erste Mal frisch gewaschene Kleidung im norwegischen Wind flattern zu sehen. Micha schüttelte nur mit dem Kopf, als ich ihm davon erzählte. Wie sollten Männer auch verstehen, wie Frau sich an so kleinen normalen Dingen erfreuen kann!

Für mich war es neu, Micha nun jeden Tag um mich zu haben. Seit dem Tag unseres Einzuges auf Skiri hatte ich in gewohnter Manier das Zepter an mich gerissen; ich war es gewohnt, nach meinem Gutdünken Entscheidungen zu treffen und Pläne zu schmieden. Nun wollte plötzlich jemand mitmischen und meine Meinung nicht mehr als die Alleinige gelten lassen und mitbestimmen! Da unsere Charaktere unterschiedlicher nicht sein können, rauschten wir des Öfteren auch mal richtig zusammen. Über einige Situationen, die damals zu handfesten Auseinandersetzungen führten, können wir heute lachen; andere spiegeln den großen Druck und die enorme nervliche Anspannung wider, in der wir uns aufgrund der völlig anderen Lebenssituation damals befanden.

Meine Tagesplanung richtete sich größtenteils nach Michas Arbeitszeiten und wurde hauptsächlich von hausfraulichen Pflichten bestimmt. Jeden Tag Essen kochen - es war mir bisher entgangen, welch schwieriges Unterfangen es sein kann, einen halbwegs bezahlbaren und abwechslungsreichen Speiseplan auf die Reihe zu bekommen!

Es war anfangs schwer für uns beide - für mich, hin und wieder einen Schritt zurückzutreten und den Hausherrn an die Front zu lassen, und für Micha zu akzeptieren, dass trotz allem ich es war, die im Hintergrund die Fäden zog. Mit der Zeit filterte sich eine gewisse Arbeitsteilung heraus: Micha herrschte in seinem Stall und allem was die Pferde anging, ich übernahm unwillkürlich den Rest.

Mit Josy unternahm ich Erkundigungsgänge in die nähere Umgebung. Ich stellte schnell fest, dass sich die Auswahl an Wegen durch die hohen Felsen einerseits und der Europastraße und den Bahnschienen andererseits auf gerademal zwei begrenzte: einen auf unserer Straßenseite zwischen unserem Haus, der Wiese und den Bergen und einen weiteren jenseits der E136 und der daneben verlaufenden

Bahnschienen. Wir spazierten mindestens einmal am Tag über Straße und Gleise auf unsere riesige Pferdekoppel, durchliefen diese und gelangten dann in den Wald mit einem circa einem Kilometer langen Weg. Dort mussten wir entweder umkehren oder über ein die Bahnschienen schützendes, schlecht befestigtes Kiesbett und mehrere geschlossene Holztore klettern, um dann auf der anderen Seite des Tales wieder zurück zu unserem Haus zu kommen. Den Gedanken, dass wir hier wohl keine größeren Reittouren unternehmen konnten, dachte ich erst einmal nicht zu Ende. Momentan gab es sicher wichtigeres um den Alltag zu meistern.
Am liebsten war ich mit Josy am Fluss. Ich saß im feinen Sand, oft die Pferde ganz in der Nähe, genoss die Ruhe und amüsierte mich, wie meine kleine Maus im seichten Wasser umhertapste oder im Fluss von Stein zu Stein sprang.

Kais Lehre hatte noch nicht begonnen; so verbrachte auch er den ganzen Tag noch zu Hause. Zu unserem Umzugsgut zählten nicht nur der gesamte Hausstand und unsere Tiere, sondern auch Kais Moped, eine mit viel Liebe aufgepäppelte Simson S 51, die auf den Namen Jaqueline hörte. Mit ihr verbrachte er einen Großteil seiner Zeit; die große Entfernung zur Stadt oder überhaupt zu jeglicher Zivilisation zeigten ihm jedoch bald, dass sein „Mädchen“ hier kein leichtes Spiel haben würde. Immer durstig schluckte es den Löwenanteil seines Taschengeldes, ganz zu schweigen von ihren vielen kleinen Wehwehchen, die Kai am laufenden Band zu behandeln hatte. Also bekam Jaqueline des Öfteren Fahrverbot und machte es sich in einer alten Garage unter dem Stallgebäude gemütlich.
Als Ausgleich fügte sich Kai freiwillig und mit großer Begeisterung in die Rolle des fortschrittlichen Gärtners. Aufgrund der langen hellen Nächte verlegen die Norweger ihre Aktivitäten mit Vorliebe auf den späten Abend, und ich erinnere mich mit einem Lächeln, dass wir gerade in unsere Schlafanzüge schlüpften, als beim Nachbar der Rasenmäher angeworfen wurde. Völlig entgeistert schaute ich auf die Uhr: Es war genau 23.00 Uhr! Wir wollten uns, so gut es möglich

war, anpassen und integrieren, also düste Kai zukünftig um fünf nach Elf mit dem von Arne geborgten Rasentraktor über das Grundstück und ließ keinem grünen Halm rings ums Haus die Chance, höher als zwei Zentimeter zu werden. Damit benahm er sich schon fast wie ein Norweger, für den das Rasenmähen einem Hobby gleichkommt und oftmals im Wettstreit mit dem Nachbar ausgetragen wird.
Wenn Micha nach Hause kam, widmeten sich die beiden den Wintervorbereitungen und schnitten Holz. Die Bäume, die Micha umgelegt hatte, wurden mit dem Traktor bis vors Haus gekarrt und dann mit Arnes traktorgetriebener Kreissäge in große Abschnitte geschnitten, die sie dann wiederum in dem angekoppelten Holzspalter zu schönen handlichen Scheiten verarbeiteten. Praktisch und einfach nur genial! Arne passte die ersten Male gut auf und ermahnte Micha und vor allem Kai, dabei immer aufmerksam und vorsichtig zu sein. Es sollte sich später noch zeigen, dass diese Sorge nicht unbegründet war.
Auch die Einzelboxen für Sedona und Cheyenne im Inneren des Stallgebäudes waren fertig geworden. Sie hatten einen ordentlichen hölzernen Boden bekommen, verriegelbare Türen und Futtertröge.

Bereits nach wenigen Wochen überwand Kai seine anfängliche Schüchternheit unserem Nachbarn gegenüber und war nur noch selten zu Hause anzutreffen. Fredriks Fuhrpark und der technische Inhalt seiner Garage und Scheunen hatten ihn in schiere Verzückung versetzt und zogen ihn wie Magneten immer wieder hinüber. Er räumte Fredriks sämtliche Nebengebäude auf, pflegte das Werkzeug und seine fahrbaren Untersätze. Ich werde nie verstehen, wie man solch lästige Arbeiten mit so überschwänglicher Freude und auch noch freiwillig ausführt! Natürlich zahlte Fredrik ihm ein entsprechendes Taschengeld, welches selbstverständlich umgehend in Jaqueline investiert wurde. Ich war froh, dass Kai eine Beschäftigung gefunden hatte - hielt sie ihn doch ein bisschen davon ab, sich einsam und gelangweilt zu fühlen.
Schon bald lernten wir auch Fredriks Eltern, mit denen er sich ein

Haus teilte, kennen und mögen. Mit ihrer Natürlichkeit und Gastfreundschaft machten sie es uns leicht, uns willkommen zu fühlen; längst hatten sie den ständig anwesenden Kai mit ihrer Herzlichkeit und frisch gebackenen Keksen in ihr Herz geschlossen.

Ich freundete mich mit Fredriks damaliger Freundin Ingunn an; sie ist das beste Beispiel norwegischer Frauenpower: Ingunn ist LKW-Fahrerin mit Leib und Seele. Es ist normal hier, dass Frauen in eigentlich männertypischen Berufen arbeiten; gleich ob Fahrer, Elektriker oder Autoschlosser. Ab und an saßen wir beide zusammen und quatschten über alles Mögliche - wir versuchten es jedenfalls. Die Gespräche waren anstrengend und für mich oft deprimierend, weil ich merkte, wie meilenweit ich noch davon entfernt war, einen halbwegs zusammenhängenden norwegischen Satz zustande zu bringen. Hätte ich meine Lektionen doch nicht so auf die leichte Schulter genommen! Oft wechselten wir ins Englische, weil mir einfach die Vokabeln fehlten. Ingunn kommt ursprünglich aus Trondheim und spricht einen völlig anderen Dialekt als die Einheimischen und Fredrik; wir hatten also nicht nur mit einer neuen Sprache zu kämpfen, sondern gleichzeitig auch mit der unterschiedlichen Aussprache.

Die norwegische Sprache, die zu den indogermanischen Sprachen zählt und ihren Ursprung im Altnordischen hat, umfasst zwei einander ebenbürtige und anerkannte Standardvarietäten. Das hauptsächlich aus dem Dänischen und verschiedenen norwegischen Dialekten hervorgegangene *Bokmål* (=Buchsprache) ist die am weitesten verbreitete Sprachform, die vor allem auf die Zeit der dänischen Amtsherrschaft in Norwegen zurückgeht. Doch auch *Nynorsk* (=Neu-Norwegisch), das vor allem auf ländlichen norwegischen Dialekten basiert und hauptsächlich im fjordreichen Westen des Landes verbreitet ist, gilt als offizielle Landessprache und wird wie *Bokmål* in den Schulen gelehrt. Trotz des namens *Nynorsk* ist sie die ältere der beiden amtlich anerkannten Sprachformen. Allerdings ist bei beiden Varietäten die Aussprache eigentlich nicht wirklich festgelegt: Gesprochen (und im „Heimgebrauch" auch oftmals geschrieben!) wird im Dialekt des jeweiligen Landesteiles. Ein geübter Norweger ist in der Lage, anhand des Dialektes so ziemlich genau zuzuordnen, aus welchem Landstrich sein Gegenüber kommt. Also kann man in vielen Fällen das Geschriebene zwar lesen, aber was man letztendlich zu hören kriegt ist etwas völlig anderes! Es sind somit die Dialekte, die das Erlernen der Sprache schwieriger gestalten als sie eigentlich ist, trotz des viel begrenzteren Wortschatzes und der leichteren Grammatik im Verhältnis zur deutschen Sprache. Aufgrund des germanischen Ursprungs ist auch eine eindeutige Nähe zum Englischen vorhanden; oftmals empfinde ich persönlich die norwegische Sprache wie eine misslungene Mischung aus Plattdeutsch und Englisch.

Kein Wunder also, dass wir uns mit dem hiesig gesprochenen *Romsdalsdialekt* und Ingunns völlig anderem *Trønder-Dialekt* schwer taten! Kaum ein Wort glich denen, die ich mit meiner Sprach-CD gelernt hatte. Mir fiel das Sprechen leichter als das Hören, aber mit der Zeit gewöhnte ich mich an Ingunns Zungenschlag und machte mit ihrer Hilfe die ersten kleinen Fortschritte. Sie konnte ich mit Alltagsfragen löchern; geduldig erklärte mir Ingunn, was mir ungewohnt und fremd erschien. Ich freute mich über jedes neu gelernte Wort, welches ich auch Tage später noch wusste, wie ein kleines Kind.

Ingunn ist auch daran schuld, dass ich einer neuen Leidenschaft verfiel: der Kartenherstellung. Eines Abends rückte sie bei mir mit Stempeln, Farben, Bändern und allen möglichen Krimskrams ein, um mit mir Glückwunschkarten zu basteln. Ich war sofort Feuer und Flamme, und mit erwachtem Ehrgeiz fröhnte ich jede freie Minute in einem der Gästezimmer meinem neuen Hobby.

Doch vor allem Fredrik entpuppte sich als ausdauernder Sprachlehrer. Seine witzige und humorvolle Art machte es uns einfacher, mit unserem Sprachhandicap umzugehen. Mit seiner Kaffeetasse in der Hand kam er fast täglich zu uns geschlendert oder gefahren; meine Kaffeemaschine war in meinem ganzen Leben noch nie so oft in Betrieb wie in den ersten Wochen auf norwegischem Boden. Ich erinnere mich mit einem Lächeln an unsere damaligen Gespräche zurück; Fredrik versuchte uns etwas zu erzählen, wir nickten überzeugend zu

seinen Ausführungen. Wenn er uns dann fragte: *Habt ihr's verstanden?* mussten wir meist ehrlich zugeben, dass dem nicht so war. So tun als ob, half uns ja nicht weiter. Fredrik verdrehte die Augen, warf in gespielter Verzweiflung die Hände gen Himmel und begann von vorn. Er verlor nie die Geduld, erklärte und umschrieb alles solange bis wir begriffen hatten.
Auch Fredrik erlernte notgedrungen einige Brocken Deutsch, es machte einen Heidenspaß ihn reden zu hören. Am besten gefiel uns, wenn er *Quatscher* sagte. So nennt man bei uns im Erzgebirge jemandem, der dummes Zeug dahersagt. Bei Fredrik klang es eher wie *Guatschär*, und wir amüsierten uns köstlich darüber. Auch das deutsche *PF* kommt einem Norweger nur sehr schwer über die Zunge, also ließen wir Fredrik immer wieder *Pferd* sagen. Wir übten immer und immer wieder, doch auch nach größter Anstrengung blieb das Pferd ein *Ferd.* Nun gut, es gab schlimmeres, und es machte uns unsere eigenen Sprachunzulänglichkeiten erträglicher.

Wann immer es Zeit und Wetter erlaubten, gingen wir zu „unserem" Strand an „unseren" Fluss. Das wundervolle Panorama und das azurblaue Wasser der Rauma boten den idealen Hintergrund, um auszuspannen und die Seele baumeln zu lassen. Arne hatte ein kleines altes Fischerboot vor Anker liegen, das dieser herrlichen Kulisse noch das i-Tüpfelchen verlieh. Das Wasser war zwar sehr kalt –sicher waren es nicht mehr als zehn Grad in dem ständig dahinfließenden glasklaren Wasser- aber ab und zu wagten wir uns doch in die eisigen Fluten. Es kostete anfangs Überwindung, tausend winzige Nadelstiche piekten und folterten die Haut, aber hinterher fühlten wir uns wie neugeboren. Josy tapste derweil mit ihren kleinen haarigen Beinchen im eher flachen Flussbett umher; am Bauch mochte sie das kühle Nass nicht. Aber die großen Felsbrocken im Wasser eigneten sich wunderbar als natürlich angelegter Hundespielplatz – „von Stein zu Stein springen" hieß das neu entdeckte Spiel. Gekrönt wurde das Ganze von panierten Josybeinchen - erst im Wasser umherwuseln und dann schön im Sand buddeln.

So vergingen die Wochen – mit den ersten neuen Eindrücken, ungewohnten Tagesabläufen und einem neuen Freund. Ohne Fredrik wäre die erste Zeit in unserer neuen Heimat um vieles schwieriger gewesen; er half uns bei den ersten holprigen Gehversuchen auf unbekanntem Terrain, er war unser Strohhalm an den wir uns klammern konnten. Und dafür werden wir ihm ewig dankbar sein.

13. Aller Anfang ist schwer

Neben meinen hausfräulichen Arbeiten auf Skiri versuchte ich, so oft wie möglich nach Åndalsnes zu fahren. Man kannte mich dort nicht, wahrscheinlich hielten mich die Leute für einen der vielen Touristen, die jeden Sommer in der Gegend aufschlagen. Auf mein Lächeln und grüßendes Kopfnicken reagierten jedenfalls die Wenigsten.

Ich begann mit Hilfe meines Wörterbuches und viel gutem Willen, mich in den nicht allzu dicht wuchernden norwegischen Nahrungsmitteldschungel vorzuarbeiten. Himmel, wenn ich heute daran denke! Der Alptraum jeder Hausfrau. Es gab alles was zum Überleben notwendig war; die Auswahl jedoch möchte ich eher als übersichtlich bezeichnen. Ich kann mich vage noch an die ostdeutschen Ladengeschäfte meiner Kindheit erinnern; ein bisschen fühlte ich mich anfangs dahin zurückversetzt.

Meine ersten Einkäufe dauerten Stunden, wobei ich nicht wie in Deutschland die meiste Zeit mit Parkplatz suchen, Gänge ablaufen oder an-der-Kasse-stehen verbrachte, sondern einfach wie ein Analphabet vor den Regalen stand und nicht so recht wusste, was ich da vor mir sah. Einige Dinge kannte ich, denn außer den vorherrschenden deutschen Automarken auf den Straßen fanden sich auch importierte deutsche Lebensmittel, Kosmetikprodukte und andere Waren in den Regalen der Supermärkte. Solch alltägliche Dinge wie Kartoffeln, Butter und Joghurt stellten kein großes Problem dar, aber alles andere ohne deutsche Schrift darauf....Salami heißt auch im Norwegischen Salami - also kann man hier nicht viel falsch machen, so dachte ich jedenfalls in meinem jugendlichen Leichtsinn. Nachdem meiner Nase schon beim Öffnen der Packung ein strenger Geruch entgegenschlug und ich Micha zum Kosten eines winzigen Stückchens genötigt hatte, studierte ich etwas genauer die Inhaltsstoffe. Ich wusste, das *kjøtt* Fleisch heißt und hatte angenommen, dass das vorangestellte *sau* etwas mit dem gemeinen Hausschwein zu tun hat. Also hergestellt aus Schweinefleisch. Wer hätte das nicht auch geglaubt?! Ein verspäteter Blick ins Wörterbuch belehrte mich eines

Besseren: ein norwegisches *sau* hat so gar nichts mit der rosafarbenen Steckdose zu tun – es ist schlicht und einfach ein SCHAF. Oh nein, alles bloß das nicht! Auf so ziemlich jeder eingeschweißten Wurstpackung hatte ich dieses *sau* gelesen.

Micha aß die Wurst und bewertete sie als zwar nicht so ganz sein Geschmack, aber doch essbar. Ich ließ tunlichst die Finger davon; Schafe mag ich nur, wenn sie in ihrer Pelzkleidung und quicklebendig auf der Wiese stehen.

In Zukunft las ich die Etiketten genauer und wusste mit der Zeit, welche Wurst unseren Geschmacksnerven wohl gesonnen war und zur täglichen Schnittchenparade antreten durfte.

Am meisten störte mich –und stört mich noch heute- die nicht vorhandene Wursttheke; Aufschnitt und Streichwurst (nur Leberwurst) gibt es prinzipiell nur hermetisch abgepackt oder in Büchsen zu kaufen. In einem der Märkte fand ich eine Fleischtheke, die neben gebratenen Hackklößchen, halben Hähnchen und Keulen eine dezente Auswahl an verschiedenen Fleischsorten vorrätig hatte. Was ich da so liegen sah löste nicht wirklich große Begeisterung bei mir aus; statt der gewohnten saftigen Steaks und Rouladen lagen da ganze Lammkeulen und Koteletts. Puh, Fleisch mit Knochen, das mochte ich nicht. Natürlich gab es auch das ein oder andere recht bekannt aussehende Fleischstück aus Rind oder Schwein, aber beim Anblick der sündhaften Preise strich ich in Gedanken den sonntäglichen Braten und ersetzte ihn durch den eher erschwinglichen Tiefkühlfisch.

Im ersten Moment dachte ich noch, dass wohl auf den meisten Preisschildern Schreibfehler vorliegen mussten… Dass dem nicht so war, merkte ich an dem recht schnell schwindendem Inhalt meiner Geldbörse. Zum Glück war ich es von Kindesbeinen an gewöhnt, Preise zu vergleichen, auf Sonderangebote zu achten und mich auch nicht zu scheuen, Brot vom Vortag zu kaufen. Natürlich wussten wir vorher, dass die Lebenshaltungskosten in Norwegen nicht mit den deutschen vergleichbar waren. Aber für das Kilo Rindfleisch mindestens dreißig Euro bezahlen? Mir schwante, dass das Einkaufen noch eine ziemliche Herausforderung für mich werden würde. Vorerst begnüg-

te ich mich mit dem Allernötigsten; ich glaube Makkaroni und Spaghetti, die preismäßig den No-Name-Produkten in Deutschland recht nahe kamen, gab es in unserer Anfangszeit in Norwegen so oft, dass unser Bedarf daran für ein halbes Leben hätte reichen können. Auch sollte es z. B. fast ein halbes Jahr dauern, bis ich eine Buttersorte fand, die nicht gesalzen war. Auch wenn ich auf mein Frühstücksbrötchen Mettwurst mit einer Lage Bienenhonig schmiere - gesalzene Butter darunter ist mir dann doch etwas zu heftig.
Gleich nach der leicht frustrierenden Wurst- und Fleischerfahrung ließ mich das Brotangebot wehmütig an den Bäcker meines Vertrauens in Deutschland zurückdenken. Es gab schon mehrere Sorten Brot: mit grob gehackten Kernen, mit fein gehackten Kernen, mit Sirup, mit Kartoffeln, Gebirgsbrot und Roggenbrot. Nur das jede Brotsorte –sogar das Roggenbrot- so viel Weißmehl enthielt, dass es einfach nicht als „dunkles" oder Mischbrot gelten konnte. Ich probierte sie alle, eins schmeckte wie das andere. Beim Kauen wurde der Teig im Mund mehr und mehr; es hatte den Vorteil, dass ich schon nach einer Scheibe die Nase voll davon hatte. Heute backe ich mein Brot aus Sauerteig selbst und ärgere mich, dass ich darauf nicht schon Jahre früher gekommen bin. Besser wie jedes Bäckerbrot und nach Lust und Laune abgewandelt ist es ein Genuss für unsere Gaumen und ein gern gesehenes Geschenk bei deutschen Freunden.

Apropos Brotscheiben: Der ganz normale Arbeitstag von Micha machte es ja nun leider notwendig, dass er wie ein normaler Arbeiter ganz normal geschmierte Schnittchen mit auf Arbeit nehmen musste. Dies ist eine meiner hausfräulichen Pflichten, die ich bis heute aus tiefstem Herzen hasse und mit Einsatz aller mir zur Verfügung stehenden Mitteln zu umgehen versuche. Mittlerweile habe ich Micha dahingehend erzogen, dass er seine Bemmchen selbst schmiert, von wenigen Ausnahmen, bei denen ich mich in besonders guter Laune befinde und mir Großherzigkeit leisten kann, abgesehen. Tja, das Leben ist kein Ponyhof!

An noch eine Begebenheit in Punkto Einkaufen kann ich mich gut erinnern: Für eine Torte benötigte ich Quark. Stinknormalen, einfachen Quark. Ich hatte natürlich vorher im Wörterbuch nachgeschlagen; da stand als Übersetzung *kvarg*. Das sollte so schwer nicht werden. Allerdings suchte ich in den Kühlregalen vergebens nach einem Becher oder Packung, auf der *kvarg* stand. Selbst die Verkäuferin konnte mir nicht helfen, sie hatte das Wort noch nie gehört. Ich zeigte es ihr im Wörterbuch, aber sie schüttelte nur bedauernd mit dem Kopf. Ich war kurz vorm Verzweifeln - entweder stimmte mit meinem Wörterbuch etwas nicht oder hatte die Verkäuferin keine Ahnung von norwegischen Lebensmitteln?! Ich erklärte ihr, was ich damit vor hatte – sie wusste einfach nicht was ich wollte! So langsam verlor ich die Geduld, aber hartnäckig wie ich bin, wollte ich den Laden nicht ohne meinen Quark verlassen. Ich rief meine deutsch-norwegisch-auch-ausgewanderte- Freundin Andrea an, die mir letztendlich meine Torte rettete. *Kesam* nannte sich das Objekt meiner Begierde, und es gab ihn sogar in einer Magerausführung. Na bitte, wer sagts denn. An der Kasse konnte ich mir einen triumphierenden Blick zur Verkäuferin nicht verkneifen; sie lachte und meinte, dass sie darauf nie gekommen wäre. Aber was ein Quarkkuchen ist, konnte ich ihr trotzdem nicht begreiflich machen, den gibt es in Norwegen schlichtweg nicht. Es gab noch einige solcher Begebenheiten, die den einen oder anderen Speiseplan ins Wanken geraten ließen.

Ins Wanken kam auch hin und wieder mein Schatzi. Micha hatte sich zwar halbwegs in seinem Job eingearbeitet, aber die komplett anderen Anforderungen im Verhältnis zu seinen Fernfahrten in Deutschland machten ihm das Leben nicht immer leicht. Bisher war er immer nur Sattelzüge gefahren, also eine Zugmaschine mit einem nicht selbst lenkenden Auflieger. Erfolgreich hatte er sich immer dagegen gewehrt, LKWs mit Anhänger oder Containerzüge zu fahren - nur über seine Leiche, hörte ich ihn einmal sagen. Aber genau das musste er jetzt tun. LKW mit Anhänger fahren, Container tauschen, die Dinger auf ihre Stahlbeine setzen. Im Fernverkehr fuhr er viele hun-

dert Kilometer, ohne seinen Sattelzug auch nur einmal zu öffnen. Jetzt lieferte er Waren aus, und er stieg unzählige Male aus und ein, öffnete und schloss die Containertüren, zerrte Paletten durch die Gegend und schleppte Kartons oder Kleiderständer von einem Geschäft zum anderen. Das alles war sicher abwechslungsreicher als Kilometer um Kilometer auf der Autobahn hinter sich zu lassen, aber auch sehr viel anstrengender. Das eigentliche Problem aber war ein viel grundlegenderes: Rückwärts mit dem Hängerzug einparken. Oder ihn passgenau an eine Rampe schieben. Der Vorgang ist wohl komplett anders auszuführen als bei Sattelzügen - soviel begriff ich bei Michas lautstarken Schimpftiraden. Es dauerte geraume Zeit, viel Angstschweiß und unermüdlich viele Übungen, bis die Fehlanläufe seltener wurden und die belustigten Blicke einiger Kollegen stummer Akzeptanz wichen. Er hatte erlebt, wie andere Fahrer amüsiert zusahen, wie er sich beim Hängerschieben quälte, ohne ihm auch nur eine einzige Hilfestellung oder Einweisung zu geben. Das tat weh und diente kaum der deutsch-norwegischen Freundschaft. Aber über die Besonderheiten der norwegischen Fahrkultur sollten wir in Zukunft noch viel lernen.
Auch fiel Micha die Sprache schwer. So nach und nach eignete er sich einen begrenzten Wortschatz an, aber er war weit davon entfernt, die Norweger problemlos zu verstehen oder ein richtiges Gespräch zu führen. Es war einfach nur frustrierend. Wir meldeten uns in einem Erwachsenen-Sprachkurs an und erhofften uns davon große Fortschritte. Diese blieben aus, da nach jeder Lektion neue Schüler dazukamen und wieder von vorn begonnen wurde. Also beschlossen wir, unser Sprachglück weiter mit Learning-by-doing zu versuchen, also im Alltag.

Mitte August wartete eine große Überraschung auf uns: Meine Eltern hatten es zu Hause nicht mehr ausgehalten und kamen uns für eine Woche besuchen. Wie freute ich mich, ihnen unsere schöne neue Heimat zu zeigen! Auch sie waren -wie jeder andere vor und nach ihnen- von der Landschaft völlig überwältigt. Mutti gefiel unser Häuschen, nur die Berge ringsum waren ihr ein bisschen zu hoch. Auch war es ungewohnt, dass mehrmals am Tag (außer an den Wochenenden) in unmittelbarer Nähe ein Zug vorbeidonnerte. Wir hörten ihn schon gar nicht mehr, und unsere Pferde hatten sich erstaunlich schnell daran gewöhnt, dass nur wenige Meter neben ihrer Koppel ein stählernes Ungetüm vorbeifuhr. Im Gegenteil: Sie stellten sich regelrecht in Reih und Glied und ließen sich von den Insassen bewundern

Vati legte seine Videokamera kaum aus der Hand, soviel gab es zu bestaunen und den Daheimgebliebenen zu zeigen. Wir verbrachten eine intensive Zeit miteinander, spazierten zum Fluss, fuhren auf die gigantischen Trollstigen oder machten es uns auf der Terrasse gemütlich. Mutti werkelte in meinem Vorgarten und brachte auf Vordermann, wo mein grüner Daumen jämmerlich versagt hatte; und Vati machte sich im Keller an liegengebliebenen Restarbeiten zu schaffen.

Einmal luden uns Arne und Svanhild zum Essen ein. Ich schaute dieser doch so lieben Geste mit etwas Skepsis entgegen – erinnerte ich mich doch an unsere allererste kulinarische Stippvisite im Nachbarhaus. Svanhild hatte damals eine Suppe gekocht, die an für sich ganz lecker aussah. Jedoch nahmen die überempfindlichen Antennen meines Riechorgans einen leichten Nebengeruch wahr, der mir verdächtig vorkam. Und tatsächlich: in dieser eigentlich so wunderbaren Brühe schwammen neben Gemüse auch kleine Fleischklößchen, die ich zweifelsfrei als aus Schaffleisch bestehend identifizierte. Um des Anstands willen würgte ich ein paar dieser Kügelchen hinunter, den Rest schnippte ich unbemerkt auf Michas Teller. Er aß seine Suppe auf, ohne eine Miene zu verziehen. Hinterher sagte er mir, dass es auch nicht wirklich sein Geschmack war, aber er wollte Svanhild natürlich nicht vor den Kopf stoßen und undankbar wirken. Für seine Großmütigkeit liebe und bewundere ich ihn.

Diesmal konnte ich gleich aufatmen: Unsere liebe Nachbarin servierte Lachs, Gemüse und Kartoffeln (die üblicherweise mit Schale als Pellkartoffeln gegessen werden), und einer göttlichen Soße aus viel

Butter, ebensoviel Sahne und frischen Kräutern. Ich kämpfte mein schlechtes Gewissen bezüglich der Kalorienbombe erfolgreich nieder und genoss das exzellente Mahl. Wir verbrachten einen angenehmen und kurzweiligen Nachmittag, und dank Arnes guten Deutschkenntnissen fühlten sich Mutti und Vati in ihrer Gesellschaft recht wohl. Dezent hatte ich Mutti auf ein Foto hingewiesen, auf dem Arne in jungen Jahren abgebildet war. Wow, man konnte meinen, das da auf dem Bild wäre Til Schweiger! Mein lieber Scholli, unser Nachbar schien wirklich ein heißer Feger gewesen zu sein!

Auf einer unserer Einkaufstouren, bei denen mich meine Eltern kopfschüttelnd und angesichts der Preise mit ungläubigen Mienen begleiteten, fand mein Vati doch etwas, was ihn in helle Aufregung versetzte: die Brotschneidemaschine in den Lebensmittelmärkten. Für mich war diese praktische Einrichtung neben jedem Brotregal schon so zur Normalität geworden, dass ich über Vatis Entdeckerdrang schmunzeln musste. Man öffnet eine Metallklappe, legt das Brot hinein, ratter…ratter…ratter… und unten kommt es geschnitten wieder heraus. Eine Ablage, über die man eine Brottüte ziehen kann, macht das Verpacken zum Kinderspiel. Die Norweger mögen anscheinend die Kappen an den beiden Enden des Brotes nicht, die sich bekanntlich beim Schneiden eines solchen ergeben. Diese wandern hier in den extra dafür vorhandenen Auffangbehälter oder bleiben in der Maschine liegen. Mein Paps war entsetzt: Die guten "Kappeln" wegschmeißen! Flugs wanderte das ein oder andere Stück in den Mund, die anderen in einen Beutel – für die Pferde. Seitdem kommt mein Vati an keiner dieser Maschinen vorbei ohne zu schauen, ob nicht ein paar dieser edlen Teilchen liegengeblieben sind, während meine Mutti peinlich berührt daneben steht und Wache schiebt.

Wie im Flug verging die Zeit, und es tat mir unendlich weh, meine Eltern wieder nach Hause fliegen zu lassen. Außerdem war es ja so entspannend gewesen, eine Köchin und einen Hausmeister zu haben!

Mittlerweile hatten wir den geeigneten Standort für unser Tipi gefunden. Gleich hinter dem Haus Richtung Wald und Felsen schlängelte sich ein Trampelpfad bis zu einer schönen kleinen Lichtung – keine fünfzig Meter vom Haus entfernt. Dort sollte unser Indianerzelt seinen neuen Platz bekommen.

An einem warmen sonnigen Augusttag machten wir uns an die Arbeit, immer wieder über die Horrorszenen bei Andreas Zeltaufbau lachend. Die gute Laune sollte nicht lange anhalten. Die ersten Handgriffe machte Micha im Schlaf; das Stangengerüst stand prächtig, ein echter Pferdeschweif, der für meinen kleinen Indianer große emotionale Bedeutung hat, flatterte zusammen mit einigen Bändern im norwegischen Wind....Nur die Zeltplane hatte es diesmal auf Michas Nervenkostüm abgesehen. Egal wie oft er sie neu ansetzte, zog und verschob, Stangen versetzte und drehte – immer waren irgendwo die ach so gehassten Falten zu sehen, der Abstand zum Boden zu groß und der Türeingang nicht an der richtigen Stelle. Längst verzichtete ich auf Hinweise oder gar Ratschläge – vernichtende Blicke wären mir gewiss gewesen. War anfangs noch ein halbherziges Lächeln auf Michas Gesicht zu sehen, wich dieses schon bald Unmutsfalten, die denen in der Zeltplane in nichts nachstanden. Ich sah, wie es in ihm zu brodeln begann und brachte mich vorsichtshalber schon mal in Deckung. Recht machen konnte ich ihm nun eh nix mehr. Nach dem fünften Versuch entlud sich der aufgestaute Zorn, der schon eine ganze Weile in ihm kochte, in gotteslästerlichen Flüchen, die jedem Bierkutscher zur Ehre gereicht hätten. Dem verbalen Ausbruch folgten fliegende Zeltheringe; ich hatte gut daran getan, meinen Instinkten zu vertrauen und mich in einen schützenden Hinterhalt zurückzuziehen. Ich kenne meinen Michi: Wenn etwas absolut nicht so geht wie er will, gehen seine Pferdchen mit ihm durch.

Nachdem er sich wieder halbwegs beruhigt hatte und zugänglich für meine Stimme der Vernunft war, fingen wir noch mal von vorn an. Und siehe da – es ging. Das Zelt stand nicht so schön faltenfrei und akkurat wie Micha es am liebsten gehabt hätte, aber immerhin. Ich zeigte ihm Fotos aus diversen Indianerbüchern, auf denen nicht ein einziges Tipi annähernd so gut aufgebaut war wie unseres. Meinte er, die Indianer hätten Zeit und Muse gehabt, stundenlang an ihren Planen umherzuzupfen? Nein. Na bitte, immer diese übertriebenen Reaktionen. Eine furchtbare Eigenschaft von Micha, die ich im Laufe der Zeit zu hassen lernte. Aber erstmal war der indianische Friede wieder hergestellt, ein Pfeifchen wurde geraucht und er ließ Manitu einen guten Mann sein.

Für Kai hatte mittlerweile auch der Ernst seines neuen Lebens begonnen. Und es war wirklich ein komplett neues Leben. In der *videregåenden skole* (weiterführende Schule) gab es verschiedene Ausbildungslinien; Kai musste die Linie „Technik und industrielle Produktion“ einschlagen, um dann im zweiten Schuljahr berufsspezifischer in die Klasse der *bilmekaniker* (Automechaniker) eingeteilt zu werden. Daran schlossen sich dann zwei Jahre Praxisarbeit in einer Werkstatt an.

Am ersten Schultag wurde Kai vom Direktor der Schule vorgestellt – und verstand kein einziges Wort. Schon bald merkte er, dass es alles andere als einfach sein würde, sich in die Klasse der norwegischen Jungs zu integrieren. Zu seinem Glück gab es Toni, einen anderen Deutschen, der schon ein Jahr vorher mit seinen Eltern nach Åndalsnes gekommen war. In ihm hatte Kai sofort einen Freund und Verbündeten gefunden, der ihm bei den ersten schweren Schritten in seiner Ausbildung beistand. Seine Klassenkameraden ignorierten Kai; sie lachten und flüsterten, und Kai war überzeugt, dass sie sich über ihn lustig machten. Allerdings waren die Unterrichtsmethoden wiederum etwas, wovon Kai restlos begeistert war. Der Lehrer wurde mit Vornamen angesprochen, da im norwegischen die Höflichkeitsanrede *Sie* nicht vorkommt bzw. nur in wenigen Ausnahmefällen, in etwa bei Anrede des Königs, benutzt wird. Im Unterricht benötigte er weder Papier noch Stift; die Lehrlinge bekamen ein Stipendium von fünftausend Kronen, von dem sie sich einen tragbaren Computer (=Laptop) anschaffen mussten. Auf diesen bekamen die Schüler dank fortschrittlichster Internet-Technik ihre Lehrtexte, Lektionen und sogar die Hausaufgaben. Mögen viele Dinge in Norwegen rückschrittlicher als im Rest Europas sein – im Bereich der Kommunikationstechnik halten sie jeder Konkurrenz stand. Bei dieser im Verhältnis zum Rest Europas gesehenen geringen Besiedelungsdichte und den zurückzulegenden Entfernungen ist ein gut ausgebautes Kommunikationsnetz nicht nur eine durchaus verständliche Tatsache, sondern unumgänglich für eine funktionierende Wirtschaft.

Jedenfalls waren die ersten Ausbildungswochen für Kai eine schlimme Erfahrung. Er biss die Zähne zusammen und kämpfte sich durch, es blieb ihm ja nichts anderes übrig, wollte er in der harten Welt der Teenager bestehen. Toni zuckelte den eher schüchternen Kai mit in seinen Freundeskreis und zu diversen Partys und Veranstaltungen, in die Kai alleine wohl nie einen Fuß gesetzt hätte. Und schon bald sprach er im breitesten Romsdalsdialekt mit seinen Mitschülern. Konnte er anfangs nicht einmal die norwegische Benutzerführung in seinem Computer lesen, war ich schon nach wenigen Wochen nicht mehr in der Lage, seine Handymitteilungen an mich zu entziffern!

Für Kai entpuppte sich Skiri als „jugendliches Gefangenenlager“, wie er sich gern ausdrückte. Es fuhr nur zweimal am Tag ein Bus nach Åndalsnes und zurück. Das war unter anderem der Schulbus, der Kai früh vor der Haustür einlud und nachmittags wieder absetzte. Ansonsten war Kai darauf angewiesen, dass wir ihn fuhren oder Fredrik ihn mitnahm, wenn dieser zufällig in die Stadt musste. Anfangs düste Kai noch mit seinem Moped durch die Gegend, aber schon bald wurde ihm nahegelegt, dass er doch sein deutsches gegen ein norwegisches Nummernschild einzutauschen hätte. Die Höhe des Einfuhrzolls und der Umsatzsteuer, die bei der Anmeldung fällig gewesen wäre, lag mit 8000 Kronen (ca. 1000 Euro!) jedoch weit weg von Gut und Böse. Also blieb Kais fahrbarer Untersatz öfter stehen als was er fuhr; im Jahr darauf nahmen wir das Moped wieder mit nach Deutschland zurück.

Mir wurde zu Hause langweilig. Ich eigne mich nur im begrenzten Maße zur Hausfrau, und außerdem musste langsam ein zweiter Verdienst in die Haushaltskasse fließen, wenn wir nicht bald in finanzielle Schwierigkeiten geraten wollten. Ich hatte Bewerbungen in fast alle Firmen im näheren Umkreis geschrieben und mich in meinem Beruf -als Kauffrau oder im Buchhaltungssektor- beworben. Aber überall gab es die gleiche Antwort: keine freien Stellen oder nur, wenn man perfekt norwegisch konnte. Ich hatte zwar damit gerechnet, nicht sofort eine Arbeit nach meinem Sinne zu finden, aber etwas enttäuscht war ich schon. Meine Vorstellung, schnell im norwegischen Arbeitsmarkt meinen Platz zu finden, war Illusion. Ja, ich hatte mehrere gute Ausbildungen, mehrere Jahre Berufserfahrung und in leitenden Positionen gearbeitet. Hier in meiner neuen Heimat interessierte das niemanden. Heute sehe ich das Ganze sehr viel kritischer: Was hatte ich denn erwartet? Das man mich mit offenen Armen empfängt? Das man nur auf eine wie mich wartete? Zumal in einer Berufsbranche, in dem es nicht wirklich an norwegischen Arbeitskräften mangelte! Wie dumm und blauäugig von mir, dies zu denken.

Arne gab mir den Tipp, doch einmal in der Touristeninformation in Åndalsnes vorbeizuschauen. Dort arbeite eine Deutsche, die mir vielleicht weiterhelfen könne. Gesagt, getan. So lernte ich Helga kennen. Sie war mit einem Norweger verheiratet und lebte schon eine ganze Weile in Norwegen. Sie gab mir neben hilfreichen Alltagstipps auch den Hinweis auf ein deutsches Ehepaar, welches mit deutschen Touristen ihr Geld verdiente und Hütten verlieh. Sie würden ab und an Leute suchen. Also ließ ich mir deren Telefonnummer geben und rief an. Es gänge darum, die Gästehütten zu putzen, erklärte mir der nette Mann namens Peter am anderen Ende der Strippe. Welch ein Dialekt! Peter musste irgendwoher von der Ostsee stammen, das hörte ich. Seine Firma bot Angelurlaub an; er vermietete Hütten an fast ausschließlich deutsche Freunde des norwegischen Fischs. Immer nach Ende einer Belegung mussten die Häuser wieder auf Vordermann gebracht werden. Nun ja, das war mit Sicherheit kein Traumjob, aber besser als gar nichts, sagte ich mir. Also fuhr ich ab sofort so ziemlich jeden Samstag nach Rødven, welches ca. eine Fahrstunde von Skiri entfernt gelegen ist, und putzte dort zwei bis drei Hütten. Peter und Heike, die beiden Chefs, zeigten mir alles und legten auch selbst mit Hand an. Die Hütten waren eigentlich schon kleine Häuschen und teilweise sogar mit richtigem Luxus ausgestattet. Am meisten graute mir vor dem Reinigen der Tiefkühltruhen, die erst wenige Stunden vorher Massen von fangfrischen Fischen enthalten hatten. Einmal musste mich Heike sogar mitten auf dem Heimweg zurückpfeifen, weil ich eine Truhe nur oberflächlich bis gar nicht geputzt hatte. Hach, wie hasste ich sie in diesem Moment! Darüber muss ich jetzt schmunzeln, weil Peter und Heike heute ganz liebe Freunde von uns sind, auch wenn wir schon seit Jahren nicht mehr für sie arbeiten. Diesen Putzjob machte ich nur wenige Wochen, denn erstens war die Saison bald vorbei und unsere Dienste wurden nicht mehr benötigt, und zweitens lohnte sich einfach die lange Anfahrt nicht; trotz recht guter Bezahlung blieb unterm Strich nicht viel übrig. Also ging ich wieder auf die Suche nach einer Arbeitsstelle.

Und erneut war es Helga, die mir einen Tipp gab - den entscheidenden Hinweis, der schon bald mein Leben komplett verändern sollte.

14. Licht und Schatten

Ich liebte Schiffe. Schon immer. Einer meiner Kindheitsträume war es, auf einem Schiff zu arbeiten. Ich nahm dafür sogar den Riesenärger in Kauf, den der Beginn einer Kellnerlehre trotz Schulabschluss 1,0 mit sich brachte. Eltern und Lehrer schüttelten die Köpfe und verstanden die Welt nicht mehr, doch ich ließ mich nicht beirren. Dieser Berufsweg wurde mir damals als einzige Möglichkeit aufgezeigt, um auf See zu arbeiten, nämlich als Stewardess. Schon nach wenigen Wochen fand ich die Ausbildung sterbenslangweilig und für mich absolut uninteressant, aber ich zog sie bis zum Ende durch. Aus meinem Traumberuf wurde trotzdem nichts. Aber immerhin bin ich in der Lage, vier Teller auf einem Arm zu tragen und eine Sektflasche zu öffnen, ohne den Kronleuchter unter Beschuss zu setzen!

Später hatte ich eine Familie und meinen Traum in eine kleine dunkle Ecke meines Ichs verbannt. Und nun, in meiner neuen Heimat Norwegen, sollte er wieder zu blühendem Leben erwachen.

Während der Sommermonate, etwa von Mai bis September, legen in Åndalsnes und den benachbarten größeren Städten eine stattliche Zahl Kreuzfahrtschiffe an, mit Hunderten oder gar Tausenden von Touristen an Bord, davon ein großer Teil deutschsprachig. Sie brennen darauf, die norwegische Natur kennenzulernen, mehr über dieses Land zu erfahren und unvergessliche Eindrücke mit nach Hause zu nehmen. Der Bedarf an örtlichen Reiseleitern, welche die Gäste an den jeweiligen Häfen in Empfang nehmen und in Bussen zu den verschiedensten Ausflugszielen begleiten, ist dementsprechend groß. Helga riet mir, im Guideservice der Region nachzufragen, vielleicht wäre doch gerade eben noch ein Job frei. Das ließ ich mir nicht zweimal sagen - noch in derselben Stunde rief ich dort an. Man sagte mir, die Saison gehe zwar bald zu Ende, aber hin und wieder könnte man sicher noch einen deutschen Reiseleiter gebrauchen. In einem halbstündigen Gespräch erklärte mir Christine, die aus Österreich stammende Chefin des Guideservices, alles was von Belang war und von mir erwartet wurde. Das ich erst kurze Zeit in Norwegen lebte und meine Kenntnisse über die Umgebung und Norwegen allgemein eher als dürftig zu bezeichnen waren, schien kein größeres Problem darzustellen. Ich bekäme eine gute Einarbeitung und Unterlagen. Ich sagte sofort zu. Schon am nächsten Tag erhielt ich per Mail eine Reihe Manuskripte, vollgestopft mit Daten und Fakten aus Møre *og Romsdal* (das ist die *fylke*=Bundesland in der wir leben), geschichtlichen Hintergründen und natürlich mit allem Wissenswerten über die naturgegebenen Highlights von Åndalsnes und Umgebung. Schon bald erhielt ich die Gelegenheit, mit einem erfahrenen Guide eine achtstündige landschaftlich absolut einmalige Überlandtour zu machen. Wir holten im 80 Kilometer entfernten Geirangerfjord Passagiere der weltberühmten Hurtigrutenschiffe ab, fuhren mit ihnen vom Geirangerfjord aus über den Pass der Trollstigen, durch Åndalsnes und am Fjord entlang bis nach Molde (einer Stadt etwa dreißig Kilometer in die andere Richtung von uns entfernt). Dort gingen sie nach einem leckeren Abendessen im geschichtsträchtigen Alexandra-Hotel wieder auf ihr Schiff zurück, welches in der Zwischenzeit vom Geiranger nach Molde geschippert war.

Mich überwältigte das Wissen des schon etwas in die Jahre gekommenen, recht gut deutsch sprechender Norwegers. Er hatte schon sein ganzes Leben in dieser Region verbracht und somit ein Insiderwissen, das sich in keinem Manuskript oder Reiseführer finden lässt. Nur die Art und Weise, wie er dieses seinen Gästen vermittelte, gefiel mir nicht ganz so gut. Mit dieser einzigartigen Natur und den fantastischen Geschichten über Land und Leute musste man doch wahre Begeisterungsstürme auslösen können! Ich saß still und leise in der letzten Reihe des Busses, und schrieb und schrieb bis mir die Finger weh taten. Gleichzeitig setzten sich in meinem Kopf Ideen fest, wie ich diese Tour zu einem unvergesslichen Erlebnis für die Passagiere machen könnte.

Schon bald bekam ich die Gelegenheit, meine hochtrabenden Pläne in die Tat umzusetzen.

Ein Kreuzfahrtschiff mit 820 deutschen Passagieren an Bord sollte in Åndalsnes anlegen. Es war die MS Albatros. Einige mögen dieses

Schiff vielleicht aus der erfolgreichen Fernsehserie „Verrückt nach Meer“ kennen, die seit Jahren auf der Albatros gedreht wird und neben herrlichen Reiseaufnahmen und den Erlebnissen der Passagiere auch einen realen Blick hinter die Kulissen ins Mannschaftsleben gibt. Ich hatte damals noch nie davon gehört, weder vom Schiff selbst noch von seinem charismatischem norwegischen Kapitän Morten Hansen. Christine rief mich an und fragte, ob ich mir eine Tour auf die Trollstigen und zurück zutrauen würde. Oh ja, das würde ich!
Schon eine ganze Weile vor dem vereinbarten Termin traf ich am Hafen ein; ich wollte das Schiff einlaufen sehen. Der Anblick dieser sanft dahin gleitenden riesigen Kolosse fasziniert mich immer wieder von Neuem, egal wie oft ich es schon gesehen habe. Hätte mir damals jemand gesagt, dass in vier Jahren die Albatros mit einem dreimaligen Hupen des Nebelhorns einläuft und dieser Gruß ganz alleine mir gelten würde –-ich hätte ihn für verrückt erklärt.

Natürlich war ich nervös und aufgeregt, aber ich wähnte mich gut vorbereitet und genoss das langwierige Anlegemanöver. Ich bekam meinen Bus zugeteilt und sprach -wie bei den erfahrenen Guides abgeguckt- den Zeitplan mit meinem Busfahrer durch. Ich beobachtete die Reiseleitercrew des Schiffes, die als erstes von Bord ging und ihre Absprachen mit Christine traf. Wie beneidete ich die in meinen Augen priviligierten Mädchen und Jungs in ihren schicken türkis-weißen Uniformen! Gutgelaunt hielten sie mit ihren Walkie-Talkies die Verbindung ins Schiffsinnere, wo offenbar die Ausflügler versammelt wurden. Zu gern hätte ich ein paar Worte mit ihnen gewechselt und sie mit Fragen bombardiert, aber ich fand gar keine Zeit dazu, denn schon kamen die meinem Bus zugeteilten Passagiere im Laufschritt den Kai entlang. Sie stürmten auf mich zu und ließen mir kaum Gelegenheit, die Bustickets einzusammeln. Der Großteil der Gäste war bereits älteren Jahrgangs, und eine solche Geschwindigkeit hätte ich jedem zweiten von ihnen gar nicht zugetraut! Aber anscheinend entwickelt man ungeahnte Kräfte, wenn es darum geht, den besten Platz im Ausflugbus zu ergattern. Schon hier war Feingefühl gefragt, denn einerseits wollte ich niemanden verärgern, andererseits konnte ich keinen Bus mit 47 Plätzen in der ersten Reihe anbieten. Später, nachdem ich mehrere Fahrten und genauso viele Nervenkriege hinter mir hatte, reichten einige wohl platzierte Bemerkungen aus, um auch die am lautesten krähenden Damen (vorzugweise mit Hut und Stock), die aufgrund eines verknacksten Fingers oder zu niedrigen Blutdrucks auf gar keinen Fall im hinteren Teil des Busses sitzen konnten, zum einsichtigen Verstummen zu bringen.

Neben den Passagieren fuhr auch ein Reiseleiter vom Schiff mit. Dieser sogenannte Escort beurteilt den Zustand des Busses, die Leistung des Guides und das Ausflugsprogramm, und ich wurde doch ein klein wenig nervös. Das war meine allererste Tour als örtlicher Guide, noch nie hatte ich vor einer Gruppe Menschen gesprochen! Ich übernahm die nächsten dreieinhalb Stunden die volle Verantwortung für diese Gruppe und dafür, dass jede Minute des teuer bezahlten Ausfluges ihr Geld wert war.

Ich nahm auf dem kleinen Schleudersitz neben dem Busfahrer Platz, überprüfte das Mikro, stellte den erwartungsvoll blickenden Gästen mich und meinen Busfahrer vor und dann ging es los. Was soll ich sagen? Mein Konzept ging auf; die Worte kamen wie von selbst über meine Lippen, schon nach den ersten paar Kilometern hatte ich eine fröhliche und begeisterte Ausflugsschar hinter mir. Ich warf den Leuten keine trockenen Zahlen und Fakten an die Köpfe, sondern erzählte alles mit einem Schuss Humor und teilte auch hin und wieder ein paar lustige kleine Seitenhiebe auf die Eigenarten der Norweger aus, ohne dabei das Informative außer Acht zu lassen. Und ich konnte meine Begeisterung für dieses herrliche Stück Erde mit meinen Gästen teilen, ohne dass ich ihnen etwas vorspielen musste. Während der Fotostopps fragten mich viele der Leute, wie und warum ich denn in Norwegen gelandet sei. Ich erzählte in Kurzfassung meine Geschichte, und nach der Tour kannte ich ebenso den Lebenslauf von mindesten zehn Deutschen. Niemand, auch nicht der Escort vom Schiff, ahnte, dass dies meine erste Guidetour war. Als wir wieder im Hafen

ankamen und ich mich verabschiedete, klatschten die Gäste und ein Herr sagte mir sogar, dass dies der beste Ausflug gewesen wäre, den er bisher erlebt hat. Ich war so stolz und glücklich und wusste ganz sicher: Nie wollte ich etwas anderes als Reiseleiter sein! Das war das was ich wollte, wofür mein Herz brannte.
Micha erwartete mich bereits zu Hause. Er sah in mein selig lächelndes Gesicht und musste nicht fragen, wie es gelaufen war. Ich legte ihm meinen nicht ganz unbeachtlichen Anteil vom Trinkgeld der Gäste (dieses wird immer mit dem Busfahrer geteilt) auf den Tisch und erzählte ihm jede einzelne Minute der Fahrt. Ich lachte und weinte gleichzeitig, und Micha sagte mir, wie stolz er auf mich sei, und froh, dass ich eine Arbeit gefunden hatte, die mir soviel Spaß machte. Dann nahm er mein Gesicht in die Hände, sah mir in die Augen und sagte: *Solange der Kahn ohne dich wieder fortschippert, kannst du den Job machen solange du willst.* Noch immer auf der Welle meiner Glückseligkeit schwimmend lächelte ich nur: *Was du gleich wieder denkst!* Doch ich hatte seinem Ton angemerkt, dass er dem Ganzen nicht wirklich traute, wusste er doch genau, welchen Reiz die stählernen Riesen auf mich ausüben. Sein Bauchgefühl sagte ihm wahrscheinlich damals schon, dass von Schiffen Gefahr ausging - nicht für mich, aber für ihn!
Natürlich wusste ich, dass die Saison bald zu Ende ging, doch in den nächsten Wochen konnte ich noch einige Landausflüge der Kreuzfahrtschiffspassagiere begleiten, auch die wunderbare Tour der Hurtigrutengäste, die ich ganz zu Anfangs als „Lehrling“ mitfahren durfte. Es waren lange und anstrengende Tage, aber ich genoss sie in vollen Zügen und freute mich über die Begeisterung der Gäste, Lob für meine Art zu guiden - und nicht zuletzt über Lohn und Trinkgeld. Ich war in meinem Element!

Dann ging der September zu Ende, die Schiffe blieben aus. Das letzte Schiff verabschiedete sich traditionell mit dem Ertönen des Nebelhorns und ließ mich wieder ohne Arbeit und Einkommen zurück. Also machte ich mich erneut auf die Suche. Meine Bewerbungen in den Betrieben und Lebensmittelmärkten blieben erfolglos; die Absagen waren höflich distanziert, aber eindeutig. Wiederum von Helga erfuhr ich von einer Firma, die Servicemitarbeiter suchte. Nach einem klärenden Gespräch mit dem Chef und seiner für unsere Gegend zuständigen Vorarbeiterin stellte sich heraus, dass das Wort *Servicemitarbeiter* lediglich ein imageverbesserndes Wort für *Reinigungskraft* war. Aha, da war er wieder, mein Traumberuf. Alles in mir sträubte sich, und ich haderte mit mir selbst. Letztendlich hatte ich keine Wahl; ich konnte es mir nicht leisten wählerisch zu sein und unterschrieb den Arbeitsvertrag. Micha nahm es zähneknirschend zur Kenntnis, hatte er doch auch keinen besseren Vorschlag zur Hand. Wenigstens sollte ich ein Arbeitsauto bekommen, mit dem ich nicht nur von Arbeitsstelle zu Arbeitsstelle, sondern auch die täglichen fünfzig Kilometer von Skiri nach Åndalsnes fahren konnte. Ein Trost, wenn auch ein schwacher.

Meine Chefin Bjørg war eine liebenswerte ältere Dame, freundlich und immer gut gelaunt. Ein winziger Aufenthaltsraum im Zugbahnhofsgebäude der Stadt diente als morgendlicher Treffpunkt. Dort lernte ich auch Bianca, eine niederländische junge Frau, kennen, die die meiste Zeit mit mir zusammenarbeiten sollte.

An meinem ersten Arbeitstag weihten mich Bjørg und Bianca professionell in die Geheimnisse des richtigen Benutzens von Staubwedel, Wischmopp und Mülleimertüten ein. Du lieber Himmel, war ich ungebildet! Kein Wunder, wenn bei mir zu Hause nicht alles blitzte und blinkte - ich benutzte einfach Lappen mit der falschen Farbe, sprühte den Glasreiniger nicht aus der richtigen Entfernung auf und kroch nicht weit genug unter Sofa und Tische!

Meine erste Arbeitsstelle lag nur eine Etage tiefer wie unser „Bürozimmer“ - der Åndalsneser Zugbahnhof. Dies sollte nun morgens meine erste Reinigungsaktion sein. Ich musste kurz die Augen ganz fest zusammenpressen, um nicht loszuheulen. In mir tobte und wütete es, und es dauerte einige Minuten, bis ich mich innerlich beruhigt hatte. Bjørg zeigte mir, wie die Wartehalle, Büros und nicht zu vergessen die Toiletten richtig saubergemacht werden mussten. Mit aufgesetzter stoischer Ruhe erledigte ich alle Arbeiten und schaltete mein Gehirn völlig ab. Niemals wollte ich jemandem in der alten Heimat erzählen, welchen Job ich hier machte. Ich hörte das hämische Lachen der Zweifler in meinen Ohren und sah die mitleidigen Gesichter meiner Freunde vor mir. Trotzig klatschte ich meinen Wischmopp wieder und wieder in den Wassereimer und machte gute Miene zum ungeliebten Spiel. Danach ging es noch in diverse Bürohäuser, Speditionen und Fabriken, bevor ich, mit den Nerven am Ende, nach Hause fahren konnte.

Als ich Micha von meinem Tag erzählte, war er nicht mehr sauer – er tobte. *Wir sind doch nicht nach Norwegen gegangen, dass meine Frau Bahnhofsklos putzt!* Manchmal verstand er es wirklich, mich seelisch wieder aufzubauen! Ich konnte nicht behaupten, dass es mir Spaß machte, nein, das nun absolut nicht. Aber hatte ich denn eine Wahl? Im Moment musste ich mich damit abfinden, egal wie elend ich mich dabei fühlte.

Man verstehe mich nicht falsch - ich habe größte Hochachtung vor allen Putzfrauen und –männern dieser Welt und weiß, dass Saubermachen in unserer Gesellschaft einen genauso wichtigen Stellenrang einnimmt wie jede andere Arbeit. Auch bei mir zu Hause sieht es immer ausreichend sauber und ordentlich aus, ohne von mir behaupten zu können, putzwütig oder übertrieben reinlich zu sein. Ich bin halt nur nicht der Typ Hausfrau, der besonders gerne putzt. Ich tue, weil es getan werden muss, nicht mehr und nicht weniger.

Genauso hielt ich es auf Arbeit. Ich tat was getan werden musste, ohne Freude oder gar Einsatzbereitschaft. Die meiste Zeit verbrachte ich mit Bianca. Irgendwann erzählte sie mir aus ihrem Leben, in dem sie schon einige furchtbare Schicksalsschläge hinnehmen musste. Trotzdem war sie immer guter Laune, verlor nie den Mut und war optimistisch. Ich schämte mich. Ich schämte mich, weil ich wegen eines ungeliebten Jobs umhernörgelte und mir selbst das Leben schwer machte. Zukünftig versuchte ich, mit etwas mehr Elan an die Arbeit zu gehen, was mir bis zu einem gewissen Grade auch gelang, wenn ich mir nur genug Mühe gab. Ich sagte mir, dass dieser Amerikaner -wie hieß der gleich noch mal- Rockefeller? – auch als Tellerwäscher angefangen hat, um sich später als Millionär im Glanze seines Aufstiegs zu sonnen. Na bitte, ich musste nur Geduld haben.

Ein Vorteil des Jobs war, dass ich durch den ständigen Umgang mit Bjørg mein Norwegisch recht schnell verbessern konnte. Die kurze halbe Stunde vor Arbeitsbeginn, die wir in unserem kleinen Kaff zusammen saßen, wurde zu einem lieb gewonnenen Ritual. Bei einem Becher Kaffee oder heißer Schokolade und Daim-Bollern (süße Brötchen mit Daim-Schokoladestückchen) tauschten wir Neuigkeiten aus und trugen Bjørg unsere Probleme vor. Mit der Zeit entwickelte sie sich ein bisschen zu einer Henne; Bianca und ich waren ihre Küken. Unermüdlich und geduldig arbeiteten sie an meinen Norwegischkenntnissen. Wir lachten viel, und das Verhältnis zu diesen beiden lieben Menschen machte mir meinen Arbeitsalltag erträglicher. Lediglich die kalorienreiche Aufmunterung jeden Morgen erwies sich als eher ungünstig – machte sie doch meiner ehemals noch akzeptablen Figur endgültig den Garaus. Nicht dass ich aussah wie eine Tonne, das nicht. Aber den Traum vom schlanken Rehlein konnte ich wohl jetzt endgültig begraben.

Micha hatte da schon ganz andere Probleme. Er saß den ganzen Tag allein in seinem LKW, ihm fiel die Sprache sehr schwer. Er hörte viel Radio und verstand auch einen Teil, aber sobald die Norweger außerhalb der Funkfrequenzen den Mund aufmachten, kam er ins Schleudern. Sie sprachen schnell und in zum Himmel schreienden Dialekten, die so gar nichts mit der deutlichen Aussprache des Radiomannes zu tun hatten.

Wir fühlten uns oft einsam. Außer zu unserem Fredrik und Michas Arbeitskollegen Johnny hatten wir nur oberflächlichen Kontakt zu den Einheimischen. Diese waren zwar nett und höflich, zeigten aber immer eine gewisse Zurückhaltung und Distanziertheit. Eher traf uns ein abschätzender Blick als ein aufmunterntes Lächeln, welcher uns immer wieder ins Gedächtnis rief: Wir sind eben doch nur Ausländer. Sicherlich war die Sprachbarriere ein Grund für die schwerfällige Kontaktaufnahme, und jemand dreimal um die Wiederholung eines Satzes zu bitten eher peinlich. Schnell verlor das norwegische Gegenüber das Interesse an einem Gespräch, welches zusammengestammelte Sätze und womöglich noch falsch ausgesprochene Wörter schon im Keime erstickten. Micha konnte mit seinem noch recht begrenzten Wortschatz nicht ausdrücken, was er sagen wollte, und so ging er, wann immer es möglich war, Gesprächen aus dem Weg. Was das Ganze natürlich nicht wirklich besser machte! Ich beherrschte das Norwegische mittlerweile schon besser, und durch die Arbeit hatte ich eher die Möglichkeit, es in die Praxis umzusetzen.

Kai hatte sich in der Schule eingelebt, seine Leistungen bewegten sich zu unser aller Erstaunen in einem Bereich, in dem so mancher norwegischer Mitschüler das Nachsehen hatte. Kai erklärte dies mit den doch recht geringen Anforderungen im ersten Lehrjahr, die denen einer deutschen neunten Klasse entsprachen. Ich hegte jedoch auch den Verdacht, dass er einfach eine ganze Ecke fleißiger und ehrgeiziger war als seine Klassenkameraden.
Einen Freundeskreis konnte er jedoch nicht sein eigen nennen, außer zu Toni waren die kameradschaftlichen Beziehungen zu Gleichaltrigen eher als oberflächlich zu bezeichnen. Kai vermisste seine Freunde in Deutschland.
Mit der Zeit wuchs aus der anfänglichen Euphorie die Erkenntnis, dass es doch schwieriger war, sich in einem fremden Land heimisch zu fühlen, als wir angenommen hatten. Der gute Wille, eine beeindruckende Landschaft und angenehme Arbeitszeiten reichten eben doch nicht aus. Wir kommen aus einem kleinen Dorf in Deutschland, in dem jeder den anderen kennt und grüßt, der Klatsch über den Nachbarzaun zum Alltag gehört und man spricht, wie einem der Schnabel gewachsen ist. Alles war so komplett anders als in Deutschland. Ich vermisste meine Familie und Freunde, den gewohnten Gang durch prall gefüllte Kaufhausregale. Für Micha wurde unsere Stammkneipe im Dorf mit frisch gezapftem Schwarzbier zur

Fata Morgana, die sich regelmäßig in den strengen Regeln und den norwegischen Alkoholpreisen auflöste. Gereizt von den täglichen kleinen und großen Sorgen im Alltag ließ schon die berüchtigte Fliege an der Wand die Nerven blank liegen, und oft waren es nicht nur Koseworte, die zwischen Küche und Wohnzimmer hin- und her flogen! Manchmal endeten Diskussionen im handfesten Streit, mit Tränen und Zweifeln, ob wir mit unserer Auswanderung den richtigen Schritt gegangen sind. Das ganz normale Leben erwies sich als schwieriger als wir es uns vorgestellt hatten.

Aber wir sind Kämpfer. Wenn wir uns ins Gedächtnis riefen, was wir in kurzer Zeit alles schon geschafft hatten, waren wir stolz auf uns. Wir wollten es schaffen und nicht zu denen gehören, die an den emotionalen und nervenaufreibenden Herausforderungen einer Auswanderung zerbrechen. Es ging uns gut; wir hätten in Deutschland in vielen Jahren nie das erreicht, was wir hier in wenigen Monaten aufgebaut hatten. Micha schlief in seinem eigenen Bett, lag in seiner Badewanne. Von seinem Lohn und den Arbeitszeiten konnten deutsche Fahrer nur träumen. Unsere Pferde standen quasi vor der Haustür, vor einer der schönsten Kulissen, die man sich denken kann.
Und ich - ich hatte zwar keinen Job den ich liebte, aber eine Familie, die zusammen hielt. Meine Sinne waren erfüllt mit der Herrlichkeit des Landes, und: Ich hatte meinen Kindheitstraum wieder ausgegraben.

15. Andere Länder, andere Sitten

So vergingen die Wochen. Wir liebten und stritten uns, lachten und weinten zusammen. Unseren Alltag versuchten wir so gut wie möglich zu meistern; es war nicht immer einfach. Mit jedem Tag, der verging, lernten wir mehr, alles Neue als gewöhnlich zu betrachten und uns darauf einzustellen. Die uns anfänglich doch recht merkwürdig erscheinenden Eigenarten der Norweger, die uns manchmal belustigt und andermal unverständlich den Kopf schütteln ließen, wurden langsam zur Normalität. Einige Gewohnheiten übernahmen wir ganz automatisch, andere empfinden wir heute noch zu absurd um uns damit auseinanderzusetzen.

Zum Beispiel hatte uns unser Vermieter Arne gleich anfangs erklärt, dass irgendwo am oder im Haus immer ein Licht brennen soll. Das ungeschriebene Gesetz aus historischen Zeiten besagt, dass in diesem Haus Gastfreundschaft gewährt wird und Fremde herzlich aufgenommen werden. Auch heute noch brennt bei uns immer mindestens eine Lampe der Außenbeleuchtung. Ein schöner Brauch, wie wir finden. Von Strom sparen hält der Durchschnittsnorweger sowieso überhaupt nichts; die Häuser sind oft bis tief in die Nacht hell erleuchtet. An den wenigsten Fenstern sind Rollos oder zugezogene Gardinen zu erkennen - von Außenjalousien ganz zu schweigen. Es stört niemanden, wenn man ihn im Wohnzimmer sitzen sieht oder der Nachbar weiß, welches Fernsehprogramm läuft. Strom wird zu 95% aus landeseigener Wasserkraft gewonnen; es gibt keine Braunkohletagebaus oder Atomkraftwerke. Das Wetter mit Niederschlägen oder Trockenperioden beeinflusst zwar den Strompreis, der aber im Durchschnitt um einiges billiger ist als in Deutschland. Wenn Betriebe oder Büros nach Feierabend hell erleuchtet sind, bedeutet das nicht zwangsläufig, dass hier noch jemand am Arbeiten ist. Das Licht brennt eben das Wochenende durch – wen interessiert es. Dieser Art von Ressourcenverschwendung haben wir uns als spargewohnte vorbildliche Ostbürger nie angeschlossen; bei uns wird auch weiterhin nach jedem Toilettengang der Lichtschalter wieder betätigt. Dafür ernten wir von unseren norwegischen Freunden und Bekannten wiederum ein unverständliches Kopfschütteln.

In höchstem Grade erwähnenswert ist die Kaffeekultur unserer neuen Heimat. Ich habe noch kein Volk dieser Welt gesehen, welches mehr Kaffee in sich hineinschüttet wie die Norweger. Was dem Deutschen sein Bier, ist dem Norweger sein Kaffee, schwarz und ungesüßt. Kein Wunder - sind die Norweger gleich nach den Finnen Weltmeister im Kaffeeverbrauch! Es ist hierzulande üblich, dass zu jeder Tageszeit eine gefüllte Thermoskanne Kaffee bereit steht, von Kondensmilch oder Zucker weit und breit keine Spur.

Wenn Fredrik die fünfzig Meter von seinem Hof zu uns gelaufen kam (oder vorzugsweise mit dem Traktor fuhr), hatte er immer seinen Kaffeepott dabei, den es in ein oder zwei Stunden mehrmals zu füllen galt. Ich erinnere mich gut an einen Abend Anfang September, Fredrik feierte Geburtstag. Da er auf einen gewöhnlichen Wochen- und somit Arbeitstag fiel, luden uns Fredrik und Ingunn nach getaner Stallarbeit zu einer kleinen Feier ein, so gegen 20.00 Uhr. Es gab Kaffee und Torte, um diese Uhrzeit für uns völlig ungewohnt und unzweifelhaft der Todesstoß meiner kürzlich begonnenen halbherzigen Diät. Ich hatte nämlich in den letzten Wochen und Monaten schon einige Kilo zugelegt, dank Frustfresserei, den vielen Spaghettis und morgendlichen süßen *Bollern* aus einer Tankstelle.

Na jedenfalls prangte auf Ingunns Kaffeetisch eine leckere Marzipantorte, wunderschön verziert mit Röschen und Schrift. Man kann ja den Nordmännern alles Mögliche nachsagen - aber Torten backen können sie! Zu meinem Entsetzen wurde diese jedoch nicht wie bei uns in zwölf schöne gleichmäßige Stücke geteilt, sondern jeder fuhrwerkte selbst mit der Schaufel irgendwie in der köstlichen Masse umher. Schon nach wenigen Minuten sah das in stundenlanger Feinarbeit gewerkelte Kunstwerk aus wie ein undefinierbarer Haufen aus Sahne, Früchten und Marzipanteilen. Diese Sitte habe ich nicht übernommen; auch wenn meine Backwerke mit den Torten der Norweger nicht mithalten können – sie werden niemals so malträtiert!

Noch etwas Wichtiges wurde uns schon in den ersten Monaten klar: Stress ist für die Norweger ein Fremdwort. So wie das ganze Land eine unwahrscheinliche Ruhe ausstrahlt, so sind auch dessen Bewohner. Ruhig und gemütlich nimmt man den Tag in Angriff, ja keine Hektik aufkommen lassen! Komm' ich heut' nicht, komm ich vielleicht morgen....Auch mit Zeitangaben hat man es nicht ganz so genau - ein Alptraum jedes vorbildlichen und auf Pünktlichkeit getrimmten deutschen Bürgers. Also wenn wir uns um Zehn mit Fredrik verabredet hatten, hieß das noch lange nicht, dass wir auch um Zehn mit ihm rechnen konnten! Für jemanden wie mich, der ständig Hummeln im Hintern hat, in dessen Wortschatz der Begriff Geduld nicht vorkommt und Warten hasst wie die Pest, war diese stoische A...ruhe anfangs ein Gräuel. Doch selbst diese das Herzinfarktrisiko herabsetzende Gemütlichkeit lernt man irgendwann zu ertragen - und teilweise sogar anzunehmen. Meiner Gesundheit ist es sicher dienlich, hin und wieder einen Gang zurückzuschalten, aber es fällt mir schwer, meinem hibbeligen Wesen Ruhe und Gelassenheit zu verordnen. Darin werde ich wohl Zeit meines Lebens kläglich versagen.

Eine andere Besonderheit, die wir von Deutschland her nicht kennen, ist eine Höflichkeitsfloskel, mit der man Bekannte oder Freunde begrüßt, mit denen man irgendwann vorher etwas gemeinsam erlebt hat (eine Feier, Ausflug o.ä.). Man bedankt sich bei seinem Gegenüber „für Letztens“ – *takk for sist*. Danke für Letztens. In unserem Dialekt wird dieses *takk for sist* mit der entsprechenden Geschwindigkeit so ausgesprochen, dass in unseren deutschen Ohren ein *takk faschist* ankam. Wir glaubten uns verhört zu haben! Die redeten uns mit *Faschist* an? Es dauerte ein wenig bis wir dieses kleine, aber ziemlich verstörende Missverständnis aufgeklärt hatten. Heute lachen wir darüber und wie selbstverständlich kommt uns *Danke für Letztens* über die Lippen. Überhaupt bedankt man sich für alles und überall, während ein höfliches *Guten Tag!* anscheinend nicht zum Grundbenehmen gehört. Gehe hier in ein Wartezimmer beim Arzt – statt wie in

Deutschland von allen ein mindestens gemurmeltes *Hallo* zu hören, hebt man hierzulande höchstens den Blick, um zu schauen, ob der neu Eingetroffene ein Bekannter ist, mit dem sich ein Wort zu wechseln lohnt oder man ihn wie üblich ignorieren kann. Wir sind Deutsche mit guter Erziehung und grüßen auch weiterhin freundlich, wenn wir ein Zimmer betreten. Wir werden den Norwegern schon noch Anstand beibringen!

Der Sommer war nun definitiv vorbei, der Herbst zeigte sich in vollendeter Schönheit. Umgeben von gemischten Laub- und Nadelwäldern bot sich dem Auge eine unvergleichlich schöne Farbenpracht. Mitte Oktober mischten sich in die Regentropfen die ersten Schneeflocken, und die Berggipfel um uns herum bedeckte eine weiße Puderzuckerhaube. Die Sonne war nun seit Ende September nicht mehr zu sehen, auch wenn sie eigentlich schien – die hohen Gipfel um uns herum ließen keinen Sonnenstrahl ins Tal. Wir holten nun jeden Abend unsere Pferde von ihrem riesigen Abenteuerspielplatz in den Stall, in dem sie sich recht wohlzufühlen schienen. Allerdings erwies sich der kurze Weg dahin als recht abenteuerlich, wenn nicht sogar gefährlich. Wir mussten nicht nur die viel befahrene Straße, sondern auch die unbeschrankten Zuggleise überqueren. In etwa wussten wir, wann Güter- oder Personenzüge vorbeidonnerten, aber jeden Tag aufs Neue hatte ich ein mulmiges Gefühl in der Magengegend. Einmal kam es sogar zu einem Zwischenfall, der mich in einen dermaßen panischen Angstzustand versetzte, dass ich mich noch Stunden danach nicht beruhigt hatte. Mit sicheren Instinkten und gezielten Schritten stiegen unsere Pferde normalerweise über das Gleisbett und die Schienen; diesmal jedoch blieb Sedona mit einem Vorderhuf zwischen den Gleisen stecken und kam nicht mehr heraus. Sie zog und zerrte, wir schoben und drehten. Wir wussten nicht genau, wann der nächste Zug kam, aber niemals würde er es schaffen, rechtzeitig zu bremsen. Uns lief der Angstschweiß die Gesichter hinab, und Sedona stand kurz davor in Panik auszubrechen, als sie endlich ihren Fuß frei bekam. Ein bisschen Haut war abgeschürft, der Huf leicht ausgebrochen, aber wir waren mit dem Schrecken davongekommen. Von nun an ließen wir noch mehr Vorsicht walten und Sedona stieg wie im spanischen Schritt achtsam und gezielt über die Bahnschienen. Kurz nach diesem Ereignis bauten wir auf unsere Seite der Straße gleich neben Haus und Stall eine etwas kleinere Winterkoppel auf, die uns die tägliche Routine enorm erleichterte.

Ich feierte das erste Mal meinen Geburtstag ohne meine Eltern, auch am Ehrentag meiner Mutti im September waren in Deutschland drei Stühle frei geblieben. Es tat weh, trotz der fast täglichen Telefonate. Mag Norwegen in manchen Lebensbereichen dem europäischen Standard noch nicht das Wasser reichen können, aber Telefon und Internet funktionieren immer und überall. Die moderne Technik macht es zum Glück möglich, dass wir meine Eltern so gut es geht an unserem Leben teilhaben lassen können. Aber es ist eben nicht dasselbe wie persönliche Anwesenheit, und besonders meiner Mutti fiel es sehr schwer zu akzeptieren, dass wir nicht mehr da waren.

Erst Ende November legte sich eine flache Schneedecke übers Land. Noch hielt sich unser kleiner Peugeot tapfer auf den Straßen, aber wir ahnten, dass mit fortschreitendem Winter Probleme auftauchen würden. Wir durchforsteten Prospekte, klickten uns von einer Händlerseite zur nächsten, und stellten schon nach kurzer Zeit fest, dass uns ein Autokauf in Norwegen in den finanziellen Ruin treiben würde. Die Preise liegen hier aufgrund der hohen Abgaben (Einfuhrzoll, Importsteuern) jenseits von Gut und Böse; ein Neuwagen kostet gut und gerne das Doppelte wie in Deutschland. Also überlegten wir uns, einen Wagen in Deutschland zu kaufen, ihn über meinen Vati anzumelden und zu finanzieren und ihn hier mit deutschen Kennzeichen zu fahren. Dumm überlegt und getan. Ein Händler im Erzgebirge wollte unser Auto aufkaufen; also machte Micha sich mit unserem schwarzen Hengst auf den Weg, um sich einen lang gehegten Traum zu erfüllen: Wenige Tage später, mit den ersten heftigen Schneefällen, stand ein fast neuer Mitsubishi L200, ein traumhafter Pickup, auf unserem Hof - natürlich mit deutschem Nummerschild. Vati hatte Micha auf dem Rückweg nach Norwegen begleitet; ein paar Tage Besuch bei seinem Töchterchen wollte er sich nicht entgehen lassen.

Micha fuhr nun voller Verzückung mit seinem neuen Spielzeug auf Arbeit, natürlich erregte er damit Aufsehen bei seinen Kollegen und genoss es dementsprechend. Ich bin zwar kein großer Autofan und verstehe auch nicht viel davon, aber eine tolle Kiste war es schon, das kann ich guten Gewissens zugeben.

Es war nicht nur schön, meinen Vati eine kurze Weile bei mir zu haben, auch als Hausmeister ist mein *Dederlö* (so nenne ich meinen Paps, keine Ahnung warum) unbezahlbar. Leider verging die Zeit wieder viel zu schnell, sein Flieger ging nur einige Tage später.

Nicht viel später hielt König Winter endgültig Einzug. Wir hatten einiges über die kalte Jahreszeit in Norwegen gehört, und eine Woche davon sogar schon erlebt, als wir bei Andrea waren. Es schneite den ganzen Dezember, langsam und beständig wurde die Natur in ein alles Verzehrendes Weiß eingehüllt. Wir leben zwar rund fünfzig Kilometer von der Atlantikküste entfernt, doch ist der Einfluss des Golfstromes noch spürbar. Die Temperaturen sanken kaum unter -10 Grad, und wir erlebten herrliche Wintertage mit strahlend blauem Himmel. Nur die Sonne - sie war wie schon seit zwei Monaten hinter den Gipfeln versteckt. Natürlich bemerkten wir, dass der uns ständig umgebende Schatten nicht besonders angenehm war und die Sonnenenergie fehlte, aber noch waren wir zu sehr mit uns selbst und unseren kleinen alltäglichen Problemen beschäftigt, um uns größere Gedanken darum zu machen.

Ich nutzte die Winterabende, um ein kleines, ehrgeiziges Projekt vorzubereiten. Wir hatten uns überlegt, unser Mini-Indianerlager und die Pferde zu benutzen, um mit unserem Hobby ein wenig Geld nebenher zu verdienen. *INDIAN SPIRIT* - so wollten wir uns nennen. Ich arbeitete Angebote aus, die sich von Reitstunden über Tipi-

Abende bis hin zur Durchführung indianischer Kindergeburtstage erstreckten. Endlos viele Stunden investierte ich in die Erstellung einer eigenen Homepage, genauso viele wie in das Vorbereiten von Traumfängermustern und Schmuckgegenständen. Dafür trafen in regelmäßigen Abständen Päckchen mit Material aus Deutschland ein – Leder, Perlen, Federn, Bänder. Eines unserer Gästezimmer hatten wir zweckentfremdet und ein kleines Bastel- und Bürozimmer daraus gemacht. Im Frühjahr sollte sich zeigen, ob all diese Vorbereitungsarbeiten Früchte tragen würden.

Doch nun stand erst einmal unser erstes Weihnachtsfest in Norwegen vor der Tür. Die schönste Zeit im Erzgebirge - ohne uns. Speziell jetzt machte sich Heimweh breit, die Telefonate nach Deutschland wurden emotional schwierig, auf beiden Seiten. Wir versuchten das Beste daraus zu machen und schmückten unser Haus in echter erzgebirgischer Manier mit Schwibbbögen, Räuchermännchen und Pyramiden. Die norwegischen Traditionen sind den unseren gar nicht so unähnlich. Doch bevor die Schmückerei beginnt, wird des Norwegers Haus auf Hochglanz gebracht. *Nedvask* – Tiefenreinigung, nennt man das hier. Zweimal im Jahr -vor Weihnachten und vor Ostern-kriecht die Hausfrau oder der Hausmann in jede Ecke, schrubbt Wände und Decken. Wenn alles blitzt und blinkt, werden Gardinen in glänzendem Lila aufgehängt, die Tische bekommen passende Deckchen und Kerzen. Nach dem dritten Advent wird dann umdekoriert, und die lila Pracht muss weihnachtsroter Dekoration weichen. In den Fenstern stehen einfache Lichterbögen oder Engel, vorm Haus prangt ein beleuchteter Weihnachtsbaum. Überhaupt haben die Norweger ein ganz spezielles Verhältnis zu Licht, Lampen und Kerzen, die man hier *levende lys* -lebendes Licht- nennt. Es gibt in unseren Breitengraden (noch nicht einmal ganz Mittelnorwegen) zwar keine komplett dunklen Wintertage, aber in den Monaten Dezember und Januar haben wir etwa zwei Stunden weniger Tageslicht als in Deutschland. Kerzen bedeuten Wärme, Licht und Freude – die Norweger lieben ihre lebenden Lichter! Speziell in der Weihnachtszeit steht das Angebot an Kerzen dem in Deutschland in Nichts nach. Sogar die Haustüren und Viehställe erhellen Fackelboxen oder Windlichter.

Anfang Dezember stand erst einmal unsere erste Firmenweihnachtsfeier an. Die Einladung von Michas Spedition war schon im November eingetroffen. Jeder Arbeitgeber, der etwas auf sich hält und das nötige Kleingeld hat (und das haben die meisten) lädt jedes Jahr aufs Neue zum *julebord.* Wortwörtlich übersetzt bedeutet dies *Weihnachtstisch,* gemeint ist aber schlicht und einfach eine Weihnachtsfeier, die sich die Chefs durchaus einiges kosten lassen. Ich hatte schon so manchen darüber reden hören, für die meisten Norweger ist es DAS Fest des Jahres und eine einmalige Gelegenheit, sich auf Firmenkosten so richtig zu amüsieren und sich einen ordentlich hinter die Binde zu gießen. Der gemeine Norweger trinkt zwar nicht so regelmäßig wie der Durchschnittsdeutsche, aber wenn, dann richtig.

Ich ahnte Böses. Schon beim Vorbeimarschieren an den sonst eher unspektakulären Bekleidungsgeschäften schwante mir, dass mich dieses *julebord* noch Nerven kosten würde. Es hingen auf einmal Kleider und Roben in den Schaufenstern, exklusiv für die Dame zur Weihnachtsfeier. Die Absatzhöhe der Schuhe schien um das doppelte gewachsen, und die riesigen Ketten und Ohrringe in den Auslagen der Schmuckläden konnten unmöglich für eine normal gewachsene Frau gedacht sein. Nicht dass ich Schmuck nicht mochte – oh nein! Ich steh' auf große Ohrringe mehr als auf alles andere, aber sie sollten dann doch noch der Erdanziehungskraft trotzen können.

Als ich Micha davon erzählte, schüttelte er nur mit dem Kopf und wusste von vornherein, was ihm bald blühte: Eine Modenschau mit dem überschaubaren Inhalt meines Kleiderschrankes und dem Ergebnis, einer frustrierten und fluchenden Heike hilflos gegenüber zu stehen. Wie gut er mich doch kennt! Es kam wie befürchtet: Nichts passte richtig, und die Kleidung, in denen ich nicht wie eine Presswurst aussah, waren für den Anlass denkbar ungeeignet. Mein Micha kann durchaus ein barmherziger Mensch sein, also fuhren wir ins einstündig entfernte Molde und durchforsteten die Geschäfte. Micha kannte sie durch seine Arbeit in- und auswendig, musste er doch fast täglich stangenweiße Garderobe anliefern. Letztendlich kauften wir einen Rock und ein festlich anmutendes Oberteil, welche, zu Hause angekommen, im Schrank verschwanden und nie wieder gesehen wurden. Zu meinem Erstaunen blieb Micha gelassen, als ich in einer schwarzen Hose und Bluse gekleidet vor ihm stand. *Soll einer die Weiber verstehen*, war sein einziger Kommentar. Immerhin hatte ich die neuen Ohrringe angelegt, mit denen ich mich wenigstens halbwegs an norwegische Sitten angepasst fühlte. Micha tauschte seine Stalljeans gegen eine saubere; als einziges Zugeständnis an eine gehobene Kleiderordnung ließ er ein Jackett gelten, das schon seit Urzeiten ungetragen im Schrank hing. Seine Cowboyboots konnte ich ihm gerade noch rechtzeitig vor dem Einsteigen ins Auto von den Füßen zerren und in heimlich blank polierte Halbschuhe stecken, auch wenn mich sein Zeter-und-Mordio-Geschrei fast taub machte.

Die Party sollte in einem Hotel in Åndalsnes, dem Grand Hotel Bellevue, steigen. Wir wurden mit einem Glas Sekt begrüßt, und die gesamte Fahrerbelegschaft nebst Anhang versammelte sich in einem kleinen Raum neben dem Foyer. Schon hier kam ich mir völlig deplaziert vor, und Micha ging es nicht anders. Die Herren trugen schwarze Anzüge mit Schlips oder Fliege, die Damen Cocktailkleider oder sogar bodenlange Designerkreationen. Einige sahen aus wie ein schlecht geschmückter Weihnachtsbaum. *Oder wie Frau Elster mit ihrem gesamten Nestinhalt*, flüsterte ich Micha zu, und wir mussten uns beherrschen, nicht in schallendes Gelächter auszubrechen. Dann ging es in den großen Saal. Das heißt, wir gingen nicht - wir schritten zu leisen Geigenklängen eine Treppe hinunter in einen festlich gedeckten großen Saal. *Ich dachte, wir sind hier bei einer Weihnachtsfeier, und nicht bei der Bambiverleihung!* flüsterte ich Micha zu. Er brachte nur ein beklommenes Nicken zustande. In der Mitte des Raumes war ein Buffet aufgebaut, auf dem sich Platten mit kalten und warmen Speisen befanden; alles recht übersichtlich und in keinster Weise überladen. Mein kritisches Auge und mein Geruchssinn hatten schon beizeiten bestimmt, was den Weg auf meinen Teller finden würde und was nicht. Geräucherter Lachs, Salate und diverse Schinkensorten, die nicht nach Schaf rochen oder die typisch dunkle Farbe von Pferdewurst besaßen, stufte ich als essbar und durchaus lecker ein, während ich um die warmen Gerichte einen großen Bogen machte. Ich hatte vom weihnachtlichen Traditionsessen der Norweger in unserer Gegend gehört: gekochte Lammrippchen (*pinnekjøtt*) oder eine Art Schweinebraten mit dicker gebrutzelter Fettkruste ringsherum (*svineribbe*). Dazu serviert man Kartoffeln und einen Brei, der aus gestampften Kohlrüben (*kålrotstampe*) besteht. Diese Art Rüben hatte ich persönlich in Deutschland bisher nur als Pferdefuttermittel gesehen, hier ist es ein weit verbreitetes und gern gegessenes Gemüse, welches aussieht wie orangefarbenes Kartoffelpüree. Ungewohnt, aber durchaus genießbar, solange ich mich nicht von den Norwegern inspirieren ließ und das Ganze in Schafsbrühe oder flüssigem Schweinefett ertränkte. Schon der Geruch drehte mir den Magen um.

Auf das mehr aus Knochen als Fleisch bestehende *pinnekjøtt* verzichtete Micha auch, während er sich mutig an *svineribbe* und *stampe* versuchte. Der Nachtisch bestand traditionell aus Karamellpudding, einer Art Reisgrütze mit Früchten und Sahne, und natürlich dem unverzichtbaren Kaffee.

Nach diesem fettigen Gaumenschmaus musste natürlich der Magen ordentlich zur Verdauung angeregt werden, und so machte ein ums andere Mal der berühmte norwegische *Aquavit* die Runde. Dieser hauptsächlich aus Kümmel, Kartoffeln und Anis hergestellte hochprozentige Schnaps gehört hier zum Festessen einfach dazu. Im Gegensatz zu Micha, der einem solchen Tröpfchen nie abgeneigt ist, ließ ich den giftigen Kelch an mir vorübergehen. Dieses Zeug macht ja schon beim Einatmen blind! Mit einigen Gläschen Wein intus fühlte ich mich dem Abend gewachsen, und die Unterhaltung konnte beginnen. Die engagierte Liveband hatte noch gar nicht richtig angefangen zu spielen, da war die Tanzfläche schon bevölkert. Auch das ist ein krasser Unterschied zu Deutschland, wo sich doch keiner die Blöße geben will, das erste Tanzpaar des Abends zu sein. Da können wir bornierten Deutschen uns echt eine dicke Scheibe abschneiden. Und wie die Norweger tanzen können! Es gibt kaum jemanden, der den hierzulande beliebten Swing nicht in perfekter Art und Weise umsetzen kann. Wahnsinn. Ich war total überrascht. Die Paare in allen Altersklassen drehten und wirbelten herum, die Füße flogen in harmonischem Einklang in alle Richtungen. Den Frauen in ihren hohen Absatzschuhen musste ich unwillkürlich Respekt zollen; ich hatte die meinen schon nach einer Stunde heimlich unter dem Tisch abgestellt. Kein Wunder, dass ich mich in diesen Folterinstrumenten nicht wirklich wohl fühlte, wann hatte ich denn Gelegenheit, diese zu tragen? Meine Grundausstattung waren Gummistiefel oder Cowboyboots, auf Arbeit maximal noch bequeme Turnschuhe. Ich nahm mir vor, heimlich zu Hause zu trainieren.

Alles in allem empfanden wir den Abend als angenehm, etwas steif und unpersönlich am Anfang, doch mit Zunahme des allgemein vorherrschenden Alkoholpegels wurde die Stimmung ausgelassen und … locker, wenn man so sagen will. Die mit viel Aufwand und Haarspray gebastelten Frisuren der Damen begannen verunglückten Vogelnestern zu gleichen, und die kunstvoll dunkel geschminkten Augen ähnelten mit zunehmender Stunde eher denen eines Waschbärs. Schuhe trug Frau keine mehr; die glänzenden Feinstrumpfhosen zierten nun tolle Muster aus Laufmaschen. Der einst exakt gebundene Schlips des Herrn diente nun als Kopfschmuck oder gar als Leine, an dem die beschwipste Sekretärin ihren Chef hemmungslos auf allen Vieren hinter sich herzog. Die Tanzfläche wurde auf Tische verlagert, was dabei zu Bruch ging, kehrte man flugs unter den Tisch. Es interessierte niemanden! Man trank und lachte und feierte ausgelassen und ohne jeden Gedanken an etwaige Folgen. Für meine Begriffe zu ausgelassen, aber ich als überzeugter Wenig-Alkohol-Trinker kann da wohl kein aussagekräftiges Urteil fällen. Ich war jedenfalls froh, am nächsten Tag ohne Specht im Kopf und ohne die Befürchtung, was ich wohl peinliches angestellt haben könnte, aufzuwachen!

An einem Adventswochenende, ich kann mich nicht mehr erinnern an welchem, findet jedes Jahr in Marstein, dem winzigen Nachbardorf fünf Kilometer von Skiri entfernt und ebenso „Stadtteil" von Åndalsnes, im Gemeinschaftshaus eine kleine Weihnachtsfeier statt. *Julegrantenning*, wird sie genannt. Dies bedeutet wortwörtlich übersetzt *Weihnachtsbaumanzünden* und ist langjährige Tradition in vielen Orten. Arne lud uns ein, mitzukommen, um so auch Bekanntschaft mit einigen anderen „Nachbarn" zu machen.

Am Eingang spielte eine kleine Kapelle vorweihnachtliche Blasmusik, und jeder bekam erstmal einen *gløgg*, die norwegische Art des Glühweins. Natürlich alkoholfrei, nach Wunsch mit Nüssen und Rosinen angereichert. Ich kann nicht sagen, dass dieses Modell des Würzweines ungenießbar wäre, aber vor lauter Zucker schmeckte ich kaum irgendein anderes Gewürz heraus. Mit dem deutschen Glühwein kann man ihn also absolut nicht vergleichen.

Danach startete das Kulturprogramm. Sketche wurden aufgeführt, Reden gehalten, gesungen und musiziert. Die Anwesenden lachten und klatschten, wir lächelten tapfer mit. Wir verstanden kein Wort von dem was gesprochen wurde. Dieser Dialekt hat wirklich gar nichts mit dem zu tun, was mir die imaginären Stimmen auf meiner Lern-CD einbläuen wollten!

Am Interessantesten aber –und für uns endlich ein Grund, uns köstlich zu amüsieren- war die anschließende Lotterie. Der Norweger liebt diese Art des Geldausgebens, egal ob es sich um Wetten zu Pferderennen, Rubbellose oder einfach nur kleine Papierlose mit unbedeutenden Kleingewinnen handelt.

Letztere machten die Runde, kleine farbige Zettelchen mit je einem Buchstaben und einer Zahl. So ziemlich jeder im Saal (außer uns) hatte ein farbenfrohes Arsenal an Losen vor sich liegen, bevor am

Ende des Abends, nachdem noch Kaffee, Torte, Kekse und Kuchen angeboten worden waren, mehrere Gewinner ausgelost wurden. Diese erhielten dann unter dem Jubel der vielleicht fünfzig Anwesenden eine Schachtel Konfekt oder eine Weihnachtssternpflanze. Ich meine mich zu erinnern, dass der Hauptgewinn eine Flasche Wein gewesen ist. Noch nie haben wir bei so einer Lotterie mitgemacht, und ich habe keine Ahnung, wieviel eines dieser Lose kostet. Aber ich bin mir ziemlich sicher, dass der Einsatz fast immer den Wert des Preises ordentlich übersteigt. Später erfuhr ich, dass mit den Einnahmen der Lotterien oft Vereine unterstützt werden, meist kleinere Sportvereine oder auch als Spende für einen guten Zweck. Doch das ist eher Nebensache, hier zählt allein das Mitmachen und der Spaß an der Freude.

An unsere nächste kleine Feier denken wir gerne und mit warmem Gefühl im Herzen zurück. Arne und Svanhild luden uns zum *lillejulaften*, dem kleinen Weihnachtsabend, ein. Das ist der Vorabend des 24. Dezember und wird hier mit verschiedenen Traditionen begangen. Arnes komplette Familie mit zwei Söhnen und der Tochter war versammelt. Zum Abendessen servierte Svanhild einen großen Topf Grießbrei, in dem eine Mandel versteckt war. Jeder füllte sich daraus mit einer Kelle seinen Teller, und wer die Mandel letztendlich in seiner Portion fand, bekam eine Flasche Rotwein (wir mussten dafür keine Lose kaufen). Ich gewann! Danach wurde musiziert; am Klavier, mit der Gitarre, gesungen. Die Skiris sind eine unwahrscheinlich musikalische Familie, wie übrigens ein Großteil der Norweger. Der Abend war wunderschön. Wir sind unseren Vermietern dankbar, dass sie versuchten, uns unser erstes Weihnachtsfest ohne Familie leichter zu machen und uns nicht so allein zu fühlen. Und das ist ihnen fantastisch gelungen.

Der Heilige Abend verlief ruhig. Auch in Norwegen steht er im Zeichen der Familie mit Kirche, gutem Essen und Geschenken, fast wie in Deutschland. Michas Geburtstag ging in die Vorbereitungen für unser traditionelles erzgebirgisches Weihnachtsessen über, welches in Ermangelung von Hase und Gans aus gebratener Pute, Klößen, Rotkohl und Sauerkraut bestand.

Am Nachmittag bekamen wir überraschend Besuch von zwei Weihnachtsmännern, sie werden in Norwegen *julenisse* genannt. Ein *nisse* ist eigentlich ein Zwerg, Heinzelmännchen oder Kobold, aber im Zusammenhang mit *jul (*Weihnachten) ist immer der Weihnachtsmann gemeint.

Arne und ein Bekannter hatten sich verkleidet und überreichten uns im Austausch gegen vier Gläser Jägermeister aus den heiligen Vorräten kleine Geschenke. Nichts weltbewegendes, aber wir freuten uns über diese nette Geste. Danach beehrte uns noch ein anderer verkappter Knecht Rupprecht – Fredrik. Er sah eher aus wie ein Hirte mit einem Stück Schaffell im Gesicht, wir lachten Tränen.

Die Pferde bekamen wie üblich am Heiligen Abend einen Tannenzweig mit Möhren und Äpfeln geschmückt, den sie -wie üblich- mit Gier hinunterschlangen, ohne sich des festlichen Anlasses bewusst zu sein.

Am späten Nachmittag begleitete ich Svanhild zum Weihnachtsgottesdienst in die alte kleine Holzkirche in Marstein. Sie ist wunderschön, ganz anders als die großen Steinkirchen meiner Heimat. Die Bänke waren noch mit kleinen Türchen voneinander abgetrennt, und die Glocke wurde von Hand geläutet.

Die Norwegische Kirche (*Den norske kirke)*, die zu ca. 80% dem evangelisch-lutherischem Glauben angehört, bewahrt als mit Abstand größte Glaubensgemeinschaft des Landes den Status einer „Volkskirche“. Der Katechismus ist somit dem in evangelischen Kirchen in Deutschland sehr ähnlich; es war nur etwas befremdlich und ungewohnt, das Vaterunser auf Norwegisch zu hören. Ich verstand auch nicht jedes Wort der Predigt, genoss jedoch die festlich-besinnliche Atmosphäre und versuchte, „*Stille Nacht, heilige Nacht*“ auf norwegisch mitzusingen.

Wieder zu Hause begab ich mich schnurstracks an den Herd, um meine Klöße vorzubereiten und letzte Hand an den Weihnachtsbraten zu legen. Deutsche Weihnachtsmusik drang aus den Lautsprechern, und Punkt 18.00 Uhr ließen wir per CD das traditionelle Glockengeläut erklingen, welches immer das Festmahl einleitet. Doch das sonst übliche feierliche Hochgefühl wollte sich nicht so recht einstellen, es fehlten einfach zu viele Personen an diesem Tag. Nach dem Essen öffneten wir unsere Geschenke, natürlich war auch von Deutschland wieder ein Päckchen mit liebevollem Inhalt angekommen.

So schön wie die Weihnachtszeit auch hier in Norwegen ist, wir waren doch recht froh, als wir es überstanden hatten.

Silvester, hier *nyttårsaften* -Neujahrsabend- genannt, feierten wir mit Fredrik und einer Freundin; es war das schönste Neujahrsfest, was wir bisher erlebt haben. Bis morgens um Fünf aßen, tranken, alberten und tanzten wir. Fredrik schleppte sich anschließend in seinen Stall, wo schon eine ganze Herde hungriger Kühe auf ihn wartete. Noch nie hätte er ein so schönes Silvester gehabt, sagte Fredrik, und wie öde es doch ohne uns auf Skiri gewesen sei. Das konnten wir uns denken, denn in Norwegen wird der letzte Tag des Jahres nicht großartig gefeiert; er wird eher wie ein besonderes Familienfest begangen. Es gibt auch Feuerwerk und Raketen, aber nur selten geht es dabei so ausgelassen zu wie in deutschen Landen.

Im Januar hat mein Vati Geburtstag. Ich hielt es nicht mehr aus und buchte kurz entschlossen einen Flug nach Hause. Nur meinen Bruder hatte ich informiert, es sollte eine Überraschung für meine Eltern werden. Er holte mich vom Flughafen ab, und als erstes fuhren wir zu meiner Mutti auf Arbeit. Ich versteckte mich hinter einem Stapel Holzpaletten, während Andre' Mama von ihrem Arbeitsplatz weglockte. Noch mit ihm diskutierend, warum er mitten am Tage bei ihr aufkreuzte, trat ich aus meinem Versteck hervor. Erst wurden ihre Augen immer größer, dann setzte Schnappatmung ein, bevor sie stehenden Fußes in Tränen ausbrach. Und ich heulte mit. Mir wurde klar, dass solche Überraschungen nichts für Eltern und Töchter mit

Butterherzchen und Nerven wie Gummibärchen sind. In Zukunft wollte ich mich doch lieber anmelden.

Ich blieb eine Woche, und meine Eltern verwöhnten mich nach Strich und Faden. Es war schön, alte Bekannte wiederzusehen, und ich merkte, wie stolz Mutti und Vati waren, wenn sie von uns erzählten. Ich tigerte von einem zum anderen und wurde an jeder Straßenecke unseres Dorfes angehalten. Aber dann war ich es leid, immer und immer wieder unsere Geschichte zu erzählen. Die Supermärkte wurden mir zu groß und zu laut und deren Angebot erschlug mich. Ich ertappte mich doch tatsächlich dabei, wie ich mich zurück nach meiner kleinen, unscheinbaren Welt sehnte, die ich doch eigentlich als so begrenzt angesehen hatte. Nach dieser Welt, in der es nur wenige Sorten Pasta und Mandarinen nur an Weihnachten gibt, jede Brotsorte gleich schmeckt und ich nur mit einer Handvoll Menschen befreundet war. Diese kleine Stadt in Deutschland war meine Heimat von Geburt an, und doch fühlte ich mich plötzlich als Gast und wollte wieder nach Hause – nach Hause nach Norwegen.

17. Schneeflöckchen, Weißröckchen ...

Das neue Jahr 2008 brachte Schnee. Viel Schnee. Erschwerend kam noch hinzu, dass im Romsdal recht häufig ein ordentliches Windchen weht, sodass die Flocken oft nicht wie im Winterwunderland pudrig und leise herabschwebten, sondern uns fast waagerecht um die Ohren flogen. Damit rutschte die gefühlte Temperatur natürlich um einiges weiter nach unten als das Thermometer eigentlich anzeigte. Mütze, Schal und dicke Handschuhe gehörten auf einmal zur Grundausstattung. Zum Thema Kopfbedeckung sei noch folgendes gesagt: Der Norweger liebt Mützen. Und was für welche! Selbstgestrickte, gehäkelte, wie bei Zwergen nach oben stehende oder schief sitzende, mit Riesenbommel oder elefantengroßen Ohrenklappen. So eine Vielfalt hatte ich vorher noch nie gesehen. Selbst bei den Jugendlichen gehört eine Mütze, egal ob rosa oder giftgrün, wie selbstverständlich zum Kleideroutfit. Ich erinnere mich, dass in meinem Teenagerzeitalter das Tragen jeglicher Kopfbedeckung eine Sünde und in höchstem Maße uncool war, verlieh sie doch unserer Meinung nach den schönen jugendlichen Gesichtszügen einen idiotischen Ausdruck und zerstörte das stundenlang gestylte Haupthaar. Allerhöchstens eine Kapuze, wenn es dann doch so kalt wurde, dass die Ohren abzufallen drohten.

Mützen sind in Skandinavien ein so großer Modebestandteil, dass viele selbst im Sommer nicht darauf verzichten. Sieht lustig aus: barfuss, kurzärmelig, Riesensonnenbrille - und Strickmütze. Norwegisch eben.

Ausgestattet mit unserer wintertauglichen Kleidung gruben wir jeden Morgen, nachdem wir Hauseingang und Stalltür frei geschippt hatten, unsere Autos aus den Schneemassen. Nur dank Fredriks ausgefeilter Maschinentechnik, mit der er entweder noch spät am Abend oder früh zeitig den Weg zur Straße frei räumte, konnten wir unseren Hof überhaupt verlassen. Nicht nur einmal musste er mit dem Traktor unsere Koppel frei fräsen, damit wir die Pferde wenigstens einige Stunden nach draußen bringen konnten. Zweimal mussten sie sogar im Stall bleiben, weil die Tür so schlimm zugeweht und die Türklinke zugefroren war, dass wir es nicht schafften, sie frei zu bekommen. Schneehöhen von bis zu eineinhalb Metern machten uns das Leben schwer; wir schippten unsere Veranda ab, weil wir befürchteten, dass sie unter der schweren weißen Last zusammenbrechen könnte. Die Erzählungen der alten Norweger, dass man noch vor fünfzig Jahren keine Bahn geräumt hat um zum Viehstall zu kommen, sondern statt dessen Tunnel zur Stalltür grub, trösteten mich etwas bei meinem täglichen Bemühen, unsere Weidedrähte aus dem Schnee zu buddeln. Dabei ist es ja nicht so, dass wir Schnee nicht kennen! Denn im Erzgebirge gibt es schöne Winter mit genügend weißer Pracht, von daher sind wir schon einiges gewöhnt. Nur sooo viel….. war gleich ein bisschen zuviel des Guten. Wenn es einmal schneit, hört es oft tagelang nicht mehr auf.

Aber auch der Winter hat seine schönen Seiten. Wenn man nur einige Kilometer weit fuhr und unser enges Tal verließ, konnte man wunderschöne Wintertage genießen. Die Landschaft glitzert im Sonnenlicht, Bäume sind mit in allen Farben schillernden Eiskristallen überzogen. Die Felsüberhänge zieren riesig große Eiszapfen, die wie gläserne Vorhänge die grauen Wände überdecken. Ein traumhaftes Winter-Wunderland wie aus dem Märchenbuch.

Hin und wieder nahmen wir den Aufwand in Kauf, unsere Pferde auf einen geliehenen Hänger zu verfrachten und mit unserem tollen Auto aus dem Tal hinaus auf Hochflächen zu fahren, um dort bei strahlender Wintersonne Ausritte zu unternehmen. Diese waren in Skiri aufgrund der Schneemengen nun gar nicht mehr möglich; die Wälder zeigten sich unpassierbar. Mehr als ein paar Runden über eine von Fredrik in die Schneemassen gefräste Reitbahn auf der Wiese waren nicht drin.

Die wenigen Stunden in den Bergen waren Balsam für die Seele und Nahrung für unsere Lebensgeister.

Es ist kein Geheimnis, dass der Durchschnitts-Norweger sportverrückt ist. Fußball, Handball, Klettern, Fahrradfahren - und in erster Linie natürlich Wintersport. Man liebt das Skifahren über alles; es heißt, die Kinder seien schon mit Schneeschuhen an den Füßen geboren. Langlauf oder Abfahrt -ob einjährig oder neunzig- völlig egal. Jedes Wochenende und teilweise auch wochentags, fuhren endlose Autokarawanen mit Skiboxen auf den Dächern auf unserer Straße vorbei in Richtung Bjorli, dem Wintersportort schlechthin im Romsdal. Dort gibt es Abfahrtshänge und Skilifte, kilometerlange gespurte Loipen und Winterwanderwege bis weit ins Frühjahr hinein. Diese sind mit Flutlichtstrahlern Tag und Nacht beleuchtet. Stromkosten spielen auch hier keine Rolle. Was kostet die Welt!

Viele Leute nennen dort eine Hütte ihr Eigen, oftmals besser ausgestattet als so manches Wohnhaus. In ihnen verbringen sie die Wochenenden, Osterfeiertage und Ferien. Auch steigen in diesen privaten Hütten häufig recht ordentliche Feten, denn zünftige Apre-Ski-Partys, wie man sie aus deutschen Wintersportorten kennt, sucht man hier vergebens.

Wir hatten noch keine Skier, und irgendwie fanden sich immer andere Arbeiten, die wichtiger waren als im Schnee umherzutoben. Es machte uns nicht wirklich viel aus, denn die geborenen Wintersportler sind wir nun wahrhaftig nicht. Für Josy ist der Winter Vergnügen und Frust zugleich: Reifenspuren und gefräste Gänge nutzt sie als eine Art Rennbahn, was ihr offensichtlich immensen Spaß bereitet. Allerdings kann sie, als tiefer gelegtes Modell das sie nun mal ist, keinen Schritt außerhalb dieser Bahnen tun, und so fällt ausgedehntes Stromern im geliebten Alleingang im Winter völlig aus.

Zum Glück hatten Kai und Micha die Brennholzversorgung ernst genommen und unser Holzlager gut gefüllt. Wenn wir es uns nach getaner Arbeit drinnen gemütlich machten, mit einem knisternden Holzfeuer, dampfendem Kakao, importiertem Glühwein und dem

Wissen, dass unsere Pferde geschützt und zufrieden ihr Heu mampfend in ihren Boxen standen, dann konnten wir die weiße Welt da draußen für eine Weile aussperren. Bis zum nächsten Morgen.

Die eisglatten, schmalen und teilweise verwehten Straßen stellten Micha als Berufskraftfahrer auf eine harte Probe. Hierzulande wird Salz nur äußerst sparsam eingesetzt, meist nur im Zentrum der Städte. Die Straßen bedeckt eine geschlossene Schneedecke, die durch Beräumungsfahrzeuge mit riesigen Schneeschaufeln in Schach gehalten wird. Oftmals erreicht man mit dem Schieben auch, dass die Straßen nur noch glätter werden. Aber irgendwie stört das hier niemanden. Die Spikes der Reifen graben sich in den verfestigten Schnee und verhindern damit das Rutschen. Allerdings gibt es einige Straßen und Pässe, die regelmäßig mit blankem Eis und überfrorener Nässe überzogen sind und somit das Fahren zu einem Alptraum werden lassen können. Tja, und physikalische Gesetze, wie z.B. die Fliehkraft in Kurven, können auch Räder mit Nägeln nicht ganz außer Kraft setzen.

Micha war ja nun wirklich kein unerfahrener Autofahrer, aber solche Bedingungen brachten ihn in unserem ersten Winter in Norwegen an seine Grenzen. Nirgendwo in Europa gibt es ein schlechter ausgebautes Straßennetz als hier. Trotz des enormen Reichtums des Landes wird nur wenig Geld in den Straßenbau investiert – das versteht kein Norweger und erst recht nicht wir. Auf der Europastraße, die ja nur fünfzig Meter vor unserer Haustür entfernt entlang führte, passen mit Ach und Krach zwei LKWs aneinander vorbei! Es sei noch erwähnt, dass sich die norwegischen Lastwagenfahrer einer absolut rücksichtslosen und aggressiven Fahrweise befleißigen, die ihresgleichen sucht. Wenn ich mit meinem Firmenwagen die enge, gewundene Europastraße von Åndalsnes nach Skiri nach Hause fuhr, und bei Dunkelheit und Schneetreiben statt der gewohnten 90 km/h (eigentlich sind nur 80 erlaubt, aber ich habe es immer sehr eilig) nur 70 km/h fuhr, und mich LKWs fast im Flug überholten und mir für Sekunden die Sicht raubten, dann dachte ich, ich sei im falschen Film.

Und so verwundert es nicht, dass die großen nordischen Speditionen jeden Winter schon im Vorab mit einer gewissen Prozentzahl Schwund im Maschinenpark rechnen.

Die Angst hatte mich fest im Griff, wenn Micha zur Arbeit aufbrach. Jeden einzelnen Tag war ich froh und erleichtert, wenn er abends wohlbehalten wieder nach Hause kam. Er erzählte fast täglich von neuen Begebenheiten: LKWs im Graben, quer stehende Zugmaschinen, gesperrte Straßen aufgrund von Schneelawinen.
Ganze dreimal büßte Micha einen Seitenspiegel seines Fahrerhauses ein, weil irgend ein Kamikaze-Fahrer es nicht für nötig hielt, auf enger, kurviger Straße seine Geschwindigkeit auch nur ein bisschen zu drosseln und langsam an Micha vorbei zu fahren. Ich erinnere mich gut an den Nachmittag, als er vor Wut schäumend nach Hause kam und mir davon erzählte. Nur mit Mühe und Not beruhigte er sich wieder. Wehe dem Fahrer des LKWs, der Michas Spiegel auf dem Gewissen hatte, sollte ihn mein Schatz jemals in die Finger kriegen!
Auch ich begann, die norwegischen Trailerfahrer aus tiefster Seele zu hassen. Diese wiederum lassen kein gutes Haar an ausländischen Fahrern, die mit schlechter Bereifung und ohne genügend Fahrerfahrung im norwegischen Winter die Straßen unsicher machen. Regelmäßig bleiben ihre Wagenzüge an Steigungen stehen, weil ungeeignete Reifen es einfach nicht schaffen, mit dieser Art der Straßenberäumung fertig zu werden. Irgendwie tun sie mir leid. Im Gegenzug möchte ich auch erwähnen, dass bei Unfällen, die durch erhöhte Geschwindigkeit oder unachtsames Fahren passieren, eher selten ein ausländischer Kollege am Lenkrad sitzt! Hier hält sich mein Mitleid ehrlich gesagt in Grenzen. Böse Heike!

Doch Micha hielt durch und biss die Zähne zusammen. Mit den Jahren wurden auch diese Straßenverhältnisse zur Normalität, und Micha macht heute seinen Job im Winter genauso routiniert wie im Sommer. Zurückblickend jedoch sagt er: Wenn er damals gewusst hätte, was beruflich auf ihn zukommt, hätten ihn keine zehn Pferde nach Norwegen gebracht. Ich möchte auf gar keinen Fall behaupten, dass er mittlerweile die hier geltenden ungeschriebenen Regeln der Straße bis aufs letzte ausreizt oder den Fahrstil der Norweger gutheißt, aber er hat sich doch im Vergleich zu damals etwas geändert. Wenn du im Wolfsrudel leben willst, musst du mitheulen. So heißt es doch, oder?

Mein Arbeitsauto war mit guten Reifen bestückt, eine überlebenswichtige Regel hierzulande. Damit fuhr ich weiterhin vom Bahnhof zu diversen Fabriken und Bürohäusern. Dienstags und freitags mussten ich und eine neue deutsche Kollegin ins zwanzig Kilometer entfernte Måndalen, um dort eine riesige Werkhalle nebst Umkleideräumen, Toiletten, Speiseräumen und Warenlager sowie eine Vielzahl an Bürozimmern zu putzen. Wir hatten dazu knappe vier Stunden Zeit, in denen ich jede einzelne Minute mit Inbrunst hasste. Die Herrentoiletten waren einfach nur ekelhaft (Ich lehne mich etwas aus dem Fenster, wenn ich behaupte, dass dies aufgrund der reichlich vorhandenen Osteuropäer zustande kommt. Aber meine einschlägigen Erfahrungen während eines Klassenaufenthaltes in Polen suggerieren mir diese Erklärung). Die überall umherliegenden Garnreste und Fäden in der Nähabteilung machten das Benutzen eines Besens oder Mopps zum Horrortrip, und das Wischen der unendlich langen Warenlagergänge mutierten zum Alptraum. Es waren die zwei schlimmsten Tage der Woche, und meine Laune war dementsprechend auf dem Nullpunkt, während meine Reizbarkeit in kürzester Zeit den Siedepunkt erreichen konnte. Die ungeliebte Putzarbeit zu Hause fortzusetzen, empfand ich mittlerweile als Strafe, und die nervliche Anspannung entlud sich regelmäßig in harten Auseinandersetzungen mit Micha, dessen Nervenkostüm aufgrund der anstrengenden Arbeit auch nicht das Beste war.

Eines Abends eskalierte die Situation. Ich weiß nicht mal mehr, was der Auslöser unseres Streits war. Sicher irgendeine Lappalie, die eigentlich nicht mal der Rede wert gewesen ist. Ein Wort gab das andere, und das Ergebnis waren zwei harte, unnachgiebige Fronten, bei der keiner hinter seiner künstlich aufgebauten Mauer aus Sturheit und Wut hervorkommen wollte. Es endete damit, dass ich mich stocksauer ins Schlafzimmer zurückzog, während Micha seinen Ärger einer Flasche Rotwein anvertraute. Ich konnte nicht schlafen; Stunden später ließ mir unser Streit keine Ruhe mehr und ich ging zurück ins Wohnzimmer. Ich traute meinen Augen nicht, und so rannte ich wieder ins Schlafzimmer, um meine Brille zu holen. Ich hatte richtig gesehen. Micha saß mitten auf dem Wohnzimmerboden, ein Messer in der Hand. Vor sich lag ein kleiner goldblonder Haufen, der sich dank Brille tatsächlich als Michas schöne lange Haarpracht entpuppte. Ich ließ die Strähnen durch meine Hände gleiten, schrie ihn an und weinte gleichzeitig. Micha sah mich nur ganz ruhig an und sagte leise: *Wenn Indianer Trauer tragen schneiden sie sich die Haare ab, wusstest du das nicht?* In diesem Moment hätte ich ihm am liebsten auch noch seinen Skalp genommen.

Am nächsten Morgen sah ich mir die Bescherung genauer an: auf Michas Schädel prangten noch einzelne Haarbüschel, an manchen Stellen schimmerte die Kopfhaut durch. Als Kai und Fredrik Micha so sahen, brachen sie ungläubig in schallendes Gelächter aus. Michas Trauer verflog und verwandelte sich in Reue und Scham. Tapfer lächelte er mit, und ich versuchte mit der Schere zu retten, was noch zu retten war. Von nun an trug mein Indianer einen adretten Kurzhaarschnitt, der ihn nach Kais Aussage immerhin ein seriöseres Aussehen verlieh.

Es wurde nie wieder über diese Nacht gesprochen.

Auch der längste Winter geht einmal zu Ende. Das Osterfest näherte sich, und die Norweger sahen mit Aufregung dem österlichen Wetterbericht entgegen. Würde es noch genügend Schnee zum Skifahren geben? Wenigstens in den Bergen? *Frohe Ostern und Ski heil!* heißt hier die Devise, denn das Osterfest steht und fällt mit dem Vorhandensein des weißen Goldes. Ich kann das bis heute nicht verstehen -

man kann es doch kaum erwarten, dass endlich wieder zartes Grün die Wiesen bedeckt, die Vögel singen und vor allem die Straßen wieder ordentlich befahrbar sind!

Jedenfalls freuten wir uns auf den Frühling, der Anfang April so langsam Einzug hielt. Und die Sonne war wieder da! Ende März erst nur wenige Minuten, dann stundenweise. Nicht nur wir genossen die warmen Strahlen, auch unsere Pferde aalten sich im warmen Sonnenschein. Die ersten Frühblüher durchbrachen die Erde, und die noch vorhandenen Schneereste schmolzen schnell dahin. An den Wänden der bis zu 1600 Meter hohen Felsformationen fielen hunderte kleine und große Wasserfälle in die Tiefe, ein durch Schmelzwasser ausgelöstes fantastisches Schauspiel.

Wir leisteten uns neue Gartenmöbel für unsere Veranda und eröffneten Ende April die Grillsaison. Hmmmm….lecker! Mit deutscher Bratwurst und Bautzener Senf aus meiner Keller-Schatzkammer. Mutti und Vati ließen es sich nicht nehmen, uns ab und an Päckchen mit deutschen Leckereien zu schicken. Beim Auspacken fühlte ich mich dabei immer in meine Kindheit zurückversetzt, wenn meine Oma kurz vor Weihnachten von ihrer Freundin aus dem Westen ein kleines Paket erhielt und eine Stange Maoam und ein Glas Nutella durch vier Enkel geteilt wurde. Ein wunderbares Gefühl etwas zu bekommen, was man eigentlich nicht haben kann! Dann ist es etwas ganz Besonderes und weiß es viel mehr zu schätzen. Genauso bin ich aufgewachsen.

Kai ging weiter in seine Autoschrauberlehre, die ihn großen Spaß machte. Das Lehrer-Schüler-Verhältnis kann man überhaupt nicht mit dem in Deutschland vergleichen, ist es doch eher als freundschaftlich zu bezeichnen. Einer von Kais Lehrern war im Besitz alter amerikanischer Autos, mit denen er mit seinen Schülern sogar Spritztouren unternahm! Außerdem betrieb er einen Jugendklub, in dem sich einige Jungs häufig trafen. Sicher hat dieser lockere Umgang mit dem Lehrkörper nicht nur Vorteile; die Einstellung vieler norwegischer Schüler zum Unterricht hatte ich ja schon erwähnt. Aber Kai fand es klasse. Toni war auch weiterhin Kais einziger Freund, wenn man von unserem Fredrik einmal absah. Die Jugendlichen hier ticken einfach komplett anders… Kai sagt heute, dass dies aber nur hier in der Gegend so extrem sei; woanders in Norwegen seien die Jungs viel kontaktfreudiger und „normaler". Heute weiß ich, dass eine für mich erschreckend hohe Zahl von Jugendlichen keine Ausbildung hat, jedenfalls in unserer Gegend. Sie fangen nach der Schule an mit arbeiten; es spielt in vielen Berufen keine wirklich große Rolle, ob sie einen Abschluss haben oder nicht! Oder die gut verdienenden Eltern ermöglichen ihren Sprösslingen ein sorgenfreies Leben, ohne sich der Folgen wirklich bewusst zu sein.

Ähnlich verhält es sich mit der Arbeitsmoral. Micha sagt immer, dass einige Norweger schon nach einem Arbeitstag in Deutschland die Kündigung bekommen würden….und das die Hälfte aller Azubis nach kürzester Zeit ihre Lehrverträge los wären. Vielleicht würde ich es nicht so krass ausdrücken, aber es ist schon was Wahres dran.

Die meiste Zeit verbrachte Kai entweder bei Fredrik oder in der alten Garage unter unserem Stall. Er hatte von Arne einen alten kaputten Traktor bekommen, an dem er den ganzen Winter über geschraubt, gebaut und lackiert hatte. Und tatsächlich! Mit den ersten Sonnenstrahlen fuhr Jaqueline II aus ihrer finsteren Höhle, frisch mit Farbe versehen und voll funktionstüchtig. Und mein Kai war stolz wie Bolle. Mama und Micha natürlich auch.

Letzterer fuhr weiterhin mit seinem LKW durch die mittlerweile schneefreie Landschaft, jetzt mit neuer kiwigrüner Uniform. Ich nenne ihn darin meinen *Sexy Brokkoli.* Mit der Sprache tat sich Micha immer noch schwer. Ich schlug ihm vor, Filme mit norwegischen Untertiteln anzuschauen, aber Micha lehnte das vehement ab. Er würde ja da vom Film nix mitbekommen, und so schnell lesen könne ja kein Mensch. Na gut, ich konnte es, aber anscheinend war ich dann eben ein sehr besonderer Mensch. Dann sollte er eben sehen, wie er mit seinem Sprachhandicap zurechtkam!

Meine Probleme waren ganz anderer Natur – ich haderte weiterhin und immer extremer mit meinem Job als Putzfrau. Ich schaffte es einfach nicht, mich in die Motivation professioneller Reinigungskräfte hineinzuversetzen, die mit Hingabe jedes Staubkorn aus der kleinsten Ecke holen und sich die porentiefe Reinigung von Fabrikklos auf die Fahnen geschrieben haben. Früher oder später musste ich eine andere Arbeit finden, sonst würde ich eingehen wie eine Primel ohne Wasser.

Zum Glück fing im Mai die Kreuzfahrtschiffsaison wieder an, und ich konnte nebenbei meinen geliebten Guidejob wieder aufnehmen. Vor oder nach der Putzarbeit, manchmal auch in mehrstündigen Pausen zwischendurch, stand ich am Hafen und nahm meine Kreuzfahrer entgegen. Mittlerweile kannte ich die meisten Busfahrer, und so wurde die nötige Zusammenarbeit zur reibungslos klappenden Routine. Ich verfeinerte meine Guidetouren, indem ich lustige Episoden aus meinem Erfahrungsschatz ausplauderte oder interessante Tipps gab. Zum Beispiel gibt es einen Satz, den ich mir auch heute noch nicht verkneifen kann, wenn wir am *vinmonopol* (dem „Schnaps- und Weinladen") vorbeikommen. Und der geht in etwa so: *Liebe Gäste, wenn Sie die Gelegenheit bekommen, mal in so ein* vinmonopol *zu gehen, dann tun Sie das ruhig. Aber vergessen Sie nicht, Ihre Sonnenbrille aufzusetzen, damit Sie sich beim Anblick der Preise nicht die Augen verblitzen.*

Ich erzählte ihnen während der Auffahrt von der Geschichte der Trollstigen, eine der bekanntesten Touristenstraßen Norwegens und eine unglaubliche Meisterleistung handwerklicher Baukunst, die in elf Haarnadelkurven und zehn Prozent Steigung auf eine Passhöhe führt. Sie wurde in acht Jahren mit Hand erbaut und 1936 vom damaligen König eröffnet. Vorher existierte dort nur ein Trampelpfad oder schmaler Weg, über den die Händler ihre Waren unter harten Bedingungen mit Packpferden ins Romsdal zum Markt brachten. Zwei riesige Wasserfälle, die an den Trollstigen fast zum Anfassen nah ins Tal krachen, lassen die Touristen in Ehrfurcht vor den Naturgewalten erstarren und jeden Fotograf in schiere Verzückung ausbrechen.

Ich sprach über Land und Leute, die Geschichte dieses rauen und doch wunderschönen Fleckchens Erde und die norwegischen Mythen und Trollsagen. Die Begeisterung und Faszination meiner Gäste steckt mich immer wieder von Neuem an und lässt mich diese Arbeit so gerne machen.
Und diesmal lag noch ein ganzer Sommer vor mir!

Aber erst stand mir noch ein ganz anderes Ereignis bevor.

18. Einer geht noch!

Es war Frühling geworden, wir hatten unseren ersten norwegischen Winter mit einigen blauen Flecken und dem Wissen, dass diese Jahreszeit ihrem Namen absolut gerecht wird, gut überstanden. In der warmen Frühlingssonne verblassten die Probleme und Schrecken der vergangenen Monate schnell; die Aussicht auf den Sommer ließ uns regelrecht aufblühen, genau wie die unzähligen Tulpen, die wieder das farbenprächtige Bild rund um unser Haus bestimmten.

Meine Josy konnte sich wieder ungehindert auf dem Hof bewegen. Stundenlang stromerte sie über die Wiesen und durch den kleinen Wald hinter unserem Haus, um sich dann dem wohlverdienten Schlaf auf den Fellen in unserem Tipi hinzugeben, welches wir gleich nach dem Verschwinden des Schnees wieder aufgebaut hatten - diesmal ohne nennenswerte Vorkommnisse.

Bevor der Sommer richtig Einzug halten konnte, wartete ein anderes großes Ereignis auf mich: Wir sollten noch einmal Familienzuwachs bekommen. Schon seit Wochen versuchte mich Micha zu überzeugen, dass in unserer Herde noch etwas fehlte: ein Hund. Die Betonung liegt auf *Hund* - Josy fällt bei ihm unter die Rubrik *Keinhund.* Jedes mal, wenn meine Kleine auf ihren kleinen Wuschelbeinen über die Wiese wuselt, ruft Micha: *Wie Moppi! Genau wie Moppi!* Dem Unkundigen sei erklärt, dass Moppi eine Plüschfigur ist, die jeden Samstag, seit ich alt genug bin um in die Flimmerkiste zu starren, in Gesellschaft von Pittiplatsch und Schnatterinchen beim Sandmann über den Bildschirm watschelt. Es macht mir nichts aus, wenn er Josy so betitelt, ein bisschen hat er ja recht.

Micha hatte in seinem früheren Leben auch Hunde gehabt, also solche, an denen die Abstammung des Wolfes noch deutlich erkennbar ist. Er durchforstete das Internet und klickte sich stundenlang durch die Annoncen von Hundezüchtern. Ich registrierte es mit leichtem Unbehagen, das deutlich wuchs, als mehrere Telefonnummern den

Weg auf Michas Notizzettel fanden. Wir diskutierten oft darüber, aber Micha ließ nicht locker: Er wollte wieder einen *richtigen* Hund. Mein Argument, dass ich mit großen Hunden nichts anfangen könne und weder die Zeit noch die Lust zum Training hätte, verpuffte ungehört. Es würde SEIN Hund werden, um den ER sich kümmern wolle. Nun hätte er endlich genügend Zeit dafür, nach all den Jahren im Fernverkehr. Micha war für keinerlei Einwände mehr empfänglich, also gab ich irgendwann nach - wie immer.

Sein wählerischer Blick war auf die Bilder eines schwarzen Wolfes gefallen, der mir wie eine Mischung aus Schäferhund und Collie aussah. So ganz unrecht hatte ich nicht, denn es handelte sich um einen norwegisch-belgischen Schäferhund. Schönes langes, schwarzes Fell, einen buschigen Schwanz und ein etwas längerer Fang als der des Deutschen Schäferhundes machten diese Rasse schon recht sehenswert, das musste ich zugeben. Das Foto eines solchen Prachtexemplars im Schnee ließ Micha in höchste Verzückung geraten, und schnell war die Nummer des Züchters herausgesucht. Ja, es waren Welpen da. Schon wenige Stunden später erreichten uns Fotos einiger kleiner schwarzen Wollknäuel, die einfach zuckersüß aussahen. Der Papa ein Groenendal, schwarz wie die Nacht und langhaarig; die Mama ein Mallinois, dem Deutschen Schäferhund sehr ähnlich. Die Babys kamen allesamt nach dem Vater. So eines sollte es werden – oder keines.

Der Züchter lebte im Süden des Landes, mindestens elf Autostunden von uns entfernt. Wenn man dabei bedenkt, dass wir noch nicht einmal in der Mitte Norwegens leben, kann man die gigantischen Ausmaße dieses Landes erahnen; allein die Atlantikküste im Westen erstreckt sich mit ihren Inseln über 25.000 Kilometer! Oder wie ich es meinen Schiffsgästen gerne vor Augen halte: Wenn man den nördlichsten Zipfel Norwegens nimmt und ihn um den südlichsten Punkt des Landes klappt, erreicht man Rom. Wahnsinn, oder?

Nun ja, jedenfalls hatte das kleine schwarzhaarige Hundemädchen, das Micha aus den Internet heraus anblickte, nicht gerade um die

Ecke das Licht der Welt erblickt, aber das war ihm egal. Es wurde hin- und her telefoniert, dann stand der Plan. Der Kaufpreis schien uns mehr als angemessen, weil der Wurf eine Mischung aus zwei Farb-Unterrassen war und somit recht niedrig ausfiel. Wir legten keinen Wert auf hundertprozentige Reinrassigkeit, und so waren sich Micha und die Züchterin recht schnell einig. Es fehlte nur noch eine Woche, bis die Welpen das Alter erreicht hatten, mit dem sie ein Leben ohne ihre leibliche Mutter beginnen konnten.

Am 3. Mai war es dann soweit. Micha kam mitten in der Nacht von seiner zweitägigen Reise aus Südnorwegen zurück. Kai und ich warteten schon gespannt auf unser neues Familienmitglied. Auch Josy merkte, dass irgendetwas im Busch war und wich mir nicht von der Seite. Und dann stand Micha mit einem schwarzen Fellbündel im Arm vor mir, das mich schüchtern aus großen schwarzen Knopfaugen anschaute. Es dauerte keine Sekunde, bis mein Mutterinstinkt die Macht ergriff und mein Herz diesem wuschligen Wesen zuflog. Weg von der Mama, den Geschwistern und allem bis dahin Vertrautem, dann die lange anstrengende Autofahrt - die Kleine musste total erschöpft sein. Glücklicherweise war ein Arbeitskollege Michas mitgefahren, so konnte sie die Fahrt auf dem Schoß ihres neuen Papas verbringen.

Wir hatten auch schon einen Namen für unser viertes Tiermädel im Bunde: SAPA SUNKA, wobei Sunka wie *Schunka* ausgesprochen wird. Dies ist Lakota (eine Indianersprache), und bedeutet schlicht und einfach *Schwarzer Hund.* Der Name passte gut zu unserer kleinen Zuckermaus, die zu diesem Zeitpunkt noch nicht einmal ganz so groß war wie Josy.

Neugierig wie kleine Hundebabys sind, erkundete sie ihr neues zu Hause, immer mit einer wachsamen Josy im Schlepptau. Treuherzige Spielaufforderungen Sunkas ignorierte sie kategorisch; Josy war noch nie großartig an den üblichen Hundespielen interessiert. Lediglich umherwirbelndes Laub oder eine leere Klopapierrolle können für kurze Zeit einen Ansatz von Spieltrieb in ihr hervorrufen; spielen mit Artgenossen ist wohl unter ihrer Würde...

Nach einer kurzen Entdeckungstour durchs Haus und der lautlosen Verhandlung mit der Herrin des Territoriums, Prinzessin Josy, mit dem Ergebnis: Ich lass´ dich in Ruhe, du lässt mich in Ruhe - wurde unser Baby sichtbar müde, und wie ganz selbstverständlich rollte sie sich in ihrem neuen Körbchen zusammen, dass natürlich neben Michas Bett seinen Platz gefunden hatte.

Die nächsten Tage vergingen relativ problemlos, Sunka gewöhnte sich schnell ein und wurde von Tag zu Tag munterer; mehr und mehr entpuppte sich das schüchterne Mädchen als DER Wirbelwind im Hause. Micha hatte extra auf Arbeit Bescheid gegeben, dass er die nächsten Wochen nur kurze Touren fahren könne, weil er Zeit für seinen Welpen brauchte. Kein Problem! Man denke sich, mit diesem Anliegen an einen deutschen Arbeitgeber heranzutreten - schon auf diesen Gedanken zu kommen halte ich für absurd.

In den kommenden Wochen nahm neben Sunkas Körpergröße auch ihr Hang zu nicht endend wollenden Spaziergängen zu. Das Auseinandernehmen jeglicher nicht fest verankerten Gegenstände wurde zur Lieblingsbeschäftigung, wobei Schuhe und Wäscheklammern zu ihren bevorzugten Opfern zählten. Etwaig verloren geglaubte Kleidungsstücke wie Socken, BHs oder Unterwäsche hatten sich nicht wirklich in Luft aufgelöst, sondern waren als fette Beute unter Sunkas Decke in ihrem Körbchen deponiert. Vor dem Haus neben der Hauseingangstür prangte ein großes Loch; mit jedem Tag ähnelte es mehr einem Bombenkrater als dem Ergebnis spielerischer Buddelarbeit unseres Welpen. Und je mehr Kraft ich darauf verwendete, das Loch wieder zuzuschütten, desto größere Anstrengungen unternahm Sunka, es nach ihrem Dafürhalten wieder groß genug zu graben. Jedenfalls passten nach nur wenigen Tagen der komplette Inhalt meines Klammerkörbchens, meine Jogginghose und Michas neue Hausschuhe hinein.

Ich erinnere mich sehr gut an einen Morgen, als ich nichtsahnend die Haustür öffnete, um auf Arbeit zu fahren. Ich prallte voller Entsetzen zurück und muss wohl einen spitzen Schrei ausgestoßen haben, denn

Micha kam wie von Furien gehetzt vom Klo gerannt. Auf dem Treppenabsatz vor mir lag doch tatsächlich ein Hirschschädel! Keiner der irgendwo als Zierde an der Wand gehangen hatte, sondern ein komplett frischer, mit Fell, Augen und einer heraushängenden Zunge. Kurz vorm Herzinfarkt stehend musste ich nicht lange überlegen, wie es das arme Vieh auf meine Treppe geschafft hatte - der Übeltäter tauchte freudestrahlend und beifallheischend neben mir auf. Fredriks Mutter war am Abend vorher erfolgreich auf Jagd gewesen, und hatte den Hirschkopf nicht diebstahlsicher verstaut. Sunka entdeckte ihn wohl auf ihrer üblichen Abendpirsch und war der Meinung, uns am nächsten Morgen mit ihrem Diebesgut eine große Freude zu machen…

Meine neu erwachte Mutterliebe wurde in den folgenden Woche oft auf eine harte Probe gestellt, und ich verlieh Sunka einen neuen Namen: Schwarzer Zerstörer. Doch wenn sie mich dann aus ihren treuherzigen schwarzen Augen ansah, konnte ich ihr einfach nicht böse sein. Erkennt sich hier vielleicht der ein oder andere Hundebesitzer wieder?

Sunka wurde zu Michas Schatten. Auf Schritt und Tritt begleitete sie ihn, am liebsten auf die große Abenteuer-Pferdeweide auf der anderen Seite der Straße, auf der unsere beiden Stuten endlich wieder ihrem anstrengendem Tagwerk nachgingen: Fressen und Ausruhen. Bei Michas Geländeausritten, die wegen des fehlenden Reitgeländes eine Stunde selten überschritten, tobte Sunka neben ihm her. Schon wenn es ans Satteln ging, wurde sie fast verrückt vor Aufregung. Daran hat sich bis heute nichts geändert.

Für Josy entwickelte sich Sunka zu einer willigen Fitnesstrainerin, die es hin und wieder doch schaffte, meine Kleine zu einem Fangspiel oder zu -wenn auch zeitlich arg begrenztem- ausgelassenen Toben zu animieren, welches der Gesundheit meiner Sofaprinzessin durchaus keinen Abbruch tat.

Ansonsten ging das Leben auf Skiri weiter wie gewohnt. Micha fuhr LKW; ich hasste meinen Putzjob wie eh und je. Meine Schiffe legten wieder an – und ich guidete, wann immer es die Zeit erlaubte.

Kai ging weiter zur Schule. Nebenbei hatte er noch eine Arbeit bei Tollpost, einem großen Speditionsunternehmen, angenommen. Zwei- oder dreimal die Woche ging er nach der Schule ins Terminal und sortierte dort Pakete und Lieferungen. Nach seiner ersten Schicht kam er mit einem Riesenpaket Wäsche auf dem Arm nach Hause: Arbeitskleidung. Mehrere Hosen, T-Shirts, Pullover, Arbeitsschuhe. Die volle Ausstattung - ich staunte nicht schlecht! Das ist das allerwichtigste, wenn man in Norwegen eine neue Arbeit beginnt: Man bekommt erst einmal eine Unmenge an Arbeitskleidung, natürlich ohne dafür bezahlen zu müssen. Dies ist hier so gewöhnlich und normal, dass viele sogar in ihrer Freizeit mit dieser Kleidung umherlaufen und man den Träger sofort einer bestimmten Firma zuordnen kann. Andererseits habe ich während meines Wischmopp-Hin-und-Herschiebens in diversen Büros sehr oft weibliche Angestellte gesehen, die mit Jogginghose an ihren Schreibtischen saßen – im krassen Gegensatz wiederum zu anderen, die sich auf dem Bürostuhl im feinen Zwirn und mit Geschmeide behängt auf einem der Pariser Laufstege wähnten.

Kai verdiente sich ein ordentliches Taschengeld dazu, und seine Arbeitgeber waren voll des Lobes für ihn. Fleiß und Pünktlichkeit wussten sie zu schätzen, zwei Eigenschaften, die vielen norwegischen Jugendlichen anscheinend nicht so geläufig zu sein schienen.

Jedes Frühjahr werden vom *skatteetaten*, der norwegischen Steuerbehörde, die *selvangivelse* (wortwörtlich übersetzt *Selbstangabe*) versendet. Dies ist die Steuererklärung, die bereits alle relevanten Daten wie Einkommen, Steuerabzüge, Freibeträge, Bankguthaben, Kredite für Haus oder Auto usw. enthält. Man sollte sie genauestens kontrollieren und notfalls Änderungen vornehmen, bevor man sie per Post -oder in den heutigen Tagen Gang und Gebe via Internet- zurücksendet. Ende Mai flattert dann der endgültige Bescheid ins Haus, der, je nach dem, ob eine Rückzahlung oder Nachforderung ansteht, Jubel auslöst oder die Laune ins Bodenlose sinken lässt.

In den nachfolgenden Wochen kann man dann in den regionalen

Zeitungen lesen, welcher Unternehmer oder auch welche Privatperson der Kommune unter den ersten fünfzig Bestverdienern und Steuerzahlern rangiert, und mit welcher Summe ihr Vermögen zu Buche schlägt. Ich dachte anfangs, ich traue meinen Augen nicht! Ähnlich ging es mir beim Umgang mit Telefonnummern. Jeder kann von jeder Person die Handynummer erfragen; niemand legt hier Wert darauf, dass seine Nummer „geheim" bleibt; man kann auch völlig legal die dazugehörige Adresse in der Auskunft erfragen. Es ist normal, von seinem Arbeitgeber auf dem privaten Mobiltelefon angerufen zu werden oder Meldungen zu bekommen - und umgekehrt.

Unser erstes gemeinsames Osterfest in Norwegen verlief recht unspektakulär. Bereits der Donnerstag der Karwoche ist ein gesetzlicher Feiertag, also bis Ostermontag ganze fünf Tage frei! Jeder Norweger, der eine Hütte in den Bergen besitzt (und das sind nicht wenige) verbringt die Feiertage dort, gemütlich in Familie und –oh Wunder!- mit Skifahren. Wir nutzten die Tage einfach nur zum Ausspannen und süßem Nichtstun. Einige Male fuhren auch wir etwas weiter hinauf in die Berge, um mit den Hunden längere Spaziergänge zu unternehmen, als sie auf Skiri möglich waren.

Am 17. Mai konnte ich das erste Mal den norwegischen Nationalfeiertag miterleben. Gefeiert wird die Verabschiedung des *„Kongeriget Norges Grundlov"* (Grundgesetz des Königreichs Norwegen).

Nachdem Norwegen vierhundert Jahre lang Teil der dänischen Monarchie war, verabschiedete die Nationalversammlung am 17. Mai 1814 eine eigene Verfassung und wurde für kurze Zeit selbstständig, bis sie in einen losen Verbund mit Schweden eintrat, der bis 1905 hielt. Norwegens Verfassung deklariert das Land als unabhängige Nation. Obwohl die volle Unabhängigkeit erst 1905 erreicht wurde, wird an diesem Datum Norwegens Nationalfeiertag begangen.

Überall im Land ziehen farbenfrohe Umzüge mit fähnchenschwenkenden Menschenmengen und Blaskapellen durch Gassen und Straßen. Das Bild ist geprägt von großem Enthusiasmus und Nationalstolz. Militäraufmärsche sucht man vergebens; sogar in Oslo auf dem Platz vor dem Königspalast wird man keine zu Gesicht bekommen. Begleitet von tausenden Menschen zieht hier die größte Kinderparade Norwegens mit rund einhundert Schulen und Blaskapellen vorbei, der das Königspaar von seinem Balkon aus zuwinkt. Paraden, Konzerte, Vorträge und Feierlichkeiten sind das Gebot der Stunde. Die Geschäfte haben geschlossen, an Arbeiten denkt an diesem Tag niemand; die meisten Stadtzentren sind für den Verkehr gesperrt.

Der Tag beginnt oft schon früh am Morgen. Man darf sich nicht wundern, wenn man bereits morgens um 7.00 Uhr von Salutschüssen und einer hoch motivierten Blaskapelle geweckt wird. Alles was Laufen kann sammelt sich für den großen Umzug durch die Stadt oder das Dorf – egal wie klein oder groß die Ansiedlung auch sein mag. Die meisten Norweger tragen ihr prächtiges *bunad*, die aus derben Wollstoffen gefertigte Nationaltracht. Mit ihren handgearbeiteten, bunten Stickereien auf Häubchen, Blusen, Umhang und Röcken und mit edlen Schmuckstücken verziert stellen sie eine Augenweide dar. Schon die Kleinsten im Kinderwagen tragen diese Trachten und winzig kleine Schnallenschuhe. In den verschiedenen Regionen Norwegens unterscheiden sich die Trachten in Form, Muster und Farben. Das männliche *bunad* besteht aus einer derben Wollhose und einem gemusterten Pulli oder einer Jacke und Hut. Heute werden die *bunader* kaum noch von der Dame des Hauses angefertigt, sondern in speziell dafür vorhandenen Geschäften gekauft. Eine Preisgrenze nach oben gibt es, vor allem bei Ausstattung der holden Weiblichkeit, nicht. Das Tragen dieser farbenfrohen Trachten beschränkt sich nicht auf den Nationalfeiertag, sondern auch zu festlichen Ereignissen wie Hochzeiten, Taufen und Konfirmationen werden die wertvollen Stücke der Öffentlichkeit präsentiert.

Spätestens am Morgen des 17. Mai ist an so ziemlich jedem Haus die große norwegische Staatsflagge gehisst (wo keine hängt wohnen mit Sicherheit Auswanderer). Mit ihrem weiß umrandeten blauen Kreuz auf rotem Hintergrund erinnert sie geschichtsbedingt an eine Mischung aus dänischer und schwedischer Flagge.

Für die Norweger ist ihre Flagge ein wichtiges Symbol für Freiheit, und speziell an den verschiedenen Feiertagen versinkt das Land in einem Meer aus blau, rot und weiß. Auf privaten Grundstücken sowie an allen öffentlichen Gebäuden steht mindestens eine Fahnenstange, eventuell gibt es zusätzliche Halterungen auf Veranda oder Balkon. Nur selten habe ich soviel Patriotismus erlebt; wird doch die Deutschlandfahne maximal noch bei wichtigen Fußballspielen aus der Versenkung geholt.

Interessant ist es zu erwähnen, dass es sogar staatliche Flaggregeln gibt (festgeschrieben im *Lov om Norges Flag* - Gesetz zur Norwegischen Flagge), in denen Aussehen, Größe und Proportion der Farben genau festgelegt sind, aber auch klare Regeln für den Umgang sind hier gesetzlich hinterlegt. So darf z. B. die Flagge niemals den Boden berühren, und eine kaputte oder unbrauchbar gewordene Fahne wandert nicht einfach in den Müll, sondern sie muss entweder verbrannt oder nach Farben getrennt zerschnitten werden. In diesen *flaggregler* sind auch die genauen Flaggzeiten angegeben, die im Grunde lauten: Die Flagge soll bei Sonnenaufgang gehisst und bei Sonnenuntergang eingeholt werden. Aufgrund der variierenden Anzahl von Stunden mit Tageslicht im Laufe des Jahres hat man diese Grundregel in zwei Kategorien eingeteilt. Einmal für das Sommerhalbjahr, beginnend am 1. März und endend am 31. Oktober, in dem die Fahne nicht vor 8.00 Uhr morgens und nicht nach 21.00 Uhr abends im norwegischen Wind zu wehen hat. Sollte jedoch die Sonne vor 21.00 Uhr untergehen, muss auch die Flagge früher eingeholt werden – im Gegensatz zu morgens: Steht die Sonne schon vor 8.00 Uhr am Himmel, darf die Flagge trotzdem nicht früher gehisst werden. Im Winterhalbjahr, also vom 1. November bis 28. (29.) Februar gilt: Keine Flagge am Mast vor 09.00 Uhr Morgens, und nicht mehr nach Sonnenuntergang bzw. nie später als 21.00 Uhr. Für gewisse Regionen wie Svalbard, die Finnmark oder Nordland gelten andere Regeln, da dort die Stunden mit Tageslicht im Winterhalbjahr noch begrenzter sind: Hissen nicht vor 10.00 Uhr, einholen nicht nach 15.00 Uhr. Ist das nicht herrlich?

Dann sind in diesem Gesetz noch die offiziellen Flaggtage festgelegt, an denen öffentliche Gebäude und Institutionen ihren Fahnenmast in Gebrauch nehmen müssen. Privatpersonen sind nicht dazu verpflichtet, tun es jedoch gerne und oft – eigentlich immer, wenn es in der Familie etwas zu feiern gibt: Hochzeit, Konfirmation, Taufe oder wenn die Schwiegermama wieder abreist. Auch bei Todesfällen weht die Fahne, oft nicht nur bei der betroffenen Familie, sondern auch den Nachbarn oder dem ganzen Dorf, auf Halbmast. Gesetzliche Flaggtage sind die offiziellen staatlichen Feiertage wie der Nationalfeiertag am 17. Mai, Ostern, Pfingsten und Weihnachten - und nicht zu vergessen: die Geburtstage der Königsfamilie. Außerdem hat der König das Recht, bei ausländischen Staatsbesuchen eine Beflaggung anzuordnen.

Einen großen Unterschied gibt es noch zwischen Flaggen und den kleineren Wimpeln; diese dürfen immer und zu jeder Tageszeit für jedermann sichtbar den Fahnenmast zieren.

Die prächtige Feier des Nationaltages konnten meine Eltern und ihre Freunde, die uns erst Ende Juni besuchen kamen, leider nicht mit verfolgen, aber auch so verlebten wir einige wunderschöne und lustige Tage. Wir zeigten Rolf und Rita unsere schöne neue Heimat, und als Überraschung hatten wir uns eine Grillparty in einer kleinen Fischerhütte direkt an einem Hang über dem Fluss ausgedacht. Es wurde ein einmaliger Abend, nur selten hatten wir in letzter Zeit so gelacht. Natürlich waren unsere Gäste nicht ohne deftige Grillzutaten angereist, Bratwürste und Steaks vom Feinsten. Ermuntert von einigen Kümmerling stiegen unsere Freunde sogar in die etwa sechs Grad warmen Fluten des Raumaflusses; Rolfs über dem Grill zum Trocknen aufgehängte Unterhose ließ uns noch stundenlang in Lachanfälle ausbrechen. Auch bei Sunka erfreuten sich die Gäste äußerster Beliebtheit, immerhin hatten sechs Personen mehr Zeit zum Spielen als zwei! Wundersamerweise gab es keine Zerstörungen zu beklagen; Sunka hatte anscheinend nach den ersten Terrorwochen ihren Drang zum Kaputtmachen gegen die Freude eingetauscht, alles Tragbare aufzusammeln und uns schwanzwedelnd und beifallheischend wie ein großes Geschenk zu überreichen. Mit großer Erleichterung konnte ich ihr endlich ihren wenig schmeichelhaften Zusatznamen wieder aberkennen.

Es war die letzten Wochen bereits so warm gewesen, dass uns Fredrik die große Wiese neben unserem Haus, die er uns in seiner großen Güte überließ, abgemäht hatte und uns eine erste Ration Heu für den Winter bescherte. Mutti überwand ihre natürliche Scheu vor den Pferden und ging sogar mit Sedona spazieren. Rita und Mutti ernteten Rhabarber, der gleich hinterm Haus wuchs, kochten fleißig und machten sich im Haushalt zu schaffen, während Vati immer wieder etwas Neues zum Werkeln fand. Abends saßen wir dann auf der Veranda und machten es uns so richtig gemütlich. Juni - Zeit der Sommersonnenwende, das heißt lange, helle Nächte. Eines Abends, es war schon weit nach 23.00 Uhr und trotzdem taghell, drangen laute Motorengeräusche aus Richtung Fredriks Hof zu uns. Meine Rita konnte nicht glauben, was dies unserer Meinung nach bedeutete und machte sich auf den Weg zur Grundstücksgrenze, um durch einige lichte Büsche zum Nachbarn zu spionieren. Und tatsächlich: Völlig aus dem Häuschen kam sie zurück und erzählte wild gestikulierend, dass Fredrik gerade seinen Traktor angeschmissen hatte und Siloballen presste. Wir grinsten – genauso hatten wir vor einem Jahr auch reagiert. Aber nun wussten wir ja, dass viele dieser landwirtschaftlichen Arbeiten auf den Abend oder die Nacht verlegt werden.

Es war eine wunderschöne Woche, die wie immer viel zu schnell zu Ende ging.

Doch bald darauf, Mitte Juli, stand schon der nächste Besuch vor der Tür: Mein Bruder plus Frau+Sohnemann und deren Freunde mit ihren zwei Jungs wollten auch endlich Skiri-Luft schnuppern. Leider hatten sie nicht so viel Glück mit dem Wetter wie meine Eltern vorher, gerade in dieser einen Woche im Juli zeigte es sich wieder von seiner gastunfreundlichen Seite. Wir ließen uns jedoch die Freude nicht verderben und unternahmen viel miteinander. Die Kinder spielten am Fluss und ritten auf unseren Pferden; mein damals fünfjähriger Neffe Sullivan wurde Sunkas neuer Busenfreund; zusammen hockten sie in friedlicher Eintracht auf dem großen Felsstein vor unserem Haus. Micha und Andre´ trauten sich für wenige Minuten in die eisigen Fluten des Raumaflusses, und die große Kiefer am Strand, die wie eine Palme über den Fluss ragte, begann ihre Karriere als Fotomodell. Denn Andre´ und jeder zukünftige Gast auf Skiri ließ es sich nicht nehmen, auf sie hinaufzuklettern und dies bildlich zu dokumentieren.

Auch eine Fahrt über die Trollstigen zum Weltnaturerbe Geirangerfjord durfte nicht fehlen. Und wen wundert es: Unsere Gäste waren begeistert. Noch immer wurde es nicht so richtig dunkel, bis weit in die Nacht hinein saßen wir bei Tageslicht draußen. Wir grillten, tranken Wein und genossen das Leben, bis ich irgendwann meinen Bruder fragte, ob die Kinder denn nicht langsam ins Bett müssten…*Na ja*, sagte er, *wir haben doch Urlaub, und bis um 10 dürfen sie schon noch aufbleiben.* Ich lachte laut und wies auf meine Uhr: *Guck mal, wir habens halb eins.....* Bei Sonne um Mitternacht kann einem das Zeitgefühl schon mal abhanden kommen!

Arne und Svanhild hatten für uns und unsere Gäste eine kleine Überraschung vorbereitet: Etwas weiter talabwärts befindet sich am Flusshang eine große Steinhöhle, genannt *Fante Hella*. Dort erwartete uns Svanhild als *hulda* (eine Art Hexe) verkleidet an einem lodernden Feuer. Arne erzählte Geschichten über Trolle und Hexen, und die Kinder waren begeistert.

Auf Arnes Tipp hin unternahmen die vier Männer - Micha, Kai, mein Bruder Andre´ und sein Freund Heiko- eine zweitägige Bergtour. Der mehrstündige, steile Aufstieg über unbefestigte Wege, Geröll und schmale Felspfade verlangte ihnen alles ab, aber auf dem Plateau angekommen genossen sie eine gigantische Aussicht über das gesamte Romsdal. Winzig klein zu ihren Füßen konnte man sogar Skiri ausmachen. Ein Bergsee sollte für frischen Fisch sorgen, Andre´ hatte extra seine Angel mitgenommen. Leider war ihm an diesem Tag

Petri nicht heil, doch die Notration Bratwürste auf einem Einweggrill und ein kühles Bierchen in 1200 Metern Höhe entschädigten für das fehlende Anglerglück. Sie übernachteten in der Berghütte, für die sie von Arne den Schlüssel bekommen hatten. Am nächsten Morgen ging es wieder an den Abstieg, der sich noch um einiges schwieriger gestaltete als der Weg nach oben. Als Wegzehrung dienten Blaubeeren, die in unendlichen Mengen vorhanden waren. Am Nachmittag, völlig kaputt, mit schmerzenden Muskeln und beerenblau gefärbten Mündern konnten wir Frauen unsere Helden wieder von dem Weg abholen, an dem ihre Tour begonnen hatte. Die Männer waren bis an ihre körperlichen Grenzen gegangen, obwohl doch der knapp sechzig Jahre alte Arne gesagt hatte, die Tour sei eine der leichteren, die er öfters ging… Aber die Augen unserer Männer leuchteten, und dieses Erlebnis würden sie nicht so schnell vergessen! Auch dieser Urlaub verging wie im Fluge, und schweren Herzens musste mein Bruder und seine kleine Familie wieder abreisen – nicht ohne uns eine Einladung zu ihrer Hochzeit im September zu hinterlassen. Herrlich! Ich freute mich schon jetzt darauf, auch wenn wir absolut noch keine Ahnung hatten, wer auf die Hunde und Pferde aufpassen sollte, wenn wir alle drei nach Deutschland reisen wollten.

Nun holte uns erstmal der normale Arbeitsalltag wieder ein; allerdings sollte sich der meine bald so entwickeln, dass er meiner unfreiwilligen Putzfrau-Karriere ein jähes Ende setzen würde.

19. Genug ist genug

Nachdem mein Bruder abgereist war, nahmen wir unseren normalen Alltag wieder auf. Die Arbeit und Skiri - viel mehr gab es nicht. Jedoch trieben wir unser kleines INDIAN SPIRIT–Projekt voran, und nach einem Artikel über uns in der örtlichen Zeitung und ein bisschen Werbung richteten wir unseren ersten indianischen Kindergeburtstag auf Skiri aus. Zehn Jungs im Alter von acht bis zehn Jahren legten unseren Pferden (und leider auch Sätteln und Zaumzeug) eine ordentliche Kriegsbemalung auf, ritten über die Skiri-Prärie, bastelten Lederbeutel und erprobten ihre Geschicklichkeit mit indianischen Spielen. Bei einem kleinen Lagerfeuer wurden Würstchen gegrillt, und Micha erzählte Geschichten aus dem Leben der amerikanischen Urbevölkerung. Die noch ziemlich holprig vorgetragenen spannenden Episoden taten jedoch der Begeisterung der Jungs über den gelungenen Geburtstag keinen Abbruch. Endlich hatten wir wieder ein Erfolgserlebnis zu verbuchen, welches für uns in der schweren Zeit der Integration doch so wichtig war! Das Lob der Eltern war Balsam für unsere Seelen, und mit den Einnahmen konnten wir zum größten Teil die Werbungskosten begleichen.
Es folgten noch einige weitere Geburtstagsfeiern, und wieder erhielten wir nur gute und wohlwollende Kritiken. Nun waren wir nicht mehr irgendwelche Deutschen in der Stadt, sondern *die Deutschen mit dem Indianerlager*.

Aber nachdem der erste Anflug von Begeisterung verflog, verirrte sich niemand mehr zu uns. Wir überlegten, woran es liegen könnte; weil wir Ausländer waren? Bestand generell kein Interesse, oder war einfach der Weg nach Skiri zu weit? Jahre später, bei einem Interview über mein Buchprojekt, gestand mir der Zeitungsreporter, der damals den Artikel über uns schrieb, dass er unserem Projekt von Anfang an skeptisch gegenüber stand. Nicht weil wir Deutsche waren oder die Einheimischen keine Indianer mochten, sondern weil die Aufgeschlossenheit gegenüber Neuem nicht ausreichte, um den Weg nach Skiri in Kauf zu nehmen und es für diese Art von Freizeitgestaltung eben zu weit abgelegen ist. Ich bin mir nicht sicher und möchte den Einheimischen nichts unterstellen, aber ich denke, dass die zwanzigminütige Autofahrt zu uns kein so großes Problem gewesen wäre, wenn wir eine norwegische Geburtsurkunde unser Eigen genannt hätten. Überhaupt beschäftigen sich die Norweger ziemlich viel mit der deutschen Vergangenheit, jedenfalls wenn sie den Zweiten Weltkrieg betrifft. Der norwegische Fernsehabend besteht aus auffällig vielen Filmen und Reportagen darüber, die Zeitungsständer sind voll mit Magazinen und Zeitungen, die sich dem Thema Zweiter Weltkrieg widmen. Auch behandelt der Geschichtsunterricht der zehnten Klasse fast ausschließlich die Jahre 1933 bis 1945. Ich persönlich kann aber nicht behaupten, dass mich ein Norweger jemals im negativen Sinne darauf angesprochen hat.

Wie dem auch sei, es kehrte erst einmal wieder Ruhe in den Alltag ein. Trügerische Ruhe, denn in mir brodelte es wie eh und je, wenn ich auf Arbeit fuhr - und erst recht auf dem Heimweg. Ich wollte wieder eine Arbeit, bei der ich denken musste, wo mein Geist gefordert wurde. Und ich brauchte Menschen um mich herum. Ich hielt es nicht mehr aus, in stupider Eintönigkeit den Wischmopp hin und her zu schieben, Mülleimer zu leeren und anderer Leute Dreck wegzuputzen. Es brauchte nur noch einen kleinen Tropfen, um das berüchtigte Fass zum Überlaufen zu bringen. Und der fiel an einem Freitagmittag im August 2008.

Schon einige Tage zuvor stand ich kurz vor der Explosion. Unser Chef warf mir und meiner jungen deutschen Kollegin vor, diese riesige Firma im Nachbarort nicht gründlich genug zu putzen. Auf dem Fensterstock in einem Warenlager läge der Staub zentimeterhoch. Du liebe Güte! In diesen zugemüllten Raum hatte seit Jahren niemand mehr auch nur einen Fuß gesetzt! Ich schluckte alle meine bösen Worte, die mir absprungbereit auf der Zunge lagen hinunter, und sagte ihm klipp und klar, dass ich wohl für diese Art von Arbeit nicht geeignet wäre. *Ich könne mich doch bessern, und mit der Zeit wären auch solche Kleinigkeiten selbstverständlich für mich…* Heute weiß ich nicht mehr, wie ich es schaffte, nicht die Beherrschung zu verlieren und meinem Chef ins Gesicht zu springen.

An besagtem Freitag, kurz vor Erreichen des heiß ersehnten Wochenendes, musste ich noch die Büros einer Speditionsfirma putzen. Die dort angestellten Damen waren eigentlich immer recht nett, und hin und wieder wechselte man sogar ein Wort mit mir.

Ich änderte meine Meinung schlagartig. In einer Damentoilette fand ich eine ekelerregend aussehende Klobürste vor, an der ein Zettel hing: *Bitte wasch mich.* Wie bitte? Für jeden unnötigen Mist im Büro, den nie jemand brauchen konnte, wurden Unmengen von Geld hinausgeschleudert, aber für eine neue Klobürste reichte es nicht?! Das war´s, dies war mein noch fehlender Tropfen. Jetzt war mein Limit erreicht. Wutschnaubend und völlig außer mir raste ich nach Hause, wo ich Micha unter Tränen meinen Zorn entgegenschleuderte. Er wusste, dass ich einfach nur ein Ventil brauchte, um Dampf abzulassen. Er ließ mich toben, bis ich erschöpft in seinen Armen zusammenbrach. Micha beschwor mich, die Kündigung einzureichen und diesen so gehassten Job hinzuschmeißen, um wieder seine fröhliche und ausgeglichene Heike zurück zu bekommen. Ich höre nicht sehr oft auf seine Ratschläge, aber diesmal tat ich es. Gleich am nächsten Tag schrieb ich die Kündigung; lediglich um meine beiden mir lieb gewonnen Arbeitskolleginnen und unser gemeinsames morgendliches Ritual tat es mir leid. Zwei Wochen Kündigungsfrist musste ich einhalten, die ich auch noch irgendwie hinter mich brachte. Ich hatte mir geschworen, in Zukunft nie wieder eines dieser Gebäude zu betreten - jedenfalls nicht um sauber zu machen!

Ich war so froh, wieder zu Hause zu sein. Meine ständige schlechte Laune änderte sich schlagartig, und nur nach wenigen Tagen fand ich zu meinem alten Selbst zurück. Micha war erleichtert - nun hatte er seine Heike wieder! Selbst mein Gemecker und Rumkommandiere hätten ihm gefehlt…

Endlich war ich wieder in der Lage, mich ohne Unmut meinem Haushalt zu widmen, es machte sogar Spaß. Mit Begeisterung verwandelte ich eines unserer ehemaligen Gästezimmer endgültig in mein Reich; Traumfängermaterialien nebst Federn, Perlen und Schnüren wanderten vorläufig in Wandschränke, während meine im Laufe des Jahres erworbene Ausstattung fürs Kartenbasteln nun den größten Teil des Raumes in Anspruch nahm. Stunden verbrachte ich mit Stempeln und Aquarellstiften, Bändern und Stanzen.
So oft Schiffe mit deutschen Passagieren im Hafen anlegten, verdiente ich Geld mit meinen geliebten Guidetouren. Noch war einen ganzen Monat Saison - das Danach bereitete mir allerdings wieder Kopfzerbrechen. Eine Weile würden wir mit Michas Gehalt hinkommen, aber besonders lange durfte sich diese Phase nicht hinziehen.
Wir waren nun schon ein ganzes Jahr in Norwegen.

Ende August traf noch ein einzelner Gast ein: mein Exmann und somit Vati von Kai. Wir verbrachten schöne und lustige Tage, ohne jegliche Spur von Streit oder Vorwürfen. Micha und er machten sogar zusammen einen Ausflug zum Geirangerfjord. Kai freute sich und war stolz darauf, seinem Vater zu zeigen, was er alles in einem Jahr erreicht hatte.
Auch der nächste Besuch ließ nicht lange auf sich warten; allerdings aus weniger erfreulichen Gründen.
In Åndalsnes hielt sich hartnäckig das Gerücht, dass ein ansässiger Deutscher andere Einwanderer bei der Polizei anschwärzte, wenn sie nach längerer Zeit in Norwegen ihr deutsches Auto nicht umregistriert hatten und noch mit deutschem Nummerschild fuhren. So wie wir. Ich machte mich schnellstens kundig und erkannte mit niederschmetternder Gewissheit, dass es völlig egal war, dass unser schöner Pickup auf meinen Vati zugelassen war. Wir waren die Fahrzeugführer und ohne festen Wohnsitz in Deutschland. Bei einer einmaligen Kontrolle hätten wir uns noch herausreden können, dass wir das Auto nur leihweise fuhren, aber dies funktioniert wohl nicht besonders gut, wenn man täglich mehrmals über Monate hinweg

direkt an der Polizeiwache vorbeifahren muss. Auf diversen Internetseiten des Zolls kann man sich ausrechnen lassen, wie hoch die Abgaben bei der Registrierung eines ausländischen Autos sein würden. Du lieber Himmel! Wir wollten doch das Auto kein zweites Mal kaufen! Aber die Einfuhrumsatzsteuer und der zu entrichtende Zoll waren tatsächlich fast so hoch wie der Kaufpreis des Autos in Deutschland, ein völliger Wahnsinn! Wir hatten beim Kauf nicht nur die rosa Brille aufgehabt – die musste schon mehr als dunkelrot gewesen sein.

Also entschlossen wir uns schweren Herzens, unseren Pickup wieder nach Deutschland zurückzuschaffen und dort zu verkaufen.

Tagelang wühlten Kai und ich uns durch das norwegische Internet, um einen würdigen Nachfolger für unser Auto zu finden. Es war deprimierend. Die Preise für einen ähnlichen Wagen lagen fernab unserer finanziellen Möglichkeiten, also schalteten wir nicht nur mehrere Preisklassen zurück, sondern sahen uns auch gezwungen, die Kilometerstände und das Alter unseres potentiellen neuen Wagens in ungeahnte Höhen zu schrauben. Letztendlich entschieden wir uns für einen VW Transporter, zwölf Jahre alt und knappe 200.000 Kilometer auf dem Buckel, für stolze sechstausend Euro, verdammt viel Geld für einen zwar nicht so wunderschönen, aber immerhin praktischen fahrbaren Untersatz. In Deutschland fast ein Fall für den Schrotthändler - nach norwegischen Maßstäben gerade erst richtig eingefahren. Entweder fährt man hierzulande nagelneue Schniegelautos oder alte Kisten, die der Verschrottung Jahr für Jahr gerade noch mal so von der Schippe hüpfen und sich jedes zweite Jahr durch die EU-Kontrolle (TÜV) quälen.

Wie auch immer, mehr gab unser Geldbeutel einfach nicht her. Und wir brauchten einen größeren Wagen, um auch unsere Hundeboxen nebst Inhalt darin unterzubringen.

Wir spannten unseren Pickup das letzte Mal vor einen Hänger und holten aus Oslo den "neuen" Transporter, da dieser nicht angemeldet und somit noch nicht fahrbar war. Dunkelrot und neu lackiert lachte er uns an, jedoch konnte er beim näheren Hinsehen nicht über seine bereits überschrittenen Jugendjahre hinwegtäuschen. Die ein oder andere Delle übersahen wir geflissentlich, und der Ölfleck unterm Auto musste ja nicht zwingend von unserem Wagen stammen...

Einige Stunden danach stand er auf unserem Hof. Natürlich mit Ölpfütze. Kais Ausbildung sei Dank.

Mit viel Geduld und Aufwand seitens meiner Eltern fanden wir endlich einen Käufer für unseren Pickup, denn trotz toller Ausstattung (oder gerade deshalb) und seinen nicht unerheblichen Unterhaltungskosten zählte er eher zu den weniger begehrten Wägen in meiner alten Heimat.

Vati und ein guter Bekannter kamen mit dem Flugzeug zu uns, um dann das Auto nach Deutschland zu fahren. Haaach, was für ein Schmerz! Nur ein Jahr lang hatten wir die Fahrfreuden unseres L200 genießen können... es war so unfair. Erneut machten uns die norwegischen Gesetze einen Strich durch die Rechnung und zeigten uns die Nachteile fehlender EU-Zugehörigkeit auf. Aber es war unsere eigene Schuld; wir hätten wissen müssen, dass es kaum Gesetzes-Schlupflöcher bei solchen Dingen gibt. Und wieder einmal hatten wir teuer Lehrgeld bezahlt.

Der August ging vorüber; erste bunte Blätter kündigten den nahen Herbst an. Jedes Jahr Ende September findet in Åndalsnes der sogenannte *Romsdalsmartnan* – eine Art Jahrmarkt – statt. Dieser Markt ist Tradition seit vielen Jahrhunderten; schon im Mittelalter zogen Händler mit voll beladenen Packpferden über den Pass der heutigen Trollstigen, um ihre Waren auf diesem wichtigen Markt zu verkaufen. Von altertümlichem Flair ist davon heute nichts mehr spürbar; in der jetzigen Zeit ist der Romsdalsmartnan ein bunter Mix aus modernen Verkaufsständen, Fressbuden und grellbunten Fahrgeschäften. Lediglich einige lokale Händler und Hersteller einheimischer Lebensmittel und Gebrauchsgegenstände verleihen ihm noch einen kleinen Hauch Nostalgie der längst vergangenen Tage.

Irgendjemand fragte uns, ob wir nicht auch Lust hätten daran teilzunehmen und unser kleines Indianerlager zu präsentieren. Wir zögerten; der Gedanke an das aufwendige Auf- und Abbauen des Tipis und der möglicherweise damit verbundenen Stimmungsschwankungen des weißen Häuptlings ließen mich eher zu einer Absage tendieren. Andererseits bot sich hier eine gute Möglichkeit, uns vielen Leuten zu zeigen und kostenlos die Werbetrommel zu rühren. Und was noch wichtiger war: Die Leute würden uns kennenlernen, und wir einen wichtigen Schritt in Richtung Integration tun. Also sagten wir zu, an drei Tagen des letzten Septemberwochenendes unser Zelt auf einem kleinen Randgelände des Festplatzes aufzubauen und auch die Pferde mitzubringen.

Leider gibt es keine verlässliche Wettervorhersage für mehrere Wochen im Voraus, sonst hätten wir die ganze Aktion gar nicht erst in Angriff genommen. Aber zurück konnten wir nun auch nicht mehr. Eine Woche vorher schauten wir schon besorgt auf den Wetterkalender, der nichts wirklich Gutes verhieß. Wie sollte es auch anders sein - schon in Deutschland hatte bei keinem einzigen Fest in unserer Indianerreservation die Wetterfee auf unserer Seite gestanden.

Jedenfalls bauten wir am Donnerstag unser Tipi ab (wie immer reißt man schneller ein als man aufbaut), packten kistenweise indianische Ausstattung zusammen und polierten die Pferde auf Hochglanz. Die Frage nach dem Transport unserer acht Meter langen Tipistangen klärte sich, indem uns Fredrik seinen Traktor plus Hänger und sich selbst als Fahrer zur Verfügung stellte. Ich habe keine Ahnung, ob er wusste, auf was er sich da einließ. Wir fuhren im Normalfall die Strecke nach Åndalsnes in zwanzig bis fünfundzwanzig Minuten – mit dem Traktor wollte sie kein Ende nehmen. Nach schier ewigen eineinhalb Stunden kamen wir endlich an und bauten unser kleines Lager auf; Tipi, Pferdeweide, Feuerstelle.

Was soll ich noch weiter erzählen? Ab Freitag regnete es durchgehend in Strömen. Unsere liebevoll aufgetragene Kriegsbemalung floss den Pferden wie blutige Rinnsale die Beine hinunter, die Feuerstelle verwaiste unbenutzbar, und der Boden im und ums Tipi verwandelte sich in schmatzenden braunen Schlamm. Auch wenn die

Zeltplane einiges an Wasser verträgt – tagelangem Dauerregen muss auch sie sich irgendwann geschlagen geben. Trotz geschlossener Rauchohren bleibt am Stangenkreuz immer eine kleine Öffnung, durch die das Wasser letztendlich an den Innenseiten der Plane hinab läuft. Es tropfte auf unsere mit heiligen Ikea-Kuhfellen ausgestatteten Sitz- und Liegeplätze und zerstörte damit unsere Bemühungen, den Norwegern diese indianische Art zu Wohnen sympathisch zu machen. Auch wenn die Skandinavier wettertechnisch hartgesotten sind und sich von so normalen Naturerscheinungen wie Regen nicht abhalten lassen – bei solchen Ereignissen drückt es selbst ihnen ein wenig auf die Stimmung. Einige wenige verirrten sich zu uns, um andächtig Michas Ausführungen zu lauschen (oder dankbar, dem kühlen Nass von oben für einige Minuten zu entkommen und sich an einem wenigstens noch halbwegs trockenem Fleckchen aufhalten zu können). Am beliebtesten waren noch immer unsere Pferde; Kinderreiten ist wohl überall ein Publikumsrenner und Anziehungspunkt.

Wir bissen die Zähne zusammen und hielten auch den Samstag noch durch, bevor wir am Abend das Handtuch warfen und die durchnässten Pferde nach Hause in ihren warmen kuscheligen Stall fuhren und unsere wichtigsten Sachen aus dem Tipi räumten. Integration und norwegische Nächstenliebe hin oder her – genug war genug.

Nachdem unser mit viel Aufwand vorbereiteter Auftritt in der Åndalsneser Szene buchstäblich ins Wasser gefallen war, schworen wir uns, so einen *Zirkus*, wie Micha es nannte, nie wieder zu veranstalten. Und das taten wir auch nicht.

Nun mussten wir uns über etwas anderes Gedanken machen: Wir wollten zu Andre´s Hochzeit nach Deutschland reisen. Wie eh und je standen wir vor dem Problem: Wer passt auf die Tiere auf? Und wieder waren es Annett und Robert, die sich sofort bereit erklärten, eine Woche Arbeitsurlaub in Norwegen zu machen. Dankbar nahmen wir ihr Angebot an. Mitte Oktober trafen sie bei uns ein, übernahmen souverän die Hofleitung und ließen uns guten Gewissens mit unserem *feuerroten Spielmobil* Richtung Erzgebirge davonbrausen, wohl wissend, unsere Fellnasen in den besten Händen zurückgelassen zu haben.

Wir düsten direkt in eine Autowerkstatt, um das ein oder andere Wehwehchen unseres roten Flitzers behandeln zu lassen, die uns bei der langen Anfahrt die Schweißperlen auf die Stirn getrieben hatten. Irgendwelche Düsen und Filter und Schläuche…was eben nicht wirklich viel kostet, aber sich unterm Strich ordentlich „zusammenlappert“. Unser Autoschrauber war begeistert, in welch gutem Zustand der Unterboden des alten Gefährtes noch war; aufgrund des so extrem sparsam eingesetzten Salzes im Winter leiden die Karosserien der norwegischen Autos sehr viel weniger unter Verschleiß.

Auch fielen wir mit unserem grünen Nummerschild auf, ein durchaus häufig anzutreffendes Bild bei uns. Grüne Schilder bedeuten die Zulassung als *varebil,* was im übertragenen Sinne *Lieferwagen* oder *Transporter* bedeutet. Allerdings trägt auch ein großer Teil von Personenwagen dieses Schild, nämlich wenn man die hinteren Sitze dauerhaft entfernt und dies auch in der Zulassung eintragen lässt.

Noch eine Besonderheit im Gegensatz zu Deutschland gibt es bei den Autokennzeichen: Wenn ein Wagen das erste Mal in Norwegen zugelassen wird, bekommt er ein Nummerschild mit den Buchstaben der jeweiligen Kommune. Dieses Kennzeichen behält das Auto dann bis zu seinem ruhmreichen Ende – egal wo der Fahrzeughalter ansässig ist. Dies hat den Vorteil, dass man in der Zulassungsstelle alles über das jeweilige Fahrzeug in Erfahrung bringen kann: Wie viele Eigentümer es schon hatte, ob die Straßenabgabe bezahlt ist (das norwegische Pedant zur Kfz- Steuer) oder schon mal ein Unfall registriert wurde. Auch in den Autowerkstätten erleichtert diese Art der Registrierung ernorm die Arbeit: Kennzeichen eingeben, und schon sind alle Daten ersichtlich. Wann welche Arbeiten daran ausgeführt wurden, welche Ersatzteile man benötigt oder welches Öl aufgefüllt werden muss. Heute ist es sogar so, dass die meisten Tankstellen einen kleinen PC haben, in den der Kunde einfach sein Autokennzeichen eingibt, und schwups! erscheint auf dem Schirm, welche Glühbirnen und Scheibenwischer er braucht, oder wann der nächste TÜV fällig ist. Tolle Sache, finde ich.

Wir verbrachten eine schöne Woche in der alten Heimat, natürlich mit der Hochzeit meines Bruders als Höhepunkt. Es war ein rauschendes Fest, wir verlebten lustige Stunden mit der ganzen Familie und genossen die kurze Auszeit vom Arbeits- und Hofleben. Vollgepackt mit deutschen Lebensmitteln, einigen Bierkästen und der ein oder anderen gut versteckten Flasche lecker Likörchen fuhren wir wieder heim; Kai als blinder Passagier im Laderaum, da es sich trotz dreier Sitze im Fahrerhaus auf dieser langen Strecke extrem ungemütlich sitzen ließ. Nur bei den Zollkontrollen quetschten wir ihn mit auf die Sitzbank – nicht dass sie uns den Sohnemann noch als illegalen Einwanderer verhaftet hätten!
Rechtzeitig zum ersten Schneefall trafen wir am 27. Oktober wieder auf Skiri ein. Annett und Robert hatten uns toll vertreten, alles war in schönster Ordnung. Nur das Fehlen der Sonne sei gewöhnungsbedürftig, meinten sie. Oh ja, und wie sehr einem ihre Abwesendheit aufs Gemüt schlagen konnte, sollten wir noch erleben.

20. Einen Cheesburger ohne Käse bitte!

Der Oktober und November verliefen im Großen und Ganzen ereignislos. Nach über einem Jahr in der neuen Heimat zogen wir Bilanz:

- Finanziell ging es uns besser als je zuvor. Obwohl ich schon mehrere Wochen kein Einkommen mein Eigen nennen konnte, tummelte sich auf Michas Konto genügend Geld, um den Alltag zu bestreiten. Trotz Umzugskosten, Verkalkulierung im Autogeschäft und recht teurem Futterkauf für die Pferde hatten wir sogar ganz nebenbei unsere Dispo-Kredite als lästiges Überbleibsel aus deutschen Landen abbezahlt.

- Wir wohnten in einem wunderschönen kleinen Häuschen, in einer landschaftlich traumhaften Gegend. Unser eigener Strand am Raumafluss, große Waldflächen und saftige Weiden ließen uns so nah an der Natur sein wie es nur möglich war.

- Wir besaßen zwei gesunde, muntere Pferde, die wir in Eigenregie und genau nach unseren Vorstellungen halten konnten. Für unsere Hunde war Skiri das reinste Paradies – Auslauf ohne Ende.

- Micha hatte sich auf Arbeit eingelebt und sich an die norwegischen Fahrgepflogenheiten mehr oder weniger gewöhnt. Selbst das verhasste Hängerschieben wich einer sicheren Routine; seine Kollegen erkannten neidlos sein Können an.

- Rein schulisch lief es bei Kai prima, er glänzte mit guten Leistungen, die niemand erwartet hätte. Er sprach ziemlich fließend und dialektisch ausgefeiltes Norwegisch, das Micha und ich kaum verstanden. Seine einzigen Freunde waren nach wie vor Toni, der Deutsche, und unser Fredrik.

- Meine Karriere als Putzfrau hatte geradeso ein Jahr angehalten. Dafür rief die Arbeit als Guide ungeahnte Talente in mir wach; die Objekte meiner Begierde -Kreuzfahrtschiffe- waren zum Greifen nah, und meine Träume krochen langsam wieder an die Oberfläche.

- Nach anfänglichen Schwierigkeiten funktionierten Telefon und

Internet tadellos, so dass der täglicher Gedankenaustausch und Arbeitsbericht an meine Eltern ungehindert stattfinden konnte. Sie hatten sich mit unserem Weggang wohl oder übel abgefunden, auch wenn es immer noch schwer fiel. Aber sie waren stolz auf uns.

- Im Laufe der Zeit gewöhnten wir uns halbwegs an das norwegische Lebensmittelangebot (was nicht heißen soll, dass der deutsche Bäcker, Fleischer, Kaufland & Co aus unseren Gedanken verschwunden waren).

- Trotz Nervenkrieg und Ansichten, wie sie oft unterschiedlicher nicht sein können, hatten sich Micha und ich noch nicht die Köpfe eingeschlagen.

- Die Norweger erschienen uns immer noch in vielen Dingen suspekt.

Doch auch nach über einem Jahr im gelobten Lande gab es außer Fredrik niemanden, den wir richtig als Freunde bezeichnen konnten. Mittlerweile hielt man mich beim Einkaufen nicht mehr für einen Touristen; man nickte mir freundlich zu. Dank meiner angeborenen Aufgeschlossenheit gelang es mir hin und wieder sogar, einem Einheimischen ein Gespräch aufs Auge zu drücken. Das war aber auch der einzige Fortschritt in punkto Integration, den ich verbuchen konnte. Vielleicht hätte ich im Kirchenchor mit singen sollen, wie es mir geraten wurde, oder in die Handballmannschaft eintreten. Jedoch halte ich mich weder für eine talentierte Sängerin (es sei denn, die Gesangsauftritte als Engel während der Christmette als Zehnjährige hätten mich dazu qualifiziert), noch wollte ich den recht erfolgreichen andalsneser Handballerinnen die Freude an ihrem Sport nehmen (bereits im Schulsport hatte sich leider offenbart, dass mir niemand einen begnadeten Wurfarm vererbt hatte).

Ich veranstaltete auf Initiative von Fredriks Mutti Tove hin im *husflidslag* -Handarbeitsverein- einen Traumfängerkurs. Es erschienen tatsächlich einige motivierte Damen und brachten durchaus schöne indianisches Relikte zustande, während der größere Teil seine

Strick- und Häkelsachen auspackte und beherzt drauflos klapperte. Ich kenne kein Volk, bei dem mehr Garn und Wolle verarbeitet wird wie in Norwegen.

Wir versuchten so viel wie möglich am gesellschaftlichen Leben teilzunehmen, aber die meisten zwischenmenschlichen Kontakte blieben eher oberflächlich. Wir vermissten unsere Familie und Freunde aus Deutschland. Trotz der mittlerweile viel besser gewordenen Sprachkenntnisse war es immer noch schwierig, ein längeres sinnvolles Gespräch mit Norwegern zu führen. Auch hatten wir gelernt, bestimmte Themen lieber außen vor zu lassen, weil unsere Auffassungen darüber völlig gegensätzlich sind. Zum Beispiel zuckelte uns Fredrik einmal zu einem seiner Freunde mit. Da unsere geschmuggelten Alkoholvorräte dem Ende zugegangen waren, mussten wir wohl oder übel dem örtlichen *vinmonopol*, (Laden für die höherprozentigen Getränke) einen kurzen Besuch abstatten. In Norwegen ist es nicht üblich, dass der Gastgeber seine Gäste mit alkoholischen Getränken versorgt. Jeder bringt selbst mit, was er gern trinkt. Es kann schon vorkommen, dass auch mal Bier und ein Glas Wein ausgegeben wird oder gar eine Flasche Jägermeister die Runde macht, aber erwartet oder vorausgesetzt wird es nicht.

Nach langem Überlegen entschieden wir uns für die preiswerteste und zugleich praktischste Variante: einen Drei-Liter Rotwein-Tetrapack mit eingebautem kleinen Zapfhahn zum absoluten Schnäppchenpreis von vierzig Euro. Wir verbrachten einen lustigen und netten Abend, bis der Hausherr sein Fotoalbum herauskramte und uns stolz die Jagdbeute seines Kanada-Urlaubes präsentierte: eine Pickup-Ladefläche voll erschossener Wölfe. Na da war er bei uns an der richtigen Adresse! Micha schaffte es noch höflich zu fragen, ob die Wölfe ihn angegriffen hätten oder sonst irgendwie Gefahr von ihnen ausgegangen sei. Natürlich nicht, aber in Kanada gäbe es genügend davon, und man sei ja froh, wenn einem mal was anderes vor die Flinte kommt als immer nur Elche und Hirsche.... Ganz falsche Antwort. Während ich noch fassungslos das Gesehene und

Gehörte verdaute, sah ich bereits, dass Micha seine Messer gewetzt und eine deutsche Verbalattacke mit norwegischer Zeichensprache in Gang gesetzt hatte. Ich konnte ihn mit Mühe und Not zum Aufbruch überreden, bevor die mangels norwegischer Sprachkenntnisse recht einseitig geführte Diskussion über den Zweck einer Jagd und die Einstellung zum Lebewesen Tier im Allgemeinen echten Schaden anrichten konnte. Ich muss wohl nicht extra erwähnen, dass wir die Chance zum Aufbau einer festeren Kameradschaft mit Freude ungenutzt verstreichen ließen.

Das leidige Thema Jagd oder artgerechte Tierhaltung sollte uns noch des Öfteren in einen moralischen Zwiespalt bringen. Sind Elche und Hirsche nicht mehr genug, probiert man sein Jagdglück in Deutschland an Wildschweinen oder den USA bei Wölfen und Bären. Wenn das auch zu langweilig oder unspektakulär wird, reist man eben nach Afrika, um sich dort seine Trophäen zu holen. Taucht in unserer Gegend, in der Bär und Wolf als ausgerottet gelten, doch einmal ein vereinzelter Irrläufer auf, stehen sofort hunderte von Jägern Schlange, um eine *jakttillatelse*, die Abschussgenehmigung, zu ergattern. Ich verabscheue die Fotos in den einschlägigen Magazinen, in denen sich die Jäger ruhmreich und stolz mit ihrer blutigen Beute präsentieren. Die Norweger haben eine völlig andere Einstellung zu Tieren, deren Haltung und Schutz als wir, und deshalb ist dies ein Thema, bei dem wir mit den Einheimischen nie auf einen Nenner kommen werden. Das macht uns das Herz manchmal schwer.

Einige nette Abende verbrachten wir mit Michas Arbeitskollegen Johnny und seiner Familie (seine Frau singt im Kirchenchor). Aber es konnte einfach nicht das gleiche sein, wie wir es von unseren deutschen Freunden gewohnt waren; dafür fehlte der Gesprächsstoff ebenso wie eine gemeinsame Grundlage in den verschiedensten Alltagsdingen.

Und so blieben mir auch weiterhin meistens allein.

Wir bereiteten uns seelisch und moralisch auf den nächsten Winter vor, schon unseren zweiten in Norwegen. Jedoch ließ der noch ein wenig auf sich warten; nach einem kurzen Puderzucker-Überraschungsangriff Ende Oktober übernahm ein goldener Herbst die Führung bis Ende November. Mitte des Monats zeigte das Thermometer sogar unglaubliche 18 Grad an!

Die angenehmen Temperaturen änderten jedoch nichts an der Tatsache, dass sich die Kreuzfahrtschiffe in südlicheren Gefilden umher trieben und damit meine einzige Einnahmequelle versiegt und weit und breit keine andere in Sicht war. Langsam kroch wieder Unmut und Rastlosigkeit in mir hoch - im Gegensatz zu meinem Kontostand, der sich langsam aber sicher auf ein bedenklich niedriges Niveau zu bewegte. Die tägliche Hausarbeit langweilte mich, Kochen wurde wieder zur lästigen Pflicht und Skiri hing mir zum Hals raus.

Dieser Zustand sollte sich bald ändern.

Eines Nachmittags im November kam Fredrik zu uns und ließ nebenbei die Bemerkung fallen, dass man in der Statoil Tankstelle in Åndalsnes eine Stelle neu besetzen wolle. *Tankstelle…* dachte ich, *na prima.* Passte wieder genau in mein Ausbildungsschema und meine Vorstellung eines erfüllten Beruflebens. Da aber momentan weder ein hoch bezahlter Chefsekretärinnen-Job in Aussicht stand, noch eine unvorhergesehene Geldquelle aufzutauchen gedachte, fügte ich mich in mein Schicksal und fuhr zur Statoil, um eine Bewerbung abzugeben. Alles was ich zu diesem Zeitpunkt wusste war, dass zur Tankstelle auch eine Autowerkstatt gehörte und ich diverse Tank-LKW´s mit der Statoilaufschrift durch die Gegend rasen sah. Dabei ist die Statoil-Tankstellen-Kette nur ein kleiner Teil des riesigen Erdöl-und Erdgaskonzerns gleichen Namens, der in fünfunddreißig Ländern der Erde operiert und als Norwegens größtes Unternehmen gilt.

Fredrik glänzte wieder mit Insiderwissen und erzählte mir, dass der Inhaber Nils Ivar Heggem und seine Mitarbeiter für ihr *gutes soziales*

Zusammenspiel bekannt waren. Man würde viel miteinander unternehmen, und die alljährlichen Weihnachtsfeiern seien dem Hörensagen nach ein Knaller. *Ach herrje*, dachte ich in Erinnerung an unseren Auftritt bei Michas *julebord* im vergangenen Jahr.

Der *daglig leder*, der Leiter oder Geschäftsführer der Tankstelle, war eine Frau, und ein ganzes Stück jünger als ich. Monica schien recht nett zu sein, vor allem ihr fast dialektfreies Norwegisch (welches sie sich sicher mir zuliebe bemühte zu sprechen) machte sie mir gleich um Klassen sympathischer. Meine ausländische Herkunft wäre absolut kein Ablehnungsgrund, im Gegenteil. Monica fragte mich im Vorstellungsgespräch unter anderem, ob ich gerne Essen kochen würde. Ich war vorerst etwas irritiert, denn mehr als das übliche Fast-Food-Angebot war mir bisher in der Tankstelle nicht über den Weg gelaufen. Ich bejahte vorsichtshalber, nicht das diese einmalige Chance auf einen Traumjob wegen Koch-Unlust flöten ging... Und ob ich mir die Arbeit mit Kunden zutraue? Nun musste ich meine potentielle Chefin aber darüber aufklären, dass ich in den letzten Jahren vor unserem Abflug ins Schlaraffenland mit Lieferanten verhandelte, mich erfolgreich mit den Arbeitern meiner Abteilung herumgeschlagen hatte und bei den Firmenkunden durchaus beliebt war! Als dann noch die Sprache auf die notwendige Sauberkeit der *bensinstasjon* kam, nickte ich nur noch gottergeben. Noch war nicht sicher, ob ich die Arbeitsstelle überhaupt bekam, und wusste doch schon, dass ich sie eigentlich nicht wollte. Ich war eindeutig überqualifiziert!

Ich bekam den Job.

Als erstes drückte mir Monica eine Handvoll Arbeitskleidung in den Arm. Graue Hosen und orangefarbene T-Shirts. Modisch eher nicht ansprechend, aber gut geeignet, weil schnell trocknend und bügelfrei. Ein Anstecker mit meinem holden Namen prangte über meiner linken Brust, der die nächsten Tage bei den Stammkunden der Tankstelle Verwirrung auslöste. So oft hatte noch nie jemand auf meinen (linken) Busen gestarrt! Ich weiß nicht, wie viele Male ich in den nächsten Wochen die Frage*: Hvor kommer du fra*? *Wo kommst du denn her?* gestellt bekommen und brav beantwortet habe: *Fra Tyskland og Skiri. Aus Deutschland und von Skiri.*

Eine junge Kollegin und Monica lernten mich an und führten mich in die täglichen Abläufe ein. Innerhalb weniger Minuten war mir klar, dass eine Tankstelle bei weitem nicht nur zum Tanken da ist. Ein fast ebenso großer Bestandteil meiner Arbeitsaufgaben würde zukünftig der Verkauf von diversen Würsten, Baguettes, Boller (bereits vorher erwähnte und selbst getestetes Hefebackwerk in der Art von Milchbrötchen mit viel Zimt und Zucker, mit Rosinen oder Schokoladebröckchen bestückt) und Hamburgern sein. Letztere werden (je nach Laune des Angestellten und der Anzahl an diesem Tag bereits gefertigter Teile) mit mehr oder weniger großer Hingabe in Handarbeit hergestellt. Aus einer gefrosteten Scheibe gepressten Fleisches (je nach Umfang des Hungers wahlweise in kleiner, mittlerer oder großer Ausführung) und einem runden Brötchen (dies wird vor der Beladung noch getoastet) wird ein für deutsche Begriffe recht kostenintensiver Burger zusammengestellt, der jedoch Mc Donalds & Co meilenweit in den Schatten stellt. Jeder Burger ist ein Unikat. Mit Käse obendrauf oder untendrunter, mit gebrutzeltem Schinken oder ohne, mit Tomate, viel Salat oder gar keinem, mit Mais und viel Dressing (damit der Fußboden vor der Theke auch ein bisschen ordentlich Farbe bekommt und die Angestellten etwas zum Saubermachen haben). Die Variationen waren schier unbegrenzt und setzten meiner kreativen Ader keinerlei Grenzen. Das gleiche galt für die *pølse*, die Würstchen. Man konnte sie in feinem oder grobem Brötchen haben (wobei es da nicht wirklich einen großen Unterschied gibt, aber es beruhigt das Gewissen ungemein, wenn man sich für das leicht dunklere Teil entscheidet), mit Kartoffelsalat drauf (jawohl!! Kartoffelsalat INS Brötchen – muss man das verstehen??!!) oder Shrimpssalat oder Röstzwiebeln oder normale Zwiebeln. Die Würste selbst.... Nun gut. Grillwürste, die gleichen Würste mit bisschen Käse drin und in Schinken gewickelt, mit Zwiebel drin oder irgendwelchen anderen Ministückchen. Schmecken tun sie trotzdem alle irgendwie nach nix – umsonst singen die Norweger keine Lobeslieder auf deutsche Bratwürste.

Jedenfalls verbrachte ich eine Menge Zeit damit, diverse Fast-Food-Gerichte aufzuwärmen oder zusammenzubasteln. Also nix mit Kochen oder so. Der Norweger ist ein Verfechter des Fertig-Essens; er vertilgt genauso viel Tiefkühlpizza wie die Deutschen – das heißt im Klartext: Fünf Millionen Einwohner gegen achtzig Millionen! Ich sag ja immer: Die haben keine ordentliche Esskultur. Aber sie glauben mir ja nicht.

Überall, wo viele Menschen unterwegs sind, mit ihren dreckigen Schuhen durch die Gegend laufen, essen, trinken und die Toilette benutzen, muss geputzt werden. Mehrmals täglich. Da hatte sie mich wieder eingeholt, meine Lieblingsbeschäftigung! Aber was sein muss, muss sein. Und natürlich sah ich hier auch ein, dass schon aus hygienischen Gründen Sauberkeit groß geschrieben werden MUSS. Nicht wie in den Büros meiner Putzära, wo ich täglich imaginäre Stäubchen oder Fettfinger von steril sauberen Schreibtischen zu entfernen hatte.

Aber das Allerwichtigste in jeder Statoil Tankstelle ist die Kaffeemaschine. Es vergehen wohl keine zwei Minuten, ohne dass nicht mindestens eine Tasse des schwarzen Gebräus aus der Maschine rinnt. In den einschlägigen Pausenzeiten steht man auch schon mal Schlange! Wer schon einmal seinen Fuß in ein solches norwegisches Etablissements gesetzt hat, kennt sicher diese wunderbare Erfindung, für die jeder deutsche Fernfahrer ein halbes Königreich hergeben würde: Der Statoil-Jahresbecher. Ende Dezember oder Anfang Januar kauft man einen isolierten Kaffeebecher für ca. dreißig Euro (auch als nettes Weihnachtsgeschenk für die fantasielosen oder In-letzter-Minute Käufer gut geeignet) und kann ihn dann das ganze Jahr lang kostenlos mit heißen Getränken vom Automaten füllen, in allen Statoil-Stationen des Landes. Genial, oder? Bei dem enormen Kaffeekonsum der Norweger rechnet sich der Kauf eines solchen Bechers schon nach wenigen Tagen. Ich kenne nur wenige Norweger, die keinen Kaffeepott besitzen.

Ich arbeitete mich schnell ein, es herrschte ein lockeres und lustiges Arbeitsklima zwischen allen Mitarbeitern der großen Heggem-Familie: die Werkstattjungs, meine Kolleginnen (genannt auch *pølsedamer* = Würstchenfrauen - ich hasse diesen Ausdruck!!) und die Tankfahrer. Alle waren lieb und hilfsbereit; es wurde viel gescherzt und gewitzelt (auch wenn ich manchmal entweder das Genuschel oder aber den Witz als solches nicht verstand). Bald hatte ich fast alle Namen meiner Kollegen intus und erfreute mich auch sonst an der mannigfaltigen und fantasievollen Namenspracht, mit der ich bei der DVD- oder Autohänger-Ausleihe konfrontiert wurde (sich norwegische Vornamen wie Geir Arne, Rigmor, Ragnhild, Thor Leif oder Alf Inge zu merken ist nämlich gar nicht so einfach! Oft wusste ich nicht einmal, ob sich Männlein oder Weiblein dahinter verbarg.)

Ich lernte nicht nur, wie ich den perfekten Hamburger zubereite, die Autowaschanlage funktioniert oder welche Mittelchen in welchen Behälter des Autos geschüttet werden müssen. Am schnellsten hatte ich mir -je nach Situation variierbare- Methoden angeeignet, wie ich mich am besten aus der Affäre zog, wenn ich etwaige Vokabeln meines Gegenübers nicht verstand. Manche Leute konnten einfach beim Reden die Zähne nicht auseinander machen! Recht wirksam erwies sich das Ablesen eines Schlüsselwortes von den Lippen, um das ich mir dann den Rest drum herum bastelte. Ging meistens gut. Manchmal musste ich auch zweimal nachfragen, und wenn dann kein Wort so ähnlich klang wie Hamburger, Boller, Wurst, Glühbirne oder Scheibenwischer, bedauerte ich höflich, dass wir dies nicht in unserem Sortiment haben. Es kam anfangs hin und wieder zu sprachlichen Missverständnissen, über die wir herzhaft lachten und nie jemand übel nahm. Innerhalb kürzester Zeit verbesserte ich meine Sprachkenntnisse um ein vielfaches. Jeden Tag hatte ich direkten Umgang mit Norwegern, die mit den unterschiedlichsten Dialekten um sich schmissen. Das machte es nicht gerade einfacher, aber wenn ich mich tapfer an meine Schlüsselwort-Methode hielt, konnte ich sogar Dänen und Schweden fast jeden Wunsch erfüllen. Ich sprach nun jeden Tag mehrere Stunden norwegisch - so eine Tanke eignet sich besser wie jede Sprachschule!

Ach ja, es war schon wie ein Tor in eine neue Welt. Von der kleinen Insel Skiri in die Metropole der Stadt Åndalsnes, vom ruhigen eintönigen Leben mitten ins Gewühle! Trotz des Vorhandenseins dreier weiterer Tankstellen verbuchen wir einen stetigen, nur selten abreisenden Kundenstrom; in kürzester Zeit lernte ich enorm viele Leute kennen. Ab sofort war ich kein Niemand mehr, sondern die Deutsche aus der Statoil (meinen Namen konnten sich die Stammkunden erst nach einigen Monaten merken. Wenn sie ihn dann endlich verinnerlicht hatten, ging das *Hallu Haike!* Wie von alleine über die Lippen.) Auch jetzt war ich wieder dankbar und froh, dass ich kein Kind von Traurigkeit oder gar kontaktscheu bin, denn meine offene Art machte mir in dieser Einarbeitungszeit vieles einfacher. Manche Kunden kramten ihre paar Brocken deutsch hervor, die sie noch aus der Schulzeit kannten. Mein Chef Nils Ivar kann sogar alle Strophen der Lorelei auswendig! Oder die Leute erzählen mir, wo in Deutschland sie schon überall gewesen sind. Und die meisten hatten viel Deutschlanderfahrung! Wenn ich sie danach frage, kommt wie aus der Pistole geschossen: KIEL ! (Es gibt wohl kaum einen Norweger, der noch nie die Fähre von Oslo nach Kiel gefahren ist, um sich dort billig mit Schnaps und Wein einzudecken.) Oder MÜNCHEN (das Oktoberfest lässt grüßen! Es macht mir Freude, den Anhängern dieses Festes zu erklären, dass sie da preislich gesehen ihr Bier auch in Norwegen schlürfen können).

Trotz Putzen und Hamburger brutzeln konnte ich nicht behaupten, dass mir die Arbeit überhaupt nicht gefiel. Es war nicht das, wofür ich die Schulbank gedrückt hatte und entsprach nicht meinem Idealbild einer Berufskarriere. Ich hätte sicher in meinem gelernten Beruf mehr Geld verdienen können, aber ich sah ein, dass mir eine Menge Dinge durchaus zum Vorteil gereichten. Zwar erfolgt eine Arbeitseinteilung in feste Schichten (wir öffnen früh um sieben und schließen Mitternacht), doch werden immer unsere Wünsche und privaten Pläne berücksichtigt. Diese Flexibilität sollte sich schon bald als der größte Pluspunkt meiner neuen Arbeitsstelle erweisen. Auch einen so tollen Kollegenkreis findet man nicht überall. Und wo bitte bekommt man so viele Insiderinformationen wie beim Friseur oder in einer Tankstelle (meine Chefin war ehemals Friseuse)?!

Der komplett andere Alltag und die neuen Arbeitsaufgaben würden eine neue Herausforderung und nicht immer leicht für mich werden, das wusste ich. Aber schon in der Beurteilung meines Abschlusszeugnisses in der Schule stand geschrieben: *Heike wächst mit der Größe ihrer Aufgaben.*

Und ich wuchs.

Für unsere Pferde ist Skiri das Paradies.

Skinn-Häuptling Arne.

Unser Freund der ersten Stunde
und treu wie Gold: Fredrik.

Winter auf Skiri. Von Sonne keine Spur.

Meterhohe Eiszapfen treten die Nachfolge der unzähligen Wasserfälle an den Felswänden an.

Unser Wolf Sunka hat Einzug gehalten.

Es gibt jede Menge Besuch!
Sunka mit ihrem neuen Freund – mein Neffe Sullivan.

Auf unserer „Palme“ hat hat fast jeder gesessen.

Sie fühlen sich schon fast wie ein bisschen zu Hause: Mutti und Vati.

Micha, Kai und mein Bruder André bei ihrer Bergwanderung – sie sahen Skiri von oben!

Schneehöhlen im Juli.

Unser neues Zuhause: Isfjorden.

Fotos (2): Leif Johnny Olestad.

Isfjorden: traumhaft schön zu jeder Jahreszeit.

Unser Haus in Isfjorden.

Leif beschert unserem Wolf lebendiges Kino vom allerfeinsten.

Wonderboy ist neben Sedona, Cheyenne, Josy und Sunka der fünfte Vierbeiner in der Familie.

Unser eigener Stall in Isfjorden.

Einer meiner Arbeitsplätze – die Tankstelle in Åndalsnes. Foto: Leif Johnny Olestad.

Meine beiden Chefs. Monica ist nicht nur Vorgesetzte, sondern auch ein Stück weit Freundin; Nils Ivar - ein Cowboy im Herzen und für jeden Spaß zu haben. (Hugo ist sein Pferd – pflegeleichter und zeitsparender Plastikimport aus deutschen Landen.)

Doch am allerliebsten arbeite ich als Reiseleiter und zeige meinen Landsleuten die Schönheit meiner neuer Heimat.

UNESCO Weltnaturerbe Geirangerfjord.

Eine Fahrt mit der Raumabahn im Romsdal ist ein einmaliges Erlebnis!

Aussichtsplattform auf den Trollstigen mit Blick ins Isterdal und Åndalsnes.

Stigfossen und Brücke, das Highlight der Trollstigen.

Die elf Haarnadelkurven der Trollstigen.

21. Immer diese Norweger!

Unser zweites Weihnachtsfest stand vor der Tür; es verging ohne nennenswerte größere Ereignisse. Das in dieser Zeit allgegenwärtige Heimweh machte auch diesmal nicht vor uns halt; wir konnten wegen unseren Tieren nicht im wunderschönen Weihnachtsland Erzgebirge sein, hielten aber - der Heimat treu ergeben- an unseren Traditionen fest, mit unseren Lieben im Herzen und an der heiß glühenden Telefonstrippe.

Beim *julebord* „meiner" Tankstelle war ich in diesem Jahr noch nicht dabei, einer musste schließlich arbeiten. Und als Neuling mit nur wenigen Schichten auf dem Buckel kam ich natürlich als erster dafür in Frage. Anscheinend hatte man in Michas Firma den Gürtel etwas enger geschnallt, denn statt einer ruhmreichen Wiederholung der vorjährigen Großveranstaltung wurde „nur" zum Abendessen ins Restaurant des Grand Hotels geladen. Natürlich gingen wir hin – und angesichts von Lammrippchen & Co mit knurrendem Magen wieder nach Hause. Vorausschauend wie ich nun mal bin, konnte ich dank Mutti, Vati und Deutscher Post mit herzhaften Leckereien und Dresdner Christstollen aufwarten, die wir genüsslich in uns hineinstopften.

Auch unser zweiter Jahreswechsel auf Skiri ging diesmal ohne große Party über die Bühne. Unsere kleine Familie feierte ruhig und mit den Gedanken bei unseren Lieben ins Jahr 2009 hinein.

Das Leben ging weiter seinen holprigen, doch gewohnten Gang. Es gab Schnee in nicht geringen Mengen, doch diesmal waren wir besser vorbereitet. Noch immer hatte ich ein mulmiges Gefühl in der Magengegend, wenn Micha früh in seinen LKW stieg, aber er kam immer zwar erschöpft, aber heil wieder zu Hause an. Fredrik kümmerte sich wie gehabt um die Schneeberäumung; wir dankten ihm mit literweise Kaffee, mit Liebe gekochten Spaghetti (die Fredrik zu unserer grenzenlosen Erheiterung grundsätzlich mit Messer und

Gabel aß), hin und wieder einem Schnäpschen aus dem Geheimvorrat und unserer geschätzten Freundschaft.

Im Januar feierte mein Vati seinen sechzigsten Geburtstag. Ich ließ es mir nicht nehmen, anlässlich dessen erneut einen Zug nach Oslo, von da aus das Flugzeug nach Berlin und nochmal den Zug nach Chemnitz im Erzgebirge zu besteigen. An dieser Stelle möchte ich gern den Stab für unser norwegisches Zugpersonal brechen, von dem sich die deutschen, ständig streikenden Bahnangestellten eine dicke Scheibe abschneiden können! Jeder Alleinreisende, der öfter auf die Bahn angewiesen ist und noch möglichst mehrere Gepäckstücke im Schlepptau hat, weiß, wie schwierig und nervenaufreibend es ist, seine Koffer nacheinander von der Plattform in den Zug zu wuchten, um sich dann durch mehrere Abteile zu seinem reservierten Sitzplatz zu quälen. Das Wohin mit dem Gepäck stellt die nächste Herausforderung dar. Ich habe es auf allen meinen Reisen -und das sind bis heute nicht wenige!- nie erlebt, dass ein norwegischer Schaffner tatenlos zugesehen hat, wie ich mich mit meinen Koffern abplage. Immer ist einer zur Stelle und hilft, mit einem Lächeln im Gesicht und freundlichen Worten. Ganz im Gegensatz zu seinen deutschen Amtskollegen, durch die ich nicht ein einziges Mal auch nur ansatzweise eine helfende Geste erfahren durfte. Sie geben eher noch ärgerliche Kommentare ab, wenn es nicht schnell genug geht. Bei meiner letzten Zugfahrt mit der wunderschönen Raumabahn, die bei uns immer die erste bzw. letzte Station einer Reise nach oder von Deutschland darstellt, staunte ich sogar über einen ganz besonderen Service. Der Schaffner kontrollierte wie immer die Fahrscheine, fragte seine Passagiere jedoch diesmal auch, ob der Aussteigebahnhof die Endstation sei oder man noch weiter reisen müsse. Ich musste nicht, da Micha mich immer vom Bahnhof abholt. Aber meine Sitznachbarin wusste noch nicht so recht, wie sie nach dem Aussteigen nach Hause kommen sollte. Der Zweck seiner Frage erschloss sich mir erst, als der freundliche Herr in Uniform nach wenigen Minuten wieder auftauchte und der Dame neben mir mitteilte, dass zwar bedauerlicherweise um diese Uhrzeit in ihren Ort kein Bus mehr fuhr, er für sie aber ein Taxi bestellen könne. Es würde bei Ankunft des Zuges schon für sie bereit stehen. Wow! Die entgeisterten Blicke des deutschen Bahnangestellten sehe ich geradezu vor mir, würde ich mit so einem Anliegen an ihn herantreten!

Eine Fahrt mit der Raumabahn ist aber nicht nur wegen des guten Service seiner Mitarbeiter zu empfehlen, sondern vor allem wegen ihrer Möglichkeit, eine der spektakulärsten Landschaften Norwegens aus nächster Nähe zu erleben. Wilde Bergwelt, donnernde Wasserfälle und einzigartige Brücken und Tunnel - all das in einer Stunde Zugfahrt. Nicht umsonst wurde die Raumabahn von *Lonely Planet* zur schönsten Bahnreise Europas gekürt! Seit ihrer Eröffnung 1924 ist die Bahn nicht nur ein touristischer Magnet, sondern auch für den Gütertransport enorm wichtig. Jeden Tag fahren mehrere Züge mit Containern Richtung Oslo und zurück, die dann in Åndalsnes auf LKWs verladen und verteilt werden. Im Jahre 1940 rollte auf den Schienen der Raumabahn ganz besondere Ware: Das Gesamtvermögen der Norwegischen Bank in Form von Goldbarren, welches vor dem Einmarsch der Deutschen Besatzungsmacht in Sicherheit gebracht wurde. Zweihundert Kisten des Goldes lud man im åndalsneser Hafen auf britische Marinekreutzer, und weitere vierundzwanzig LKW-Ladungen des Staatsschatzes gelangten über den Landweg ins benachbarte Molde und landete letztendlich in England und Amerika. Die Eisenbahnangestellten wurden bei den intensiven Nachforschungen der deutschen Besatzer tagelang verhört, aber niemand verriet, wohin das Gold im Wert von 240 Millionen Kronen verschwand.

Meine Kreuzfahrtpassagiere lieben diesen kurzen Abstecher in die Geschichte.

Bewegte ich mich anfangs beim Allein-Reisen noch etwas unsicher und mit einer gewissen Nervosität, gefiel mir mit jedem Mal das "In-der-Weltgeschichte-Umherreisen", wie es meine Mutti nennt, immer besser. Fast möchte ich behaupten, dass ich mittlerweile regelrecht süchtig danach bin. Ich genieße die Vorfreude darauf und die geschäftige Atmosphäre der Flughäfen - ja sogar das Warten am Gepäckband und das Umherschieben der Koffer üben eine ganz besondere Faszination auf mich aus. Ich beobachte das hektische Treiben um mich herum, versuche mir vorzustellen, wohin und aus welchem Grund eine bestimmte Person reist. Meine neidvollen Blicke folgen den elegant gekleideten Geschäftsfrauen, die trotz Monsterhandtasche und großem Gucci-Koffer auf ihren meterhohen Absätzen ohne Probleme die Balance halten und dabei auch noch eine gute Figur machen. All die kleinen Dinge, die andere eher als lästig und nervend empfinden, versetzen mich in ein unerklärbares Hochgefühl. Dieses gipfelt im Genuss einer deutschen Bahnhofs-Bockwurst, die ich immer am ersten Zugbahnhof auf altheimatlichem Boden ekstatisch in mich hineinstopfe.

Wie immer bei meinen Besuchen ins Erzgebirge holte mich mein Vati vom Chemnitzer Bahnhof ab, begleitet von meinen beiden Neffen. Mutti stand wohl schon zu Hause in der Küche und bereitete ihre Attacke auf meinen vom deutschen Lebensmittelmangel ausgemergelten Körper vor. Und wie üblich ergab ich mich kapitulierend in mein Schicksal und würde zu den eh schon reichhaltig vorhandenen Kilos noch mindestens zwei als Übergepäck wieder mit nach Norwegen schleppen…

In meiner Heimatstadt freuten sich alle, die ich zufällig traf oder mutwillig aufsuchte, mich wieder zu sehen. Zugegebenermaßen genieße ich es bis zu einem gewissen Grade, in meiner Stadt als ein klein bisschen „besonders" zu gelten. (Trotz geringer Einwohnerzahl darf man meine Heimatstadt NIEMALS! als Dorf bezeichnen, bekam es doch zu Zeiten der Zisterziensermönche und ihrer eigenen Bierbrauerei das Stadtrecht!)

Ich verbrachte wieder eine intensive Zeit mit meiner Familie, telefonierte aber jeden Tag mindestens einmal mit Michi. Es ist schon merkwürdig: Zu Hause streitet man um völlig nichtssagende Dinge, und bereits nach einem Tag Abwesenheit vermisst man seine andere

Hälfte. Wie jedes Mal reiste ich mit einem weinenden und einem lachenden Auge nach Hause; die traurigen Blicke meiner Eltern beim Abschied schnüren mir heute noch die Kehle zu.

Daheim wurde ich mit Freude erwartet: Micha lächelte selig, Kai trat gerne sein Amt als Wäsche-Waschmeister und Ersatzkoch wieder an mich ab, und unsere Hunde verpassten mir schwanzwedelnd eine ausgiebige Gesichtswäsche, bevor sie auf der Suche nach fressbaren Souvenirs meine Koffer in Beschlag nahmen.

Das ganz normale Leben hatte mich wieder - nun galt es, mich mit vollstem Einsatz in meinen neuen Arbeitsalltag zu stürzen. Um täglich zu den verschiedensten Zeiten von Skiri nach Åndalsnes zu kommen, hatten wir für mich einen alten Mitsubishi Lancer gekauft. Weder war er besonders schick, noch konnte ich mit Schonbezügen und Duftbäumchen über sein wahres Alter hinweg täuschen - aber er brachte mich mit ordentlichen Winterrädern sicher und recht nebenkostengünstig auf Arbeit und zurück.

Fast jeder Tag dort bescherte mir Erlebnisse der besonderen Art; es eröffneten sich ganz neue Einblicke in die Mentalität der Norweger. Mit meiner exzellenten Beobachtungsgabe (gibt es Frauen, die das nicht haben?) und einer gesunden Portion Neugier registrierte ich fremd anmutende Eigenschaften und Angewohnheiten, die mich entweder zum Schmunzeln brachten oder eine Vielzahl von Fragezeichen in meinem Kopf hinterließen. Es wurde zur leidenschaftlichen Gewohnheit, diese Erlebnisse zu Hause am Abendbrottisch auszudiskutieren.

Je länger mein Arbeitsverhältnis voran schritt, desto mehr Anekdoten und Erlebnisse konnte ich zum Besten geben. Was könnte ich Romane darüber schreiben!

Wir leben in einer wunderschönen Landschaft mit hohen Bergen und Gipfeln, toll anzusehen, majestätisch und unnahbar. Unnahbar nicht für die Norweger! Für sie sind die Berge extra dafür geschaffen, jede freie Minute auf ihnen herumzukraxeln. Wenn sie nicht gerade einer

Ballsportart nachgehen, Ski fahren, Rasen mähen oder sich musikalisch betätigen, wird auf *fjelltur* = Bergtour gegangen. *Ut på tur - aldri sur!* heißt das Lebensmotto. Raus auf Tour gehen und niemals schlechte Laune haben! Kein Gipfel ist zu hoch, kein Weg zu weit, kein Wetter zu schlecht. Weder ist man zu jung noch zu alt dafür. Die meisten älteren Mitbürger, nicht selten Ü70 oder gar Ü80 Jahrgänge, sind fit wie die Turnschuhe. Auch der Name *Sportwagen*, wie wir Ossis landläufig den fahrbaren Untersatz bezeichnen, in dem sich sitzende Kleinkinder kutschieren lassen, macht diesem Namen hierzulande alle Ehre. Die Muttis schieben dieses Gefährt nicht wahllos und stumpfsinnig durch die Gegend oder nutzen es als Transportmittel für ihre Einkäufe – nicht doch! Warum unnötig Zeit vergeuden, wenn man statt erst mit dem Kinderwagen seine Runde zu drehen und danach in die Joggingschuhe zu steigen beides prima miteinander verbinden kann? Ein absolutes Muss für die figurbewusste norwegische Mama von heute: Joggingtouren mit dem Kinderwagen. So lernt der kleine Wurm schon frühzeitig was ihn erwartet, sobald er auf seinen eigenen kleinen Beinchen stehen kann.

ABER: Im krassen Gegensatz zu ihrem scheinbar endlosen Bewegungsdrang stehen die Parkgepflogenheiten der Norweger. Egal ob vor dem Supermarkt, der Apotheke oder Tankstelle: Wehe, es gibt keinen Parkplatz direkt neben der Eingangstür! Dann tun sie halt so, als ob da einer wäre.... Man parkt, wo das Auto gerade anzuhalten gedenkt und der zu Fuß zurückzulegende Weg den minimalsten Aufwand bedeutet. Kreuz und quer oder genau vorm Eingang - aber niemals da, wo Parkplätze aufgemalt oder ausgewiesen sind. So besessen die Norweger sind, wenn es um ihre geliebten Bergtouren geht, so bequem und faul sind die Sportfanatiker beim Parken. Und natürlich wäre es völlige Zeitverschwendung, den Motor abzustellen, wenn man ihn doch nach einer halben Stunde eh wieder anmachen muss! Ob beim Warten an der Fähre oder sogar an der Tankstelle: Der Zündschlüssel steckt, und der Motor läuft. Die Erklärung, dass das Auto im Winter nicht kalt werden soll, kann ich mit viel Augenzudrücken noch akzeptieren, aber im Sommer erschließt sich mir der Sinn des Ganzen absolut nicht. An die Umwelt oder gar die Mehrbelastung des Geldbeutels wird hier kein Gedanke verschwendet, und selbst die Gefahr in der Nähe von Diesel- und Benzinsäulen interessiert niemanden. Nicht einmal meine Chefin habe ich je darüber ein tadelndes Wort verlieren hören. Seit Jahren juckt es mich in den Fingern, ein mit laufendem Motor geparktes Auto einfach woandershin zu fahren. Irgendwann gebe ich diesem Drang nach, versprochen!

Apropos Umwelt… auch dazu sehe ich mich genötigt, einige Worte zu verlieren. Des Norwegers Einstellung zur Schönheit der Natur mag flüchtig betrachtet beispielhaft sein (unsere Kommune nennt sich sogar *Verdens beste kommune av naturglade mennesker – Weltbeste Kommune für naturbegeistere Menschen*), aber unter der Oberfläche sieht es ein bisschen anders aus. Öffentliche Plätze, viel begangene Wanderwege und einsehbare Straßen kann man eigentlich als sauber und gepflegt betrachten, aber wehe man richtet sein Augenmerk in etwas abgelegenere Gebiete. In den Gärten stapeln sich Autowracks, auf Waldwegen und Feldrändern prägen oft Müll, uralte Reifen und völlig verschrottete alte Landmaschinen das Bild. Wie oft kommt Micha von seinen Reittouren zurück und berichtet über die total „verschandelte" Natur. *Umweltschlampen* ist ein garstiges Wort, aber leider viel zu oft zutreffend.

Meine nächste intensive Observation galt der Stationstoilette. Statt eines Papiertuchspenders gibt es bei uns einen elektrischen Handtrockner, bei dem man seine idealerweise frisch gewaschenen Hände von oben in einen ausreichend breiten Schlitz einführt, der daraufhin mit einem recht lauten Geräusch warme Luft von sich gibt. Durch den hohen Druck dieses Gebläses wird die Haut in unzählige Falten gelegt - das sieht echt urkomisch aus! Manchmal wird diese hygienisch recht ansprechende Variante auch zweckentfremdet. Einmal sah ich mehrere junge Mädchen im Klo verschwinden, und nach kurzer Zeit lief der Trockner fast eine Viertelstunde auf Hochtouren. Ich staunte nicht schlecht, als die jungen Damen mit nach Shampoo duftenden, fast trockenen Haaren kichernd und gackernd die Station verließen.

Wegen des bis hinter die Bedienungstheke gut hörbaren Geräusches dieser Trockenmaschine konnte ich eine eher weniger schöne Angewohnheit einiger Kunden aufdecken: Mehr als die Hälfte aller Männer wäscht sich nach dem Toilettenbesuch nicht die Hände! Jedoch herauszufinden, ob dies alles norwegische Exemplare oder mehr Ausländer waren, hätte den Rahmen meines Zeitkontigents dann doch gesprengt. Allerdings wusste ich genau, wann deutsche Touristen ihre Notdurft verrichtet hatten: Sie schalteten beim Verlassen der Toilette brav das Licht aus.

Ein anderes bemerkenswertes Gerät in unserer Tankstelle (ich habe es bisher in keiner anderen gesehen) befindet sich im gleichen Raum wie WC, Waschbecken & Co. (Ich entschuldige mich vorab bei meinen Chefs und anderen Verfechtern dieses Teiles für meine negative Einstellung dazu.) Es handelt sich hierbei um einen roten Knopf, ähnlich dem Notknopf bei Brandmeldern. Dabei steht ein Schild, auf dem der verehrte Kunde sinngemäß aufgefordert wird, sich wohl zu fühlen und hoffentlich alles zu seiner Zufriedenheit vorzufinden. Sollte dies einmal nicht der Fall sein, drücke man bitte den roten Knopf. Im Klartext bedeutet dies, dass hinter der Theke ein nerviger Piepton ausgelöst wird, begleitet von einer grün leuchtenden Lampe. Als ich diese geniale Erfindung das erste Mal sah, musste ich geradezu lauthals und prustend loslachen, sah ich mich doch mit einer Rolle Klopapier dem verzweifelten Kunden zu Hilfe eilen. Bis heute hat sich mir der Sinn der Sache nicht erschlossen, denn trotz Warnton und Blinklicht muss der unzufriedene Klobesucher notgedrungen dem Mitarbeiter vom Dienst seine Aufwartung machen, damit er diesem mitteilen kann, was seinen Unmut erregt hat. Sollte es an Papier, Seife oder Sauberkeit mangeln, kommt der geschätzte Kunde also sowieso zu uns und gibt Bescheid - ohne Knopf. Dieser wurde übrigens während meiner bisherigen Amtszeit ganze zwei Mal betätigt: Einmal aus Versehen, weil der Kunde sich mit dem Kopf daran gestoßen hatte (der Knopf ist genau über dem Handtrockner angebracht), und das andere Mal wollte jemand probieren ob er auch funktioniert. Es gibt Dinge, die die Welt nicht braucht.

Eine sehr schöne, jedoch extrem gefährliche und figurunfreundliche Erfindung in norwegischen Supermärkten und Tankstellen sind die *smågodstativer* - eine einzige Versuchung für den Liebhaber süßer Naschereien und Schokolade. Dieses Gestell aus Plastikbehältern ist gefüllt mit allem was das Herz begehrt: von Gummibärchen und kunterbunten Geleebonbons über Lakritz und Rumkugeln bis hin zu gezuckerten Dragees und sahnigen Karamellplättchen. Mit kleinen Schaufelchen kann man sich seine Sündentüte füllen, abgerechnet wird nach Gewicht. Jeden Mittwoch gibt's die zahnfeindlichen Leckereien zum halben Preis; viele Eltern lassen ihren Nachwuchs eine Tüte füllen, die er sich dann bis zur nächsten Wochenmitte einteilen muss. Oder die Eltern haben bei ihren Kindern das *lørdagsgodt*=Samstagsnaschen eingeführt, d.h. es gibt nur am Samstag Süßigkeiten, und an den Wochentagen hört man dann: *Schokolade möchtest du? Aber heut ist doch nicht Samstag, oder? Also leg das bitte ins Regal zurück...* Erzieherisch sehr wertvoll, dieser Brauch.

An jeweils wechselnden Standorten in der Station (alle paar Monate wird das Warensortiment umgeräumt, von Regal A in Regal F und von C nach Y, was ich lediglich für eine überflüssige Beschäftigungstherapie und aus Sicht der Kundenfreundlichkeit für absoluten Blödsinn halte) steht eine Art Kühlschrank mit der Aufschrift *snus*. Es dauerte einige Zeit, bis ich überhaupt mitbekam, dass sich im Inneren viele verschiedene farbenfrohe Döschen befanden. Mit *snus* (die eigentliche Übersetzung dafür ist Kautabak) bezeichnet man hier eine Art Tabak, den man sich in loser Form oder in kleinen Päckchen unter die Oberlippe schiebt. Diese Form der Tabakaufnahme gibt es so wohl nur in Schweden und Norwegen und erfreut sich bei Männlein und Weiblein äußerster Beliebtheit. Sie hat ihren Ursprung in der Seefahrt, weil auf Schiffen das Rauchen verboten war. Ich für meinen Teil finde, dass diese Beule unter der Nase einfach nur bescheuert aussieht - von den unschönen Nebenwirkungen für Zahnfleisch und braunen Zähnen mal ganz abgesehen. Es macht mich auch nicht besonders glücklich, die ausgesaugten und einfach durch die Gegend gespuckten kleinen ekligen Kissen vor der Tankstelle auflesen zu müssen!

Dem Raucher sei noch erklärt, dass es hierzulande weit verbreitet ist, sich seine Zigaretten selbst zu drehen. Bräunlich gelbe Fingerkuppen legen Zeugnis darüber ab, dass dabei neben Papier und losem Tabak nur selten ein Filter zum Einsatz kommt. Bei den enorm hohen Preisen für *røyk* (=Rauch, Sammelbegriff für Zigaretten und Tabak), der mittlerweile weit über der Zehn-Euro-Marke für eine normale zwanziger Schachtel liegt, klopfe ich mir als bekennenden Nichtraucher freudig auf die Schulter. Aber Geld spielt beim größten Teil der Norweger sowieso keine Rolle, jedenfalls nicht in ihrem alltäglichen Kaufverhalten. Ganze Wochenendeinkäufe finden in der Tankstelle statt, obwohl da alles teuerer ist als im nur hundert Meter entfernten Supermarkt. Fast volle Limonadeflaschen werden zurückgelassen - bei einem Preis von drei Euro für den halben Liter in meinen Augen eine Todsünde. Leer getrunkene Flaschen landen im Müll, weil eine Krone Pfand pro Stück die zehn Schritte zur Theke nicht wert ist… Der oft beobachtete liederliche Umgang mit Geld, sowohl bei Erwachsenen als auch Jugendlichen, lässt mich manchmal an eine historische Tatsache denken, die im Bewusstsein der Norweger längst in Vergessenheit geraten zu sein scheint. Vor dem Krieg und noch lange vor den Ölfunden im Atlantik war Norwegen eines der ärmsten Länder Europas. Es ist nur etwa einhundert Jahre her, dass viele Familien sogar so arm waren, dass sie ihre Kinder auf die sogenannte *barnevandring* = Kinderwanderung, schickten. Sie sahen sich gezwungen, ihren Nachwuchs (der oft nicht älter als sieben Jahre alt war!), an gut situierte Höfe zu verkaufen, wo sie sich mit harter Stall- und Feldarbeit oder Viehe-Hüten Unterkunft und Verpflegung verdienten. Die „Wanderung“ führte über viele, teilweise hunderte von Kilometern. Barfuß, in Lumpen, nur das notwendigste an Nahrung bekommend, kamen die Kinder an ihrem Ziel an; ein Teil von ihnen erreichte es nicht einmal. Traurig, schlimm – und nachdenklich machend, wenn ich an das heutige Konsumverhalten denke.

Ich lernte während der ersten Wochen im neuen Job nicht nur sehr viel darüber, wie die Norweger „ticken“, sondern auch eine ganze Menge über mich selbst. Als erstes wurde mir bewusst, dass ich an meiner ehrlich gesagt nicht besonders hohen Toleranzgrenze zu arbeiten habe. Ich sah -und sehe auch heute noch- viele Dinge aus der Sicht einer pflichtbewussten und peniblen Deutschen, die ihre Prioritäten völlig anders setzt als es ein Norweger tut. Was ich für Sorgfalt halte, bezeichnet er als übertrieben pingelig; Sparsamkeit wird schnell als Geiz verstanden. Beim Nordmann ist jedes Problem halb so wild - irgendwie kommt von irgendwoher schon irgendeine Lösung her. *Ta det med ro!* – dieses Lebensmotto *Bring die Ruhe rein!* kann einen ständig auf Hochtouren laufenden Deutschen wie mich zur Weißglut bringen! Was beim Norweger als locker und gelassen gilt, halte ich für ignorant.

Mich macht es schier wahnsinnig, wenn Kunden vor der Kasse Schlange stehen und der Glückliche an vorderster Front nicht weiß was er eigentlich will. Hat er sich dann endlich -animiert durch meinen finsterer werdenden Gesichtsausdruck und das dezente Räuspern der Wartenden-, entschieden, bemerkt er nach zehnminütiger Suche, dass seine Geldbörse nebst Bankkarte wohl noch im Auto liegt. Kein Problem, er ist sofort wieder zur Stelle - steht das Auto doch direkt neben der Eingangstür geparkt!

Wenn ein Kunde mit seinem Hamburger durch die Station tigert und dabei die Zutaten auf dem frisch gewischten Boden oder gar in den Warenregalen verteilt, würde ich am liebsten meine vollen 1,58 Meter Körperhöhe vor ihm aufbauen und ihm sagen, er soll sich gefälligst in der extra dafür vorgesehenen Sitzecke auf seinen Allerwertesten niederlassen und da sein Essen vertilgen! Selbst dort meinen manche, mit Mais, Zwiebelringen & Co eine Spur auf Tischen, Stühlen und Boden hinterlassen zu müssen. Ob die das zu Hause auch so machen?

Ich könnte mich stundenlang über Leute aufregen, die mit ihren tropfenden Kaffeebechern vor dem Zeitungsregal stehen und einfach ignorieren, wie das heiße Nass so nach und nach die Zeitungen braun färbt. Oder ein Elternteil nicht eine Silbe darüber verliert, wenn ihr Kind mit ketchupverschmierten Fingern alles angrapscht und verschmutzt. Selbst kopfschüttelnd daneben stehen funktioniert nicht - sie denken eher ich habe eine Krankheit, bevor sie die Geste als Missbilligung verstehen.

Beim Husten und Niesen wird keine Hand vor Mund und Nase gehalten, die darauf folgende deutsche Höflichkeitsfloskel "Gesundheit!" kennt man hier nicht. Maximal kommt ein gemurmeltes *Prosit* über die Lippen, aber das ist eine absolute Ausnahme. Mich wundert es sowieso, dass ich kaum jemals eine Erkältung oder ähnliches habe, obwohl ich ständigen Bakterienattacken ausgesetzt bin.

Geduld ist also absolut keiner meiner Stärken; und entweder bin ich wirklich extrem intolerant und habe das Zeug zum Armeegeneral (wie mir Micha immer wieder beteuert) oder ich habe einfach einen völlig überzogenen Sinn für Anstand. Ich halte es für unhöflich, wenn jemand im Laden vor mir steht, mit mir spricht und es nicht für nötig hält, seine Sonnenbrille abzusetzen oder mir zusammenhanglose Wortbrocken zuwirft, während er völlig abwesend auf seinem Handy umherhämmert.

Wende ich der Kasse den Rücken zu, weil ich gerade mit Hamburgern & Co beschäftigt bin, kann ich es für den Tod nicht ausstehen, wenn man mich von hinten anquatscht oder nervtötend mit den Fingern auf der Theke umhertrommelt. So provoziert kann ich mein ansonsten recht flottes Arbeitstempo auf ein Minimum herunterfahren und gehässig zusehen, wie sich der Kunde darüber aufregt. Ärgern lasse ich mich nicht!

Doch es gibt auch andere, liebenswerte Stammkunden, die mich immer wieder mit ihrer Herzlichkeit überraschen. Da ist zum Beispiel der alte Mann, der jeden Tag seine Zeitung holt und immer für einen kleinen Plausch zu haben ist. Er vertraute mir lachend an, dass ich ihn an seine erste große Liebe erinnern würde. Oder die nette Dame von nebenan, die ein großer Fan der deutschen Küche ist und mich um Kochrezepte bat.

Ich fühlte mich nicht mehr ausgegrenzt und allein. Trotz der unterschiedlichen Meinungen und Verhaltensweisen kam ich auf Arbeit gut zurecht; man akzeptierte mich, ich war nicht mehr "Irgendjemand". Noch verstand ich nicht immer jedes Wort beim ersten Mal, aber ich bewegte mich nun nicht mehr auf unsicherem Boden. Ich fand zu meiner professionellen Arbeitsweise zurück, und lernte die Dinge zu akzeptieren, die ich nun mal nicht würde ändern können. Ich musste sie ja nicht verstehen oder gar gutheißen.

Ich war vorerst „ruhiggestellt“ und beschäftigt; es herrschte bis auf die üblichen Krangeleien unter Liebenden wieder halbwegs Ruhe im Paradies. (Heike: Wieso muss ich unbedingt Rolling Stones hören, wenn ich doch an diesen Knautschlacktaschen so überhaupt nichts finde?! Micha: Kann man von seiner Frau nicht mal verlangen, dass sie einem die Brote schmiert??) Doch auch ins schönsten Paradies werfen hin und wieder Wolken ihre Schatten. Viel mehr als uns lieb waren.

22. Zilli, Billi und Willi

Eigentlich hätte nun alles in halbwegs geordneten Bahnen laufen können. Jedoch stellte es sich heraus, dass die so bewunderte Landschaft mittlerweile zu unserem größten Problem geworden war. Auf Skiri sahen wir den blauen Himmel über uns, doch die hoch aufragenden steinernen Riesen hielten die Sonne von uns fern. In Åndalsnes und auf den Berghöhen konnte man sie sehen, ja. Aber in unserem engen Tal würden noch viele Wochen ohne sie vergehen. Im ersten Jahr hatte uns das noch nicht so wirklich gestört, viel zu sehr waren wir von den Anforderungen des Alltags abgelenkt. Wir dachten, ein halbes Jahr Schatten würde uns nicht gleich umbringen, aber wir hatten uns getäuscht. Kein einziger Sonnenstrahl erreichte unsere kalten Gesichter, keine Sonnenflecken tanzten auf dem schon stumpf gewordenen Fell unserer Pferde, und die herrlich anzuschauenden Schneekristalle an den Fenstern brachte höchstens der Mond zum Glitzern. Wir sehnten uns nach den wärmenden Strahlen; der allgegenwärtige Schatten schlug uns derartig aufs Gemüt, dass wir teilweise sogar gegen Depressionen ankämpften.

Nach meinen Spätschichten in der Tankstelle fuhr ich nach Mitternacht den langen Weg zurück nach Skiri; oft bei schlechtesten Fahrbahnverhältnissen. Es war glatt und dunkel, die Kurven eng, und nicht selten fegte ein eisiger Wind den Schnee waagerecht durch das schlauchartig geformte Tal. Manchmal sah ich die Hand vor Augen nicht; ich starb hundert Tode, wenn wie aus dem Nichts die Scheinwerfer eines LKWs auftauchten und dieser ohne Rücksicht auf Verluste knapp an mir vorbeidonnerte. Mit jedem Kilometer und jedem Treffen mit diesen organspendefreundlichen Fahrern wuchs mein Hass auf die norwegische Fahrkultur und die nächtliche Europastraße, die mitnichten ihren Namen verdient.

Micha stellte nach getaner Arbeit seinen LKW in Åndalsnes ab; auch er musste nach anstrengender Fahrt noch den Weg nach Hause finden. Die Straße erschien uns an solchen Tagen wie ein nicht endend

wollender Eiskanal, und jeden Tag freuten wir uns darauf, die Haustür hinter uns zu schließen.
Kai saß mehr oder weniger auf Skiri fest, denn außer dem Schulbus war er auf uns als Taxi angewiesen. Doch jede unnötige Fahrt versuchten wir möglichst zu umgehen.
Und so taten wir etwas, was wir nie für möglich gehalten hatten: Wir begannen ernsthaft darüber nachzudenken, von Skiri wegzuziehen.

Das war leichter gesagt als getan, das hatte uns die nervenaufreibende Suche vor knapp zwei Jahren gelehrt. Wir studierten jede Anzeige in der Zeitung, jede Annonce im Internet. Es gab Häuser zu kaufen, die wir uns einfach nicht leisten konnten, oder kleine Mietwohnungen mit viel zu wenig Platz für drei Erwachsene, zwei Hunde und zwei Pferde.
Der Februar ging ins Land, ohne das wir fündig wurden. Je aussichtsloser die Sache schien, desto mehr waren wir überzeugt, nicht auf Skiri bleiben zu wollen. Es hatte sich als Trugschluss erwiesen, dass uns die Entfernung zur Zivilisation nicht störte, sechs Monate Schatten ertragbar seien und uns die Einsamkeit nichts ausmachte. Wir hatten die rosarote Brille endgültig abgesetzt und hofften auf ein kleines Wunder.
Und es geschah eines. Bei uns stand es in Form von Michas neuem deutschen Arbeitskollegen Ulli auf der Matte. Micha arbeitete ihn ein, und so ganz nebenbei beim Abladen neuer Autoreifen erwähnte Ulli, dass befreundete Deutsche ihr Haus in Isfjorden verkaufen wollten. Sofort wurde mein Schatz hellhörig und ließ sich Namen und Telefonnummer geben.

Isfjorden ist eine kleine Stadt am Ende des Romsdalsfjords, die nur durch einen kurzen Tunnel und dem gut ausgebauten *riksvei* (Staatsstraße) mit Åndalsnes verbunden ist, lediglich sieben Kilometer und genauso wenige Fahrminuten davon entfernt. Dieses kleine Idyll mit seinem herrlich breiten Tal, Wiesen und Wäldern war uns schon vorher ins Auge gestochen; das erste Mal bereits, als wir es auf unserer

Besichtigungstour des ersten Hofes im Grövdal passierten.

Isfjorden kann mit stattlichen dreitausend Einwohnern aufwarten, einer davon war meine Arbeitskollegin Ingeborg. Nicht nur dass für sie Isfjorden sowieso der schönste Platz auf Gottes weiter Erde ist – sie und ihre sechs Schwestern plus Papa plus Großvater betreiben auch einen Hof mit Kühen, Hühnern, Hasen und: PFERDEN! Und ja, sie hätte auch zwei Stallplätze für unsere beiden Mädels frei…

Nichts und niemand konnte uns davon abhalten, sofort einen Besichtigungstermin mit den deutschen Hausbesitzern zu vereinbaren. Vielleicht hielt sich ja der Kaufpreis im machbaren Rahmen, und wir würden einen Bankkredit bekommen.

Am Nachmittag des 20. März 2009 traten wir unsere Besichtigungstour an.

Es war nicht schwer, der Anfahrtsbeschreibung zu folgen. Skiri – Åndalsnes – im Kreisverkehr Richtung Molde. In Norwegen sind Kreisverkehre sehr viel üblicher als Ampelkreuzungen; allerdings auch nicht immer ganz gefahrlos, da das zum Abbiegen vorgeschriebene Blinksignal meist als überflüssig erachtet wird und man doch ganz schön aufpassen muss!

Nach Verlassen des Tunnels fuhren wir etwa fünf Kilometer am Fjord entlang. Mehrere vom Schmelzwasser gefüllte Wasserfälle donnerten am rechten Fahrbahnrand von den Felsen, während sich kleine Bootshütten auf der Seeseite im Fjord spiegelten. Dieser ist hier nur wenige hundert Meter breit, und wenn man der Staatsstraße weiter folgt, umrundet man den Fjord und findet sich am gegenüberliegenden Ufer wieder, mit einem einmaligen Blick auf Åndalsnes.

Als erstes registrierten wir, dass in Isfjorden, ähnlich wie in Åndalsnes, kaum noch Schnee zu sehen war. Nur noch vereinzelte schmutzigweiße Flecken zeugten von der erst kürzlich vergangenen Herrschaft des Winters. Eigentlich zählt in unserer Gegend der März noch als voller Wintermonat mit ausgezeichneten Wintersportbedingungen. Aber dieses Jahr hatte es Frau Holle gut mit uns und weniger gut mit den norwegischen Ski-Enthusiasten gemeint und anscheinend ihre Federbetten schon Anfang März gegen eine leichte

Mikrofaserdecke eingetauscht. Doch auf Skiri lag der Schnee noch zentimeterhoch; ohne Sonne hat die vierte Jahreszeit eben den längeren Atem.

Wir umrundeten den Fjord nicht, sondern bogen an dessen Ende nach rechts ab, hinein ins Tal. Die Steinmassive rückten weit auseinander, und große Wiesen säumten die schmale Straße. Ich konnte erahnen, dass die in respektablem Abstand zueinander stehenden Häuschen in einigen Wochen von wundervoll blühenden Gärten umgeben sein würden. Sie standen nicht in Reih und Glied wie in deutschen Dorfstraßen, sondern machten eher den Eindruck, wahllos in die Landschaft gesetzt worden zu sein, jedoch ohne auf irgendeine Weise chaotisch zu wirken. Jedes von ihnen sah etwas anders aus; weder waren Baustil noch Farben gleich. Diese norwegische Art der Wohngebiete empfand ich trotz der noch kaum aus dem Winterschlaf erwachten farblosen Landschaft als gepflegt und freundlich.
Wir passierten den beschriebenen Supermarkt (Einkaufen in Wohnnähe? Wie cool wäre das denn?!) und die Wachstation der Notfallambulanz (immer gut so was in der Nachbarschaft zu haben!). Nun ging es eine kleine Anhöhe hinauf, die Richtung Grövdal führt. Rechter Hand erkannten wir das erwähnte Gemeindehaus – hier mussten wir abbiegen und noch wenige Meter der kleinen Straße Richtung Dalsbygda folgen. Nun würden wir gleich da sein: die Straße bergab und dann das dritte Haus auf der linken Seite.
Das dreistöckige, hoch aufragende Gebäude stand thronend am unteren Ende eines hangigen Geländes, durch eine recht steile, aber kurze Auffahrt von der Straße getrennt. Ich erfasste die weiß gemalte Betonfassade und war erstaunt - sind gemauerte Wohnhäuser doch eher die Ausnahme in den ländlichen Gegenden Norwegens. Ulli hatte uns schon gesagt, dass es sich um ein recht großes Bauwerk handelte und sogar zwei Mietwohnungen beherbergte. Oh ja, groß war es. Ich zählte vier Stockwerke, davon zwei mit kleinen, ebenfalls gemauerten Balkonen. Kais verzückter Blick blieb als erstes an der riesigen hölzernen Doppelgarage hängen; sicher sah er im Geiste schon seine

Autoleichen darin stehen, denen er neues Leben einzuhauchen gedachte. Ein nicht besonders schön anzusehendes, aber seinem Zweck sicher dienliches Carport an der Frontseite des Hauses würde weiteren zwei Autos Schutz bieten.

Die deutschen Hauseigentümer erwarteten uns schon. Sie hatten das Haus erst im Sommer vergangenen Jahres gekauft; aber die fünfköpfige Familie wollte aus verschiedenen Gründen Norwegen baldmöglichst den Rücken kehren und nach Schweden umsiedeln. Deshalb war eine schnelle Abwicklung des Hausverkaufes wünschenswert – was uns nicht ganz ungelegen käme, sollte uns das Anwesen zusagen.

Wir begannen erst einmal mit einem Rundgang um das Haus, während dem wir die wichtigsten Eckdaten erfuhren. Es war 1950 gebaut und in den 70er Jahren modernisiert, Dach und Fenster in den 90er Jahren erneuert worden. Die Gesamtwohnfläche von über 400 Quadratmeter, verteilt auf drei Etagen und einen Keller, erschien Micha sofort viel zu groß für uns. Sogleich merkte ich, wie ich die ersten Stacheln ausfuhr, und ich zischte ihm zu, er solle doch erstmal abwarten und nicht gleich von vornherein alles schlecht machen!

Eine Wiese mit zwei Obstbäumen, Büschen und Grasflächen rund um das Haus ließen mich das Grundstück auf vielleicht einen Hektar schätzen - keine Ahnung, ob das so genau stimmt. Wenn die schmutzig-grauweißen Schneeüberreste verschwunden waren, würde das Haus von saftigem Grün und blühenden Sträuchern umgeben sein.

Dann ging es im Inneren weiter.

Die Haustür führte in einen Gang, von dem aus Stufen nach unten und nach oben führten. Sie waren wie der Rest des Hauses massiv gemauert und mit den unverwüstlichen grau gesprenkelten Steinfliesen belegt, wie ich sie aus den Neubauten meiner alten Heimat kenne. Zwei einfache Holztüren entpuppten sich als Eingänge zu den beiden Mietwohnungen. Die ca. je 45 Quadratmeter waren in Flur, Wohnzimmer, Küche, Schlafzimmer und Bad aufgeteilt, alles klein, aber fein. Das Küchenmöbel stammte mit Sicherheit nicht aus diesem Jahrzehnt, Armaturen und Badewanne entsprachen wohl auch nicht ganz der heutigen Auffassung von modernem Standard, aber alles war sauber und funktionstüchtig, typisch durchschnittlicher norwegischer Standard eben. Beide Wohnungen waren an junge Männer vermietet; einen Norweger und einen Deutschen. Die würde man quasi mit dem Haus mit erwerben. Leibeigene, cool.

Über zwölf gewundene, hellblau-grau gestrichene Betontreppen ging es dann hinunter ins Erdgeschoss, in dem sich der zum Teil ausgebaute Keller über die Gesamtlänge des Hauses erstreckte. Als erstes fielen die hellblauen Türen ins Auge - viele Türen. Eine davon führte über eine schöne Holztreppe in eine ausgebaute Wohnung mit urigem Steinkamin und großen Fenstern. *Kai das Kellerkind*, schoss es mir sofort durch den Kopf. Sein Grinsen zeigte mir, dass er genau das gleiche dachte.

Dann gab es noch einen Heizungsraum, eine kleine Toilette und zwei Vorratsräume plus Waschküche. Doch die größte Überraschung verbarg sich hinter der fünften Tür: Ein Raum mit vier Duschen und einer Sauna! Die Dusche erinnerte mich in ihrer Größe und ihren Siebziger-Jahre-Blümchen-Plastikwänden verdächtig an unser altes Hallenbad, in dem ich vor schier ewiger Zeit meine ersten Schwimmzüge gemacht und mich monatelang erfolgreich vor dem ersten Kopfsprung ins tiefe Becken gedrückt hatte. Ich konnte das Chlor förmlich riechen und spüren, wie die verhassten Kinderstrumpfhosen an den in aller Eile abgetrockneten, feuchten Beinen kleben blieben.

Auch hier waren seit der letzten Modernisierung schon einige Jährchen ins Land gegangen und die Ausstattung eher funktionell als schön, aber diese sechs Quadratmeter schrien geradezu nach hemmungslosem Duschvergnügen. In unserer "Wellness-Oase" auf Skiri badeten wir oder hockten uns zum Abduschen in die Wanne; Micha brachte es aber trotz meiner ausführlichen Anleitung immer wieder fertig, das halbe Bad unter Wasser zu setzen. Ich mochte diese Riesendusche auf Anhieb.

Das war also der Keller. Mit Kaminzimmer, Riesendusche und Sauna und Wirtschaftsräumen. Schon jetzt hatte ich komplett den Überblick verloren. Geflissentlich übersah ich die vielen Rohre, die sich überall an der Decke und in den Ecken entlang schlängelten und sicher schon mehr als ein paar Jährchen auf dem Buckel hatten. Aber Micha sah sie. Ich versuchte, sein Stirnrunzeln zu ignorieren.

Nun ging es wieder nach oben in die Etage der Eigentümer. Oder besser gesagt, in die beiden Etagen. Denn neben dem zweiten Stockwerk war auch das komplette Obergeschoss unter dem Dach ausgebaut.

Als erstes öffnete der Herr des Hauses die Tür zum Wohnzimmer. Boah! Es war riesig! Über 40 Quadratmeter groß, mit drei Doppelfenstern und Balkontür. Heller Laminatboden, eine Holzdecke und weißes Interieur machten das Zimmer total gemütlich. Im Ofen knisterte ein Holzfeuer.

Die nächste Überraschung erwartete uns gleich um die Ecke: Vorbei am riesigen Esstisch erreichte man, nur durch einen offenen Durchgang vom Wohnzimmer getrennt, die Küche. Im Gegensatz zu der bisher gesehenen, doch recht in die Jahre gekommenen Ausstattung des Hauses, konnte sie zwar nicht mit Größe punkten, dafür aber mit ihrer super modernen Einrichtung. Weiß lackierte Möbel mit großen Schubladen und tollen Ecklösungen reichten bis unter die Decke. Die *hvitevarer* (wörtlich übersetzt *Weiße Ware*), wie hier Herd, Geschirrspüler & Co genannt werden, und ein Backofen in Augenhöhe waren Markenqualität und schienen nagelneu zu sein. Als Highlight sprang mich jedoch der riesige Kühlschrank an, hinter dessen mannshohen Edelstahl-Flügeltüren sich nicht nur Gefrier- und Kühlteil verbargen, sondern auch ein integrierter Eiswürfelbereiter! Wie cool war denn das Teil bitteschön?! Auf meine Frage hin wurde uns erklärt, dass die Küche erst im Sommer aus Deutschland gekommen und maßgeschneidert eingebaut worden war. Wusste ich´s doch: Original Made in Germany. Gleichzeitig fragte ich mich im Stillen, warum man erst soviel Geld und Arbeit in ein Haus investiert, um nach einem halben Jahr alles hinzuschmeißen. Doch das eher reservierte Verhalten der Eigentümer hielt mich davon ab, einfach den Mund aufzumachen und nachzufragen.

Der Blick aus dem großen Fenster zeigte mir eine geniale Aussicht: Berge, Felder, Wald und der beleuchtete Kirchturm von Isfjorden. Etwas weiter weg konnte ich den Fjord erkennen, und sogar einen Teil von Åndalsnes! Die Besitzer bestätigten meine Vermutung, dass man von hier aus die Kreuzfahrtschiffe im Hafen sehen konnte. Micha sah mich an, verdrehte die Augen und wusste, dass er die Schlacht so gut wie verloren hatte, sollten das obere Geschoss und die Kreditabteilung der Bank nicht noch mit einem fiesen Hinterhalt aufwarten.

Auf gleicher Etage befanden sich noch drei Zimmer, eines davon war ein winziges, altertümliches Bad mit Toilette. Nun ja, wer braucht schon ein großes Bad, wenn eine Riesendusche im Keller wartet! Die anderen beiden Räume hatten -wie alle Zimmer im Haus- große Fenster und wurden wohl als Büro und Abstellraum genutzt. In meinem Kopf war es sofort beschlossene Sache, dass einer davon mein Reich werden würde! In Gedanken räumte ich Stempel, Stanzen und jeglichen Schnickschnack in neue Kommoden vom schwedischen Warenhaus, und ein kleines gemütliches Sofa würde unterm Fenster Platz finden. So hätte ich den idealen Rückzugsort, wenn Micha im Wohnzimmer seine Lieblingsmusik hören wollte oder mir mit seinen Schnarchattacken auf den Nerven herumtrampelte. Genial!
Als krönenden Abschluss unserer Besichtigung nahmen wir uns das Dachgeschoss vor, das wir vom Flur aus über eine massive Holztreppe erreichten. Es war genauso groß wie der komplette Grundriss des Hauses. Von erst kürzlich vorgenommen Modernisierungsmaßnahmen zeugte die weiße Rauhfasertapete an den Wänden (Dank meines messerscharfen Verstandes konnte ich am Vorhandensein derselbigen schlussfolgern, dass hier die jetzigen Hausbesitzer Hand angelegt hatten. Diese Art Tapete gibt es in Norwegen nämlich nicht, also musste sie aus einem deutschen Baumarkt stammen. Ich habe schon immer gern Inspektor Columbo geguckt).
Insgesamt gab es hier vier Schlafzimmer, zwei an jeder Seite. Der

mittlere, offene Teil des Dachgeschosses schien als eine Art Wohnzimmer zu dienen, jedenfalls gehörten eine weiße Ledercouch, Sessel und ein Fernseher zur Ausstattung. In einer versteckten Ecke neben einem Schlafzimmer verbarg sich sogar noch eine kleine Toilette! Hier würden sich meine Eltern sicherlich wohlfühlen, wenn wir zwei Räume zu Gästezimmern ummöblierten…
Entlang dem schrägen Teil der Wände konnte ich jede Menge kleinere Türen ausmachen - eingebaute Wandschränke! Und somit genügend Platz für all unsere Kisten mit Weihnachtssachen, Bastelzeugs und Büchern. Und natürlich für meine Klamottenkoffer, in denen ich wehmütig meine Lieblingshosen und -kleider, Größe 36, bis zum Tag ihrer glanzvollen Auferstehung aufbewahre.

Damit endete die Hausbesichtigung und mir schwirrte der Kopf. Angesichts der Größe des Hauses und der dazugehörigen Mietwohnungen erschien mir der gewünschte Kaufpreis von 1,7 Millionen Norwegischer Kronen als durchaus angemessen; die jährlichen Nebenkosten wirkten oberflächlich betrachtet überschaubar.
Ich war entschlossen - ich wollte das Haus. Michas Skepsis hatte ich erwartet. Bei ihm ist das Glas leider immer schon halbleer, während ich mich darüber freue, dass es noch zur Hälfte gefüllt ist.
Auch Kai sah nicht so aus, als ob er vor Begeisterung gleich in die Luft springen wollte. Das Haus war zu groß, zu verwinkelt, renovierungsbedürftig und sah aus wie ein Betonklotz. Ok, dann musste ich eben andere Geschütze auffahren. Ich fragte meine Männer, ob sie denn noch nie etwas von *Zilli, Billi und Willi* gehört hätten?! Nachdem ich nur verständnislose Blicke erntete, erzählte ich ihnen in Kurzform von Lieblingsbuch meiner Kindheit. Darin geht es um drei kleine Schweinchen, die sich Häuser bauen. Zilli und Billi bauten sich welche aus Stroh und Holz, der gescheite Willi dagegen eines aus Stein. Dann kam der böse Wolf und hustete und pustete die Häuser aus Stroh und Holz weg, doch das Haus aus Stein konnte er nicht wegpusten. Und was ist die Moral von der Geschichte? Ich wollte wie Willi sein!

Sah ich denn als Einziger das enorme Potential dieses Anwesens? Ich verstand meine kleine heile Welt nicht mehr. Genügend Platz für alle, Gästezimmer, eine nagelneue Küche, die Riesendusche….

Ja sicher, die Installationen sahen schon ein bisschen betagt aus, und die Renovierungsarbeiten waren mehr oder weniger noch in der Startphase. Früher oder später würden Instandhaltungsarbeiten anstehen, aber ist das bei eigenen Häusern nicht immer irgendwann der Fall? Das Dach war fast neu; die steinernen Mauern solide und sturmfest. Die kleinen Balkone ähnelten eher steinernen Schießscharten als gemütlichen Veranden, aber man konnte doch neue ranbauen? Gut, es gab genügend Ecken und Winkel, die vielleicht nicht so schön waren - aber Wände konnte man doch versetzen?

Im Nachhinein erfuhren wir die recht interessante Geschichte des Hauses. Der Vater unseres Nachbarn hatte das Haus erbaut und lebte selbst viele Jahre darin. Er erzählte sie uns:

Isfjorden gilt als Norwegens Wiege der Textilindustrie. So waren gleich nach Fertigstellung des Hauses, welches damals in den oberen Etagen aus vielen kleinen *hybelleiligheter*= Mieträumen, bestand, bis zu zehn junge Näherinnen untergebracht. Von überall im Land kamen sie damals her nach Isfjorden – in den 60er Jahren soll der Anteil an jungen Frauen sogar um die 70 Prozent betragen haben! Im Keller befand sich die Nähstube, in den oberen Etagen wohnten die Mädchen. Später, nachdem die ruhmreichen Jahre der Textilfabriken den Billigimporten aus dem Ausland weichen mussten, richtete man auf der jetzigen Wohnetage ein Cafe´ und im Keller ein öffentliches Fitness-Studio ein. Aha, daher die große Dusche und die Sauna! Und jetzt verstand ich auch, warum es die vielen einzelnen Räume und verwinkelte Gänge gab.

Nun ist es ja nicht so, dass handwerkliche Fähigkeiten zur Grundausstattung jedes Mannes zählen. Meine beiden Exemplare gehören eher zu den anderen Modellen - die ohne besondere Vorliebe zum Werkeln, Renovieren & Co. Bei Kai konnte sich da im Laufe der Zeit noch was ändern, bei Micha sahen die Chancen für einen so gravierenden Gesinnungswandel eher schlecht aus, dessen war ich mir bewusst. Dafür besaß ich ausreichend Energie für uns alle und den absoluten Willen, diesen auch durchzusetzen. Ich würde Micha schon beibringen, dass man weiblichen Ehrgeiz nicht unterschätzen sollte und ein Glas immer halbvoll und nicht halbleer ist!

23. Aber Herr Doktor!

Wir liebten unser kleines Holzhäuschen im Romsdal und den herrlichen Fluss, aber nichts konnte das Gefühl der Einsamkeit und die monatelange Abwesenheit der Sonne aufwiegen. Vor allem Micha machten die Abgeschiedenheit und die eingeschränkten Bewegungsmöglichkeiten enorm zu schaffen. In hitzigen Diskussionen hatte ich hin und wieder sogar die Worte *…nach Deutschland zurück…* aufgeschnappt. Diese Unzufriedenheit hatte in den letzten Monaten oft zu sinnlosen Streitereien geführt, die unsere Beziehung irgendwann kaputt machen würden, wenn wir nicht schnellstens etwas änderten. Ich weigerte mich hartnäckig daran zu glauben, dass unser Projekt Norwegen schon nach zwei Jahren zum Scheitern verurteilt sein sollte. Micha sah schließlich ein, dass wir gar nicht anders konnten, als unsere Zelte auf Skiri abzubrechen und in Isfjorden wieder aufzubauen, wenn wir weiterhin zusammenbleiben wollten. Denn ich hatte keineswegs die Absicht, Norwegen den Rücken zu kehren!

Aufgrund der Mieteinnahmen, die in den ersten Jahren sogar die monatliche Rate fast decken würden, stand einem Bankkredit nichts im Wege. Die Fahrt zur Arbeit verkürzte sich um zwei Drittel - und damit sank auch der Spritverbrauch enorm. Die Lage des Hauses war ideal: Uns umgaben Wiesen und Wälder, sogar auf einen kleinen Fluss mussten wir nicht verzichten. Die Isa floss nämlich nur einen Steinwurf entfernt unter einer Brücke neben dem Haus entlang. Zwar hatte sie keinen so tollen Sandstrand wie "unseren" auf Skiri - aber man konnte nicht alles haben. Dafür würden uns nie wieder vorbeidonnernde Züge wecken, und auch die endlose Kolonne von LKWs konnte uns den Buckel runterrutschen; auf der kleinen Straße am Haus fuhren täglich nur eine Handvoll Autos. Wir würden in der Natur wohnen, und trotzdem nur einige Gehminuten vom Zentrum und dem Supermarkt entfernt sein. Wieder umgaben uns die allgegenwärtigen, noch schneebedeckten Berge, aber sie waren viel weiter weg und ließen daher die Sonne bis auf wenige Wochen im Winter ungehindert auf uns scheinen.

Sedonas und Cheyennes neue Unterkunft befand sich zwar nicht mehr direkt neben der Haustür, aber zwei Kilometer zum Stall lagen durchaus im akzeptablen Bereich. Irgendwann würden wir wieder einen eigenen Stall haben, aber übergangsweise mussten unsere beiden Mädels eben in einem großen Familienclan zurecht kommen.
Kai hatte sich mittlerweile eine Freundin angelacht, auch sie wohnte in Isfjorden, und die beiden mussten nun nicht mehr stundenlang hin- und herfahren um sich zu treffen.
Die Vorteile lagen klar auf der Hand.

Der April ging ins Land, bis alle Formalitäten erledigt waren. Wir unterschrieben den Kaufvertrag, kündigten das Mietverhältnis auf Skiri und würden uns schon bald Hausbesitzer nennen dürfen. Erneut begann ich, Schränke auszusortieren, Kartons und Säcke zu packen. Ein bisschen Wehmut schwang schon mit, hatten wir doch auf Skiri unsere erste Heimat in Norwegen gefunden. Unser kleines gemütliches Häuschen hätten wir am liebsten mitgenommen; dem schönen Korkfußboden würde ich nachtrauern, ebenso wie der großen Veranda und all den vielen Dingen, die wir erst vor knapp eineinhalb Jahren komplett neu renoviert hatten. Aber was half es - da mussten wir jetzt durch!
Auch den vergangen Herbst hatten wir wieder genutzt, Feuerholz für den Winter zu machen. Die Stämme lagen noch neben Fredriks Haus, wo wir sie mit seinem Traktor-Holzspalter zu kleinen Scheiten verarbeiten wollten. Bis zum Umzug gedachten wir damit fertig zu sein und das Holz auf Paletten zu uns nach Isfjorden zu holen. Hätten wir diesen Plan lieber bleiben lassen!

Mitte der zweiten Maiwoche zeigte sich das Wetter von seiner schönsten Seite, es war Frühling geworden. Gut gelaunt und nichts Böses ahnend war ich mit Micha auf dem Weg von Åndalsnes Richtung Skiri, beflügelt von der Gewissheit, dass wir diese lange Strecke nicht mehr oft würden zurücklegen müssen. Wir hatten noch einige Sachen eingekauft, unser Umzug sollte am kommenden Wochenende über die Bühne gehen. Wir durften wieder Michas LKW benutzen, um unser Hab und Gut ins neue Heim zu bringen. Zwei Arbeitskollegen Michas, darunter auch Johnny und natürlich unser Fredrik, hatten sich als freiwillige Umzugshelfer gemeldet. Kai wähnten wir zu Hause bei seinem heißgeliebten Audi, den er sich zusammengespart hatte und der in seinen Augen ohne gewisse Schönheitsoperationen nicht als fahrtüchtig galt. Eigentlich war das Auto eine SIE, den es hörte auf den klangvollen Namen *Schaggi* (Kurzform von Jaqueline). Nun ja, niemand sagt, dass Männer erfindungsreich wären.

Kurz bevor wir in unsere Einfahrt einbogen, sahen wir Fredriks Mutti Tove, die freundlich winkend in ihrem Garten stand. Belustigt stieß ich Micha meinen Ellbogen in die Seite, bevor mir das Zurücklächeln auf den Lippen gefror. Eigentlich sah es eher danach aus, als ob sie uns heftig gestikulierend entgegen gerannt kam! Sofort beschlich mich ein mulmiges Gefühl. Weibliche Intuition oder Mutterinstinkt - mein Kopf ruckte wie von alleine in die Richtung, wo ich Fredriks Traktor und den riesigen Spalter mit seiner integrierten Säge stehen wusste. Ich erfasste mit einem Blick, dass dort eine angefangene Palette mit Holz stand; ein großer Stamm lag angesägt auf dem Transportblech, das große Sägeblatt steckte noch darin fest. Weder ich noch Micha hatten damit begonnen. Kai! Wie von Furien gehetzt rannten wir Tove hinterher, in ihre Küche. Dort saß mein kreidebleicher Kai, die linke Hand in Handtücher gewickelt. Mehrere blutdurchtränkte Tücher lagen schon achtlos auf dem Küchenboden. Mein Gott, was in aller Welt war denn hier passiert? Kai rang sich mühsam ein Lächeln ab und meinte, es wäre schon wieder fast gut, es hätte schon aufgehört mit bluten. Er wollte uns doch nur einen Gefallen tun und inzwischen mit dem Holzspalten anfangen! Alles lief prima, bis sich irgendein dämlicher Ast verfing und Kais linke Hand mit in die Säge zog. Ich öffnete das Handtuch und musste schlucken. Der linke Handteller war abgehoben, ich konnte neben dem geronnenen Blut Knochen und Sehnen sehen. Gott sei Dank hatte Kai Arbeitshandschuhe getragen, die sich in der Säge verfingen und wohl noch Schlimmeres verhinderten. Nicht auszudenken, was sonst hätte passieren können! Aber er musste zu einem Arzt, so schnell wie möglich. Niemand war auf den Gedanken gekommen, die dringende medizinische Hilfe, hier einfach nur Ambulanz genannt, zu rufen. Wir hatten bis dato noch keine Erfahrung mit dem norwegischen Gesundheitswesen gemacht, aber schon einiges davon gehört.

Nachdem man seine norwegische Personennummer bekommen hat, flattert kurz danach ein Brief ins Haus, in dem einem der zugeteilte *fastlege*, der Hausarzt, mitgeteilt wird. Bei ihm holt man sich bei Bedarf einen Termin, der -abhängig von der Dringlichkeit- für die nächste Woche oder auch den kommenden Monat zugesagt wird. Eilt es, weil beispielsweise alle Hausmittelchen versagt haben und man eine Krankmeldung benötigt, muss man mit dem nächstbesten Arzt Vorlieb nehmen, der in seinem Terminkalender noch jemand dazwischenquetschen kann. Der norwegische *fastlege* muss ein Allroundtalent sein, denn er ist gleichzeitig Allgemeinmediziner, Kinderdoktor, Frauenarzt und Urologe. Etwaige Routinekontrollen und die Behandlung geschlechtertypischer Krankheiten gehören genauso in seinen Aufgabenbereich wie zum Beispiel das Feststellen einer Schwangerschaft und die Überwachung derselbigen. Nur bei aufkommenden Zweifeln oder wenn der Ärmste an seine ausstattungstechnischen Grenzen stößt, gibt es eine Überweisung zum Fachkollegen.
Für absolut erwähnenswert halte ich die Regelung der *egenmelding*. Jeder norwegische Arbeitnehmer hat das Recht, sich selbst vier Mal im Jahr für je drei zusammenhängende Tage bei vollem Lohnausgleich krank zu melden. Dies sollte eigentlich dem Zweck dienen, das Wartezimmer nicht mit Lappalien vollzustopfen und die bei jedem Arztbesuch fällige Gebühr von 20 bis 40 Euro (je nachdem mit welchem Wehwehchen man an den Arzt herantritt) zu sparen. Dabei zahlt der Arbeitgeber die ersten 16 Tage Krankengeld, danach übernimmt das NAV (das norwegische Arbeits- und Sozialwesen) die Zahlungen bis zu einem Kalenderjahr in voller Höhe. In der Realität

sieht das meist so aus, dass die Hälfte der Belegschaft zur Fußball-WM, Winterolympiade oder dem Beginn der Jagdsaison fehlt. Aber dies weiß ja der Chef im Voraus und kann sich darauf einstellen (wenn er nicht sogar gerade selbst im grün-braunen Tarnanzug auf der Lauer liegt). Es gibt Betriebe, in denen die Krankheitsrate bis zu zehn Prozent beträgt; der höchste Satz weltweit. Ich werde mir nicht anmaßen zu behaupten, dass die recht legere Art der norwegischen Arbeitswelt in vollen Zügen ausgenutzt wird (Ausnahmen bestätigen wie immer die Regel.)
Bisher waren wir -durch das ostdeutsche Arbeitsleben geprägt und getreu dem Motto: *Kopf noch dran, dann kann man auch arbeiten gehen*- noch nie in Norwegen beim Arzt gewesen. Wir hatten also weder negative noch positive Erfahrungen mit dem hiesigen Gesundheitssystem gemacht. Aber das sollte sich ändern.

Wir packten Kai sofort ins Auto und rasten mit ihm Richtung Åndalsnes. Diesmal ärgerte ich mich nicht über die 25 Kilometer - ich verfluchte sie. Tove rief inzwischen im örtlichen Ärztehaus an und informierte den wachhabenden Bereitschaftsarzt, der schon auf uns wartete. Immerhin gab es einen solchen.
Kai bekam von der netten Ärztin erst einmal ein Paar Tropfen für seinen Kreislauf, der langsam aber sicher nicht mehr mitspielte. Die Schmerzen hatten nachgelassen, anfangs verhinderte der Schock das Schlimmste, und nun taten wohl die Endorphine ihre Wirkung. Wie schon geahnt, musste die Hand im Krankenhaus geröntgt und genäht werden, und es sah ganz danach aus, als hätte es mindestens eine Sehne erwischt. Die beiden Krankenwägen der Kommune waren im Einsatz; wir würden also warten müssen oder… Wir entschieden uns für oder. Rein ins eigene Auto und mit Volldampf Richtung Molde. Wir würden noch eine knappe Stunde unterwegs sein; eine halbe Stunde bis zur Fähre, zehn Minuten über den Fjord schippern, und noch eine weitere halbe Stunde ins Krankenhaus. Zum Glück war das Boot schon auf dem Herweg, und wir mussten nicht ewig lange warten. Kai hatte zwar eine ordentliche Bandage und Schmerzmittel

bekommen, aber die Wundränder klafften schon weit auseinander. So langsam musste etwas getan werden, wenn die Hand ihre Gebrauchsfähigkeit nicht verlieren sollte. Im lebensbedrohlichen Ernstfall kann man natürlich nicht mit dem Krankenwagen fahren und auf diverse Fähren warten (manche Leute wohnen so komisch, dass sie nicht nur einmal über den Fjord müssen). Es wird sofort der Helikopter angefordert, der den Betroffenen ins nächste Krankenhaus fliegt.

In unserem Fall dauerte es schon ein bisschen länger; gegen 18.00 Uhr waren wir endlich in der Notfallaufnahme angekommen.

Laut Ärztin sollte Kai als dringender Fall gleich dran sein; er war wieder bleich wie eine Wand, und ihm war schlecht. Ich setzte ihn ins Wartezimmer und rannte zur Anmeldung. Hier platze mir schon nach wenigen Sekunden der Kragen, als nämlich auf mein Klopfen hin an einem quadratischen Schiebefenster aus dem vorigen Jahrhundert keiner öffnete. Nachdem aus meinem höflichen Klopfen ein wütendes Hämmern geworden war, bequemte sich endlich eine Krankenschwester, ihr Türlein zu öffnen und mir Gehör zu schenken. Ich hätte doch gesehen, dass jede Menge Patienten im Wartezimmer säßen, und dass es noch einen kleinen Moment dauern könne. Kai dürfe sich gern auf den freien Stühlen lang machen, räumte man uns großzügig ein. Wir warteten. Eine Viertelstunde, eine halbe. Nach einer endlos langen Stunde polterte ich erneut zur Anmeldung, mittlerweile nicht mehr nur ungeduldig. Stinkwütend unterließ ich das höfliche Klopfen und rammte gleich die ganze Faust gegen das wacklige Glas. Dieselbe Dame öffnete wieder unbeeindruckt ihr Guckloch, und fragte, ob Kai lebensgefährlich verletzt sei. *Nein, aber wenn nicht sofort ein Arzt hier auftaucht werden Sie es gleich sein!* Das Fenster wurde zugekracht und es tat sich nichts. Die nächsten dreißig Minuten kochten wir vor Wut, während Kai auf seinem Stuhl immer kleiner wurde. Ich wusste mir nicht mehr zu helfen und rief mit meinem Handy die Bereitschaftsärztin in Åndalsnes an. Keine fünf Minuten später trat ein Arzt durch die Tür und entschuldigte die lange Wartezeit, er könne ja nicht einfach einen Patienten mit

offenen Magen auf dem OP-Tisch liegen lassen... Der anscheinend einzige anwesende Chirurg im Hause sprach so akzentfrei deutsch, wie es nur ein eingeborener Germane tun kann. Ich atmete auf. Alles ohne Probleme verstehen und die Aussicht auf deutsche Wertarbeit.
Es stellte sich heraus, dass zwei Sehnen durchtrennt waren, vor den Knochen hatte die Säge halt gemacht. Kai sollte noch am gleichen Abend operiert werden, und so ließen wir ihn in der Obhut des Chirurgen.

Eingegipst und noch etwas gezeichnet von den Strapazen der letzten Stunden konnten wir Kai schon am nächsten Vormittag wieder abholen. Die Wunde sollte gut verheilen, seine Hand ist heute voll gebrauchsfähig. Nur eine große Narbe und der Heidenrespekt vor Holspaltern zeugen noch von den nervenaufreibenden Ereignissen. Zum Arzt gehen wir nur, wenn es sich nicht umgehen lässt, wobei wir mit unserer Hausärztin -eine Dänin- Glück haben. Sie hinterlässt bei uns jedes Mal einen sehr professionellen Eindruck. Aber wir wunderten uns nicht mehr, dass medizinisches Fachpersonal aus dem Ausland mit Kusshand eingestellt wird, die Auswirkungen des permanenten Ärztemangels sind deutlich spürbar. Monatelange Wartezeiten für Routineeingriffe sind an der Tagesordnung.
In Sachen Geschwindigkeit und Effektivität schießt jedoch unsere Apotheke in Åndalsnes den Vogel ab: Dort arbeiten vier bis sechs weibliche Pharmazeuten bzw. Pharmazieassistenten. Man muss wie im deutschen Arbeitsamt eine Nummer ziehen, wenn man ein Rezept abholen will. Nun sollte man ja annehmen, dass die Wartezeit überschaubar ist, wenn nur noch drei Personen mit einem solchen Zettelchen vor einem stehen. Weit gefehlt, liebe Fans der deutschen Ordnung und des zügigen Arbeitsstils! Ich habe bis heute nicht erkennen können, woran es eigentlich liegt, dass ich die Apotheke noch nie in weniger als einer halben Stunde Wartezeit verlassen habe, außer das man den Damen beim Laufen die Schuhe besohlen kann und jeder Handgriff scheinbar in Zeitlupe ausgeführt wird. Und jedes Mal schwöre ich mir, mich nicht wieder über diese perfide Art von Zeit-

verschwendung aufzuregen – womöglich sterbe ich an einer Herzattacke, während die Norweger mit ihrer A…ruhe 120 Jahre alt werden und nicht mal wissen, dass sie an meinem frühzeitigen Dahinscheiden Schuld sind!

Was wir prinzipiell versuchen zu umgehen, sind Zahnarztbesuche. Nun wird der ein oder andere sagen, dass man auch in Deutschland auf diese Art von Konsultation nicht eben erpicht ist. Ich gebe den Männern mit einer Bohr-Phobie und den Damen mit einer Abneigung gegen zahnärztlichen Mundgeruch natürlich recht, aber hierzulande hat so ein Besuch noch einen ganz anderen Beigeschmack - nämlich den des herben Geldverlustes. In Norwegen wird nämlich keine noch so kleine Behandlung von der Sozialkasse gedeckt! Von einmal Reingucken bis hin zur Krönung zahlt der Patient alles selbst. Es ist also nicht verwunderlich, dass viele Norweger nicht mit einem Blend-a-med-Lächeln aufwarten können. Immer populärer wird es, seinen Jahresurlaub in östlichen und südlichen Gefilden zu verbringen, wo man statt in schmucken Hotels in ebenso luxuriösen Zahnkliniken wohnt und diese mit makellosem Gebiss verlässt.
Wir für unseren Teil heben uns unsere Zahnwehwehchen immer auf, bis wir zu Besuch in der alten Heimat weilen. Das kann manchmal ein bisschen schmerzhaft und nervenaufreibend sein, aber niemand bekommt mich noch einmal auf einen norwegischen Zahnarztstuhl, nachdem ich einmal auf einem solchen gesessen habe. Ich hatte furchtbare Schmerzen in einem schon seit Jahren Unruhe stiftenden Backenzahn. Urlaub im Erzgebirge war noch lange nicht in Sicht, und ein verzweifeltes Telefonat mit dem Zahnarzt meines Vertrauens bestärkte mich in dem Vorhaben, diesem Missetäter endgültig den Garaus zu machen. Ich ging zum einzigen Zahnarzt in Åndalsnes, der mich auf die Schnelle empfangen konnte. Schon das hätte mich stutzig machen müssen. Der ältere Herr textete mich entweder mit haarsträubenden Geschichten zu, oder sang zur im Hintergrund laufenden norwegische Volksmusik mit. Mein mulmiges Gefühl in der Magengegend erreichte seinen Höhepunkt, als er mir den gezogenen Zahn

vor die Augen hielt und er sich noch einmal rückversicherte, dass es der zweite von hinten gewesen wäre…oder doch der dritte? Vergeblich suchte ich nach Anzeichen in seinem Gesicht, dass er beliebte zu scherzen - der hatte das ernst gemeint! Ich bezahlte umgerechnet 100 Euro, und rannte auf die Toilette zum nächsten Spiegel. Gott sei Dank – er hatte zufällig den richtigen erwischt! Mir kamen vor Erleichterung fast die Tränen. Nie wieder würde mich jemand auf seinen Stuhl bekommen, und wenn ich vor Schmerzen die Wände hoch gehen würde! Auch in Deutschland muss ich die Dienste meines Zahnarztes voll bezahlen, da wir ja nicht mehr versichert sind. Allerdings liegen da die Kosten noch immer weit unter denen von Norwegen. Tja, warum sollte es auch bei so etwas Wichtigem wie Zähnen eine Ausnahme geben!

Kurz zusammengefasst sah es Anfang Mai 2009 also so aus, dass unsere ersten Erfahrungen mit dem norwegischen Gesundheitssystem nicht als positiv zu bezeichnen waren, Holz spalten mit schwerer Technik als gefährlich eingestuft wurde, und wir beim Umzug mit einer lastentragenden Arbeitskraft weniger rechnen konnten. Na dann konnte ja fast nichts mehr schief gehen!

24. Ein kleines Königreich

Diesmal graute mir nicht mehr so sehr vor dem Umzug wie beim letzten Mal, aber meine Lust auf die Heidenarbeit, alles wieder zusammenzupacken, hielt sich arg in Grenzen. Der angesammelte Hausrat wurde ja nicht weniger, auch wenn die zu fahrende Strecke nur einen Bruchteil der Entfernung ausmachte, die wir vor knapp zwei Jahren zurückgelegt hatten. Lediglich der ungeliebte Küchenaufbau blieb uns erspart, denn diese blieb auf Skiri, wir hatten sie Arne „vererbt". Doch das Wissen, der Einsamkeit von Skiri zu entfliehen, gab uns die nötige Motivation, das Ganze nach so kurzer Zeit noch einmal durchzuziehen. Wir erhofften uns viel von Isfjorden: Endlich wirklich anzukommen.

Wie schon einmal wurden als erstes die Pferde in ihren zukünftigen Stall umgesiedelt. Sie sollten von nun an mit vielen Artgenossen in einem größeren Herdenverband zusammen stehen; allerdings schien das unseren beiden Mädchen nicht ganz so sehr zu gefallen. Es liegt in der Natur der Pferde, dass Neuankömmlinge genauestens unter die Lupe genommen werden und die ranghohen Tiere ganz schnell klar stellen, wer in der Clique das Sagen hat. Unsere Zwei spielten definitiv nicht in der oberen Liga! Sie standen meist für sich allein, und wir mussten tierisch aufpassen, dass sie wenigstens einen Teil des für sie gedachten Futters erwischten, bevor sie wieder von den anderen verjagt wurden. Auch waren für uns eingefleischte deutsche Pferdebesitzer die Haltungsbedingungen völlig neu und gewöhnungsbedürftig. Die Tiere verbrachten Tag und Nacht auf einer sogenannten *utemarksbeite*, einem abschüssigen Waldstück mit teilweise steil abfallendem Gelände. Wurzeln, abgeknickte Bäume und Steine boten Stolperfallen ohne Ende – für unsere flachlandgewohnten Mädels ein stetiger Hindernisparcour. Während Ingeborgs kräftige Fjordpferde trittsicher durch Wald und Flur stampften, bangte ich um Sedonas und Cheyennes doch etwas zarteren Beinchen. Heute weiß ich, dass wir viel zu empfindlich dachten. Es schadet den Pferden nicht, ab und zu ihre Füße mal ein bisschen anzuheben und aufzupassen, wo sie hintreten. Bisher standen unsere Pferde jede Nacht in einer Box; ab sofort ersetzten der Nachthimmel das Stalldach und der Waldboden das liebevoll eingestreute Stroh. Nur in Ausnahmefällen, etwa wenn es tagelang regnete und kalt war, stellten wir Sedona und Cheyenne in eine der wenigen im Kuhstall integrierten Pferdeboxen – in Gesellschaft mit Ochsen und jeder Menge Katzen. Gefüttert wurde kein Heu, sondern Silage, welches in großen Ballen auf die Weide gefahren wurde und Tag und Nacht zur Verfügung stand. Auch das war ganz neu für uns, und ich kann nicht leugnen, dass wir dem mit allergrößter Skepsis entgegensahen. Relativ schnell wurde uns klar, dass dieser Stall mit unserer damaligen kompromisslosen Auffassung von Pferdehaltung nicht die Ideallösung war. Außerdem würde es auf die Dauer viel zu teuer werden, für zwei Pferde Stallplätze zu bezahlen. Hier war eindeutig Handlungsbedarf vonnöten, auch wenn ich noch keinen blassen Schimmer hatte, wie dieser aussehen sollte.

Am 16. Mai 2009 parkte Michas LKW auf Skiri, und mit Hilfe zweier Arbeitskollegen und Fredrik verluden wir wieder einmal alle Möbel. Innerhalb eines Wochenendes war das meiste im neuen Zuhause verstaut, wenn auch noch nicht alles am richtigen Platz. So etwas durfte man nicht übereilen, ich musste alles genau durchdenken! Und wie immer fiel mir ein noch besserer Standort genau dann ein, wenn Micha gerade alles nach meinen Anweisungen durch die Kante oder gar treppauf und treppab geschleift hatte. Kein Wunder also, dass er langsam die Nerven verlor und mir hoch und heilig schwor, nie wieder umzuziehen. Und wenn, dann nur noch mit einem Schlüpfer und seiner Zahnbürste. Und natürlich den Cowboystiefeln mit Sporen dran. Was für ein Bild da vor meinem geistigen Auge entstand!

Unsere beiden Hunde untersuchten mit angeborenem Entdeckerdrang ihr neues Zuhause, kein Winkel blieb unerforscht. Der Gang zwischen erster und zweiter Etage würde Sunkas Reich werden; sie konnte sich auf die Treppe ans Fenster setzen und sich ungehindert vom Tagesgeschehen berieseln lassen. Und was da draußen alles so abging! Auf dem Hang genau über unserem Haus befand sich der Kindergarten von mindestens 100 Lämmern! Also Hunde-Kino vom Feinsten. Josy interessierte das alles nicht; sie wartete geduldig, bis die Couch endlich am richtigen Fleck stand. Dann nahm meine kleine Sofaprinzessin ihren angestammten Platz darauf ein und war mit sich und der Welt zufrieden. Nun würde sie außer dem täglichen Abendessen oder anderen erfolgversprechenden Geräuschen aus der Küche nichts mehr aus der Ruhe bringen.

Wir lebten uns schnell ein. Der Frühling hatte Einzug gehalten, und ringsherum leuchtete alles in saftigem Grün. Der Apfelbaum blühte, und die Büsche entlang der Einfahrt brachten goldgelbe Blumen hervor, die wie überdimensionale Federn aussahen. Der kleine Fluss führte wegen der Schneeschmelze in den Bergen relativ viel Wasser mit sich; trotzdem war er glasklar und man konnte jeden einzelnen Stein auf dem Flussbett ausmachen. Hin und wieder kam auch mal ein Fisch vorbei geschwommen, und ein Entenpärchen ließ sich, von der starken Strömung unbeeindruckt, auf den Wellenkämmen auf und ab schaukeln. In mir blitzte ganz kurz die Frage auf, wieso es den Enten dabei eigentlich nie schlecht wurde. Auf was für Gedanken ich manchmal komme!

Und überall sah man Leute; nicht nur ein oder zwei wie auf Skiri – nein, viele! Auch wenn uns die meisten Einheimischen auf ihre reservierte Art nur mit einem leichten Nicken bedachten - es war immerhin ein Anfang, und wir fühlten uns nicht mehr wie die einzigen Menschen im Umkreis von zehn Kilometern! Wir konnten die herrliche Natur genießen, ohne uns von ihr eingesperrt zu fühlen. Bei unseren ausgedehnten Hundespaziergängen ergab sich schnell das ein oder andere nette Gespräch; schon bald grüßten uns die Isfjordinger wie ganz selbstverständlich. Da Sunka ihr Herrchen Micha und die braun-weiß gescheckte Cheyenne immer bei seinen Reittouren begleitete, galt er bei den einheimischen Kindern bald als *der Cowboy mit dem Kuhpferd und dem Wolf.* Das gefällt ihm.

Wir hatten die kurzen Wege auf Arbeit schätzen gelernt; schon nach acht Minuten Heimweg konnte ich mein Auto in der Garage abstellen. Das Einkaufen per Fahrrad war nun kein Problem mehr, und ein zwanzigminütiger Fußweg dahin schadete mir in keinster Weise. Der Gang in „meinen" örtlichen Supermarkt zaubert mir Tag für Tag ein Lächeln ins Gesicht, wenn ich nämlich die lustige Altherren-Runde in einer kleinen Ecke des Geschäftes sehe. An einem Campingtisch sitzen mindestens zwei Vertreter des männlichen Rentnerstandes, trinken Kaffee, lesen Zeitung und füllen Lottoscheine aus. Oder sie sind ganz euphorisch damit beschäftigt, den nächsten großen Gewinn auf ihren Rubbellosen frei zu kratzen, über die neuesten Nachrichten aus der Welt zu diskutieren oder in der Vergangenheit zu schwelgen. Ich finde es herrlich. Meinen stets freundlichen Gruß erwidert man mit einem verschmitzen Augenzwinkern, welches wohl besagen soll, dass Mann früher an anderen Dingen Freude hatte als an Rubbellosen!
Einmal hatte ich Sunka dabei und band sie am Fahrradständer fest, der einige Meter entfernt von der Eingangstür um die Ecke platziert war. Mein Einkauf dauerte nicht allzu lange, aber anscheinend lange genug für Sunka, um sich zu langweilen. Schon an der Kasse kam mir ein Verdacht, als ich meine Opis mit den Nasen am Fenster kleben und lachen sah. Vor der Tür hatte sich eine kleine Menschentraube gebildet; ich trat näher und wusste, warum sich keiner so recht aus dem Eingang traute: genau davor stand unser Wolf, mitsamt Fahrradständer und zwei Fahrrädern im Schlepptau. Jeden, der sich näherte, knurrte sie an, doch als sie mich sah wedelte sie wie verrückt mit der Rute und wartete auf ein Lob für ihre tolle Beute, die sie doch so heldenhaft gegen alle verteidigt hatte. Keiner nahm es übel, alle lachten und wollten Sunka streicheln.

Hier in Isfjorden haben wir Nachbarn – und nicht nur einen! Als erstes zu nennen wäre da Leif. Er wurde für uns das, was Fredrik auf Skiri für uns gewesen war. Ihm verdankt Sunka ihr tägliches Kulturprogramm am Fenster, denn er ist der Züchter der Schafe. Leif und seine Frau Rigmor sind liebe Freunde von uns geworden, die sogar schon mit bei uns in Deutschland auf Besuch waren. Leif ist immer da, wenn wir ihn brauchen. Egal was es ist, immer steht er mit Rat und Tat zur Seite. Und wenn kein Problem da ist, kommt er eben einfach mal zum Schwatzen. Das ist nicht selbstverständlich bei den Norwegern, umso dankbarer sind wir ihm, dass er so locker mit uns umzugehen wusste. Wie oft haben wir ihm im Laufe der vergangenen Winter Hilferufe per SMS geschickt, wenn nach andauerndem Schneefall unsere Einfahrt einfach verschwand und die kleine Schneefräse mit den hiesigen Mengen der weißen Pracht völlig überfordert war! Meist dauerte es nur wenige Minuten, bis Leif mit schwerem Gerät anrückte und unseren Hof binnen weniger Minuten frei gefräst hatte. Es gibt bei den Norwegern keine Probleme – oder jedenfalls keine, die sich nicht mit einem Traktor oder kannenweise Kaffee lösen lassen!
In einem jungen Pärchen, Susanne und Kenneth, hatten wir tolle Freunde gefunden, mit denen vor allem Kai den größten Teil seiner Freizeit verbrachte. Er ging nun ins dritte Jahr seiner Ausbildung, aber er war sich nicht ganz sicher, ob er nicht doch lieber als Karosserieschlosser und Lackierer anstatt als Mechaniker arbeiten wollte. Sein letztes Jahr verbrachte Kai nämlich in einer Werkstatt, die hauptsächlich Unfallwägen aufbereitete und Lackierungen vornahm. Das gefiel ihm ausnehmend gut.
Auch dieser Sommer verging mit Besuchen von Freunden und meinen Eltern. Wir verbrachten wie immer schöne Zeiten miteinander. Meinen Eltern gefielen das viel zivilisiertere Umfeld und der kurze Abstand zu Åndalsnes gut; allerdings jammerte Mutti, dass wir in diesem riesigen Haus nie fertig werden würden mit Renovieren. Ich überhörte solche Aussagen gewöhnlich und zeigte ihr stattdessen ihren neuen Wirkungskreis – die topmoderne Küche. Hier konnte sie

nach Herzenslust schalten und walten, während Vatis kritischer Blick auf Wänden, Decken und Türen ruhte und ihn eine lange Arbeitsliste erstellen ließ. Ich verriet ihm nicht, dass ich eine solche schon im Schubfach liegen hatte. Von jemandem muss ich es ja geerbt haben! Ich ließ die Liste noch eine Weile im Verborgenen, um Micha nicht gleich hoffnungslos zu überfordern.
Unsere Hunde waren wie immer hoch erfreut über den Besuch von „Oma" und „Opa". Sunka hatte in Vati nun endlich wieder jemand gefunden, den sie den lieben langen Tag mit ihrer Frisbee-Scheibe nerven konnte und Josy genoss die Streicheleinheiten von Mutti, die sie ihr zwischen Kuchenbacken und Wäsche bügeln mit bewundernswerter Ausdauer angedeihen ließ. Wie jedes Mal wurde es wieder schwer, sie nach Hause fahren zu lassen. Doch im Laufe der Jahre hatten sich schöne Rituale eingebürgert: Mindestens einmal am Tag telefonieren wir, an den Wochenenden fehlt nie der obligatorische Morgenanruf vom Frühstückstisch aus. So wissen wir immer, ob in meiner Heimatstadt die Sonne scheint, welches Mittagessen auf den Tisch kommt und wer gestorben ist. Ja, in der Regel bin ich genauestens über all die kleinen und großen Sünderlein im Dorf informiert und weiß besser über meine ehemaligen Nachbarn Bescheid als zu Zeiten, als ich neben ihnen wohnte!

Auf Arbeit lief alles bestens; meine Statoil-Kollegen waren mittlerweile fast wie eine zweite Familie für mich geworden. Immer hatte jemand ein offenes Ohr, niemals gab es Probleme bei der Schichteinteilung. Wir scherzten und lachten viel und trotzten so dem teilweise sehr hektischen Arbeitsalltag. Vor allem in den Sommermonaten gönnten uns die zahlreichen Touristen kaum eine Verschnaufpause, wenn sie wie ein Schwarm Ameisen über Åndalsnes herfielen. Ich war hartes Arbeiten gewohnt und konnte mit stressigen Situationen umgehen. Noch nie wurde meine Arbeit so anerkannt wie in dieser kleinen Tankstelle, in der jeder Einzelne nicht nur als wichtige Arbeitskraft, sondern als ein Mensch mit Stärken und Schwächen gesehen wird. Alle meine früheren Arbeitgeber in Deutschland könnten

hier in Punkto Mitarbeiterführung einiges lernen!
Noch immer amüsierte oder echauffierte ich mich über das Verhalten der Norweger; so nach und nach erkannte ich gewisse Verhaltensmuster, die sich kaum änderten.

Ein Großteil der frühmorgendlichen Kunden sind Männer in voller Arbeitsmontur, die schnell vor der Tanke halten (natürlich GENAU davor!), ihren Kaffeebecher auffüllen und sich ein *matpakke* kaufen. Dieses Fertig-*Esspaket* ist nichts anderes als zwei oder drei in Ölpapier eingewickelte, furztrockene Brotscheiben mit irgendetwas aufschnittähnlichem obendrauf. Es sei bei dieser Gelegenheit erwähnt, dass der Norweger seine eigenhändig zubereiteten Brotscheiben mit dem sehr spartanischen Belag NIEMALS mit einer zweiten Scheibe zudeckt, wie wir es üblicherweise tun. Er trennt die einzelnen Schnittchen mit einem Stück Papier voneinander, das eigens zu diesem Zweck hergestellt wird und auf Brotscheiben-Maß zugeschnitten in 500er-Packen erhältlich ist.

Die jüngere Generation allerdings zeigt völlig andere Vorlieben. Die Augen geradeso offen und die Haare vom Schlaf noch verwuselt, rückt man der bleiernen Müdigkeit mit Red Bull & Co zuleibe. In der sicheren Annahme, dass zwei dieser angeblichen Muntermacher tatsächlich Flügel verleihen, nimmt man den Horrorpreis von knappen 10 Euro gern in Kauf. Vervollständigt wird das ganze im Idealfall von einem 3er Pack Snickers oder Schokoladebollern; bei den hoffnungslosen Fällen braucht es eine Schachtel Zigaretten oder den so in Mode gekommenen Kautabak zusätzlich, um wenigstens halbwegs in die Gänge zu kommen.

Oft trifft man beim allmorgendlichen Tankstellenritual einen Gleichgesinnten, mit dem man dann das Fußballspiel vom Vorabend auswertet oder über das nächste Wochenende auf der Berghütte sinniert. Manchmal macht es einen Heidenspaß zuzuhören, andermal muss ich mich schnell umdrehen, damit die Kunden meine verdrehten Augen nicht sehen.

Am Abend jedoch ist man munter. Da werden zu nächtlicher Stunde

Autos gewaschen und mit quietschenden Reifen „Rotzerrunden“ durch die Stadt gedreht; unter Flutlicht trainieren die Herren auf dem Fußballplatz und gönnen sich kurz vor Mitternacht noch schnell einen Hamburger mit Cola. Natürlich habe ich immer gerade erst den Fußboden gewischt, wenn so eine Horde in die Station einfällt und meine frisch polierte Glastheke mit kleinen Ketchup-Kunstwerken verziert. Ich könnte sie alle erwürgen. Mach ich aber nicht - dafür ergötze ich mich am nächsten Morgen an ihrem zerknüllten Anblick.

Natürlich ließ ich auch in der Sommersaison 2009 kaum eine Möglichkeit ungenutzt, um mich am Anblick der geliebten Kreuzfahrtschiffe zu weiden und Touren zu guiden. Mittlerweile kannte ich einige der Reiseleiter persönlich, und die zwar recht kurzen, aber informativen Gespräche trugen nicht gerade dazu bei, mit meinem derzeit doch eher beschaulichen Leben zufrieden zu sein. Eine gewisse Unruhe machte sich in mir breit, ohne dass ich mir dessen wirklich bewusst war. Doch Micha merkte es; er hörte es an den Zwischentönen, wenn ich ihm von den Unterhaltungen erzählte, und sah es an meinen glänzenden Augen beim Auslaufen der stählernen Giganten aus dem Hafen.

Micha fuhr weiter bei Nettlast seinen LKW; inzwischen dauerte sein Arbeitsverhältnis schon länger als bei jedem anderen Fuhrunternehmen, bei dem er in Deutschland gefahren war. Seine Chefs konnten nie über ihn klagen; man verließ sich auf ihn. Im Gegensatz zu einigen Norwegern war er so gut wie nie krank, hielt seinen LKW pingelig sauber, kontrollierte ihn regelmäßig auf technische Mängel und befleißigte sich einer halbwegs akzeptablen Fahrweise. Allerdings machten ihm die Arbeitszeiten jetzt schon ganz schön zu schaffen; wenn er Postcontainer vom Zug in die benachbarten großen Orte fuhr (und das ist häufig der Fall), klingelt der Wecker schon morgens um 3.00 Uhr! Und da mein Michi von Haus aus ein Morgenmuffel ist und ewig braucht, um wirklich hellwach und ansprechbar zu sein, sieht er in seiner Arbeit wirklich nur die Notwendigkeit des Geldverdienens – nicht mehr und nicht weniger. In seiner Freizeit verbrachte Micha so ziemlich jede freie Minute mit dem Pferdetraining und Sunka, manchmal sehr zu meinem Leidwesen, hätte ich mir doch ein bisschen mehr Engagement beim Haus renovieren von ihm gewünscht. Manchmal kam es deswegen sogar zu handfesten Streitereien, die gewöhnlich mit der Aussage endeten: *Du wolltest dieses Haus – ich nicht!* Also malerte und tapezierte ich weiter alleine; wenigstens konnte ich alles genauso machen wie ich es wollte! Und irgendwann würde ich den Spieß umdrehen, das wäre ja gelacht.

Ehe wir uns versahen, ging unser dritter Sommer in Norwegen dem Ende zu.

An einem Samstag feierte ein Nachbar eine Party. Eine Weihnachtsparty. Im Sommer. Es wurde ordentlich getrunken, wie das bei den Norwegern so üblich ist. Ein Bierchen am Sonntag vormittag ist verpönt, genauso wie der Genuss von Alkohol im Beisein von Kindern. Aber wehe, wenn sie losgelassen! Wenn der Norweger einmal trinkt, dann solange bis der Kühlschrank nichts mehr hergibt oder der körperliche Zustand einfach keine weitere Druckbetankung zulässt. Eine heuchlerische Doppelmoral, wie Micha zu sagen pflegt.

Ich war an diesem Tag auf dem Sommerfest unserer Statoil-Heggem-Familie, während Micha fröhlich Weihnachten feierte. Bei dieser Gelegenheit lernte er Ove kennen. Ein sehr gut erhaltenes, knapp 70jähriges Original, den wir fast nie ohne seinen Cowboyhut zu Gesicht bekamen. In einem Gespräch erwähnte Micha, dass wir noch auf der Suche nach einem geeigneten Platz für unser Indianerlager und die Pferde seien. Ove, der bei uns in Isfjorden auch *Der letzte Mohikaner* genannt wird, horchte auf und meinte, dass er uns da einen Vorschlag unterbreiten könne. Einige Tage später zeigte uns Ove sein Grundstück, welches aus großen Teilen Wald und Wiese besteht. Flaches Land, mit einem tollen Ausblick auf die Berge. *Das ist mein kleines Königreich*, sagte er damals. Und fortan war Ove für uns nur noch *Der kleine König*. Und von diesem herrlichen Besitz wollte er uns für eine geringe Pacht ein schönes Fleckchen für unser

Lager und die Pferde abgeben! Es war perfekt – und nur einen Kilometer vom Haus entfernt. Wir mussten nicht lange überlegen: Im nächsten Frühjahr würden wir die Pferde wieder in Eigenregie halten.

Doch erst einmal stand uns der nächste lange Winter bevor, und ich dankte dem lieben Gott auf Knien, dass ich nach getaner Arbeit nicht mehr die vielen Kilometer durch das Romsdal nach Hause fahren musste. Mittlerweile hatte mein alter Mitsubishi seinen Geist aufgegeben und ich legte mir wieder einen kleinen 206er Peugeot zu. Keinen schwarzen Hengst diesmal, aber ein dunkelblauer mit nur wenig Kilometern auf dem Buckel. Wie hierzulande üblich wurden die Sommerräder gegen Spikes ausgetauscht, und auch die Pferde erhielten wieder Hufeisen mit Stollen. Mit diesen bewegen sie sich einfach viel sicherer und gefahrloser auf dem harschen und vereisten Schnee.

Weihnachten nahte, schon das dritte Fest in der neuen Heimat. Im Dezember machten wir einen einwöchigen Abstecher zu Michas Tochter nach Berlin, während sich Kai um die Hunde kümmerte. Ach was war es herrlich, wieder einmal über einen wunderschön beleuchteten Weihnachtsmarkt zu bummeln! Wie hatten wir den unvergleichbaren Duft nach Glühwein, Lebkuchenherzen und Bratwurst vermisst! Wir sogen die Atmosphäre in uns auf und stopften an jeder Imbissbude in uns hinein, was der Magen zuließ. Vielleicht sollten wir uns so einen vorweihnachtlichen Höhepunkt jedes Jahr gönnen?

Das erste Mal war ich auch beim *julebord* (Weihnachtsfeier) unserer Firma dabei. Es gab das übliche norwegische Traditionsessen, ich begnügte mich mit Kartoffeln und Rotkohl. Die Damen und Herren hatten sich ordentlich in Schale geschmissen, und diesmal wartete sogar ich mit einem Kleid und mit Glitzersteinen behängt auf. Ja, manche Dinge färben eben ab! Nach dem Essen hielt unser Chef eine tolle Rede, in der er sich mit seinem ganz eigenen Humor (den ich im Übrigen ganz klasse finde) für ein tolles Jahr bedankte. Dann wurde ein Preis vergeben, nämlich der *Rubber-Duck-Preis* für den besten

Mitarbeiter des Jahres. Ich ahnte damals nicht, dass ich genau fünf Jahre später auf der Bühne stehen und mir diese Ehre zuteil werden würde.
Ein buntes Programm und Live-Musik ließ die Weihnachtsfeier zu einem gelungenen Fest werden; alles Essen und Trinken war gratis, es fehlte an nichts. Und das bei den Alkoholpreisen! Wir tanzten die ganze Nacht und amüsierten uns; alles bewegte sich im „anständigen" Rahmen. Ich kam gar nicht umhin, an die Tasse Kaffee und den von diversen Lieferanten geschenkten Stollen zu denken, der in meiner letzten deutschen Firma schnell noch nach der letzten Schicht serviert wurde. Welch ein krasser Unterschied.

Den Neujahrsabend verbrachten wir vor dem Fernseher und später bei den Pferden, die glücklicherweise Feuerwerk und Knaller halbwegs ruhig über sich ergehen ließen.
Was würde das neue Jahr bringen? Wir hatten einen guten und zufriedenstellenden Start in Isfjorden zu verbuchen; würde nun endlich der ersehnte, ruhige und glückliche Alltag auf der Tagesordnung stehen?
Nicht doch. Meine Mutti sagt immer, mit uns wird es nie langweilig. Wie recht sie doch hat…!

25. Wunder gibt es immer wieder

Die langen Winterabende verbrachte ich mit meinem geliebten Hobby, dem Herstellen von Glückwunschkarten. Ich konnte halbe Nächte in meinem kleinen Reich zwischen Stempelfarbe und Alkoholstiften verbringen, während Micha armdicke historische Bücher verschlang oder sich durch das Fernsehprogramm zappte. Denn in Isfjorden haben wir eine Satellitenschüssel am Haus, die uns den lang vermissten Zugang zur deutschen Fernsehkultur ermöglicht.

Nachdem die letzten hartnäckigen Schneereste endlich weg getaut waren, bauten wir im Mai 2010 das erste Mal unser Indianertipi im *Kleinen Königreich* auf. Das Fleckchen Erde heißt Gröttamoa, und es wurde für uns, die Hunde und unsere beiden Pferde das zweite Zuhause in Isfjorden. Eine wichtige Sache fehlte allerdings noch: Cheyenne und Sedona brauchten ein Dach über dem Kopf! Also planten wir den Bau eines Pferdestalles. Dazu mussten Bäume umgelegt, Nachbarn um Erlaubnis gefragt und eine Baugenehmigung bei der Stadt eingeholt werden. Und wir brauchten Hilfe, denn wir würden mit unseren wahrhaft bescheidenen Kenntnissen in der Baubranche niemals vier gescheite Wände zusammenzimmern können!
Wie der Zufall es will, lebte eine Freundin von uns mit einem Zimmermann zusammen. Ingrid Merete half uns bei der Arbeit mit den Pferden, wenn es bei uns zeitlich eng wurde. Ole Christian, ihr Lebensgefährte, arbeitete nach unseren Vorstellungen einen Plan aus und erstellte Materiallisten. Bis spätestens September sollte der neue Offenstall fertig sein. Aber vorher – vorher nahmen wir noch ein weiteres Mitglied in unsere Vierbeinerfamilie auf. Diesmal unter Umständen, die uns manchmal an den Rand der Verzweiflung brachten.

Wir wussten schon von den drei Hengsten in der direkten Nachbarschaft, die dort unter schlechten Bedingungen lebten. Schon mehrfach wurde der Besitzer beim Tierschutz angezeigt, ohne dass es eine

Reaktion gegeben hätte. Zwei Kaltblüter und ein norwegisches Warmblut standen den ganzen Winter über in ihren dunklen, vor Dreck starrenden Boxen, und im Sommer nur sporadisch auf einer kleinen Matschkoppel, von der aus sie grüne Wiesen nur von Weitem sahen. Ihr Besitzer, ein älterer Mann, war kaum in der Lage, sie am Halfter zu führen, geschweige denn ihnen die nötige Lebensqualität zu geben. Wir hatten schon mehrfach mit ihm gesprochen und unsere Hilfe angeboten, als die Rede darauf kam, alle drei zum Schlachter zu schaffen. Oh nein! Wir konnten diesen Gedanken nicht ertragen. Mit den Kaltblütern wussten wir nichts anzufangen, außerdem litt einer der beiden seit Jahren an Hufrehe, einer unwahrscheinlich schmerzhaften Erkrankung der Hufe. Ihn zu erlösen wäre das einzig richtige. Aber da gab es noch diesen elfjährigen Warmbluthengst namens Wonderboy... Der Braune war übersät mit Narben, und eine schlecht verheilte Beinwunde lies einen länger zurückliegenden Unfall erahnen. Ein Blick auf seine Füße trieb mir die Tränen ins Gesicht: Noch nie hatten wir so schlimme Hufe gesehen. Wir konnten nicht anders, wir mussten etwas unternehmen.

Wir bekamen Wonderboy mit den Worten geschenkt, dass er bei uns ein besseres Zuhause hätte. Oh ja, ein schönes Heim sollte er bekommen. Allerdings mussten vorher noch einige Kosten gestemmt werden, denn Tierarzt und Hufschmied gaben sich die Klinke in die Hand. Durch unseren geplanten Stallbau sah es in unserer Kasse nicht so rosig aus, und somit hatten wir ein Problem. Zu unserem und Wonderboys großem Glück kam hier eine liebe Freundin ins Spiel, Natascha. Sie hatte sich sofort in unseren großen Jungen verliebt und „kaufte“ uns Boy, wie wir ihn von Stund an nur noch nannten, ab. Sie bezahlte alle Rechnungen und besuchte ihn fast täglich in seinem alten Stall. Denn das sehr viel größere Problem war weitaus schwieriger zu lösen: Boy von seinem Gefängnis auf unsere Weide bringen! Unser Junge gebärdete sich wie ein wilder Mustang; weder waren solch ganz normale Dinge wie das Anlegen eines Halfters oder das Führen am Strick so ohne Weiteres möglich. Das lange Eingesperrtsein und jeglicher Mangel an menschlicher Fürsorge hatten nicht dazu beigetragen, sein Vertrauen in die Zweibeiner zu stärken. Ein besonders angespanntes Verhältnis schien er zu Heu- und Mistgabeln zu haben – wir wollten gar nicht wissen warum.

Als allererstes bauten wir mit unserer Weideausstattung eine Koppel im Grünen auf, gleich neben dem verhassten Stall-Gefängnis. Dann spannten wir Drähte und ließen die drei Hengste einfach laufen. Was für ein Bild! Sie tobten und sprangen, wieherten und prusteten vor Freude, um sich dann voller Inbrunst dem Füllen ihrer schier unersättlichen Mägen zu widmen. Wie viele Jahre waren vergangen, seit sie sich das letzte Mal wie richtige Pferde benehmen konnten?

Natascha legte das Wohlergehen ihres neuen Schützlings und dessen erwünschte Verwandlung in ein verlässliches Reitpferd in unsere Hände, und wir wollten versuchen, dieser Verantwortung gerecht zu werden.

So wie die Großen dieser Welt einmal ganz klein angefangen hatten, begannen wir auch in winzigen Schritten. Boy war nicht wie andere Pferde. Bei ihm gab es kein gieriges Verlangen nach Leckerlis in unseren Jackentaschen, die begabte Vierbeiner normalerweise auf mehrere Kilometer Entfernung riechen können und stets einen halben Überfall auslösen. Schon wenn wir uns Boy näherten rannte er weg. Nach einigen Tagen beharrlichen Anpirschens und geduldigen Abwartens, dessen vollendete Ausführung Winnetou vor Neid hätte erblassen lassen, blieb Boy wenigstens stehen, wenn auch skeptisch und immer bereit, auf dem Absatz kehrt zu machen, egal wie groß die Möhre oder wie rotbäckig der Apfel auch war. Wir sahen ihm an, welche innerlichen Kämpfe er mit sich ausfocht: seine Angst vor den Zweibeinern und diesen gut aussehenden, in so greifbarer Nähe liegenden Köstlichkeiten. Das ließ uns vermuten, dass der arme Kerl noch nie irgendwelche leckeren Dinge, die Pferde doch von Herzen lieben, aus der Hand bekommen hatte.

Irgendwann passierte dann das erste kleine Wunder: Natascha hockte mit Engelsgeduld vor ihm und redete einschmeichelnd in einem russischen Singsang auf ihn ein. Nach langem Zögern und Abwägen der auf ihn lauernden Gefahren konnte Boy der so verführerisch dargebotenen Mohrrübe nicht mehr widerstehen. Oh, war das ein himmlisch guter Geschmack! Man konnte es Boy richtig ansehen, wie er sich den mit immer schnelleren Kaubewegungen produzierten orangefarbenen Brei auf der Zunge zergehen ließ. Und er wollte mehr. Nur aus Rücksicht auf seine empfindliche Seele brachen wir nicht in lauten Jubel aus. Ein kleines Stückchen Eis war gebrochen.

Boy fand Gefallen an den regelmäßig auf ihn wartenden Leckereien. Im Laufe der nächsten Woche wurde er immer zutraulicher und belohnte uns sogar damit, dass er ganz still stand, wenn wir ihm sein vernachlässigtes Fell bürsteten und auf Hochglanz brachten. Sogar seine völlig verfilzte Mähne ließ er uns auskämmen und entwirren – ja mit der Zeit begann er diese für ein Tier so wichtigen Zärtlichkeiten zu genießen. Solche Zuneigungsbeweise kannte Boy nicht; als Hengst stand er immer allein und ohne Körperkontakt mit anderen Pferden, und sein ehemaliger Besitzer dachte wohl im Traum nicht daran, auch nur für einige Minuten am Tag die Stelle eines Artgenossen einzunehmen um ihm damit das Gefühl zu geben, geliebter Teil einer wenn auch noch so kleinen Gemeinschaft zu sein. Dieses Gefühl bekam er nun von uns in Hülle und Fülle, wollten wir doch alles nachholen, was Boy bis dahin versagt geblieben war. Seine Narben verheilten, und auch die seelischen Male würden mit der Zeit verschwinden.

Doch bevor wir Boy zu uns holen konnten, musste er seine Manneskraft opfern, damit wir ihn ohne unerwünschte Folgen in unsere kleine Stutenherde integrieren konnten. Gesagt, getan. Nach einer spektakulären Operation mitten auf der Koppel (in seiner verdreckten Stallbox wäre die Infektionsgefahr um ein Vielfaches höher gewesen) war Boy kein Hengst mehr, sondern Wallach. Wir assistierten dem Tierarzt; Boys Kopf lag mit einer Decke über seinen Augen in meinem Schoß, und Micha kniete tapfer als Handlanger direkt an der Front des Geschehens. An seinem wechselnden Mienenspiel konnte ich ablesen, wie sehr er mit Boy litt und wie froh er gleichzeitig war,

dass diverse Zangen, Messer und Schnüre nicht an seinem Körper zum Einsatz kamen.
Es brauchte noch viele Tage, um Boy wenigstens halbwegs gefahrlos aus der Koppel zu führen, denn gegen ein panisches 750-Kilo-Kraftpaket hat man keine Chance. Nach wochenlangem, harten täglichen Training, bei dem wir für winzige Fortschritte mit geprellten Rippen, blutigen Fingern und unzähligen blauen Flecken bezahlten, wurde aus dem ehemaligen wilden Hengst ein herzensgutes, dankbares Reitpferd. Boy geht mit uns durch dick und dünn; alles was er benötigte war Zuwendung und Liebe. Heute ist unser Schmuse-Boy glücklich in seiner Rolle als Leittier seines eigenen kleinen Harems.

Nach vielen schlaflosen Nächten, etlichen Streitgesprächen und blauen Fingern (vom Draufhämmern) entstand unter Anleitung und Mitarbeit guter Freunde, zu denen unter anderem auch Nataschas Mann Ole Johnny zählte, die Grundkonstruktion unseres Stalls. Im August flogen wir extra meinen Bruder ein, der uns beim Bau des Dachstuhles half. Auch Vati ließ es sich nicht nehmen, noch ein wenig Hand mit anzulegen und kam extra deswegen eine Woche zu uns. Es dauerte noch weitere Wochen, die Verkleidung und den Innenausbau fertig zu stellen. Die letzten vorhandenen Kronen überwiesen wir zähneknirschend dem Elektriker, der uns von Oves Wohnhaus bis in den Stall um die 200 Meter Stromkabel zog, Sicherungskästen, Lampen und Schalter anbrachte. Ohne Licht und Strom fürs Weidegerät ging nun mal nichts.
Am 1. Oktober 2010 konnten die Urheber der vielen schweißtreibenden Stunden und der leeren Konten ihr neues Domizil in Beschlag nehmen. Von der ersten Minute an liebten sie ihr Dach über dem Kopf. Der Offenstall mit Lagermöglichkeiten und Sattelkammer hatte uns ein halbes Vermögen gekostet; hierzulande heißt das Sprichwort: Pferde zu haben ist zwar nicht die schnellste, wohl aber die sicherste Methode Konkurs zu gehen. Na denn.... Ich dachte drei Jahre zurück; beinahe hätten wir damals in Deutschland unsere Pferde verkaufen müssen, weil wir die Kosten für ihre Unterhaltung

kaum noch aufbringen konnten. Doch hier hatten wir es geschafft! Ohne eine Öre Kredit oder geliehenes Geld – alles erarbeitet und gespart. Nie und nimmer hätten wir in Deutschland diese Möglichkeit gehabt. Ja, wir wären nicht einmal auf die Idee gekommen, einen eigenen Stall zu haben.

Je nach Wetterlage, Lust und Laune wählt unser Pferde-Trio selbst, ob es sich drinnen oder draußen aufhalten will. Sie hatten gleich zu Beginn Heuraufen und Futtertröge nach eigenem Gutdünken unter sich aufgeteilt; und jeden Morgen und Abend stehen sie geduldig wartend auf ihrem jeweiligen Platz. Hunger hat man immer, keine Frage. Das Erstaunliche dabei ist zu beobachten, auf welch völlig unterschiedliche Art und Weise sich unsere Tiere aus der Raufe bedienen. Eigentlich geht es ganz ähnlich zu wie bei uns Menschen. Man stelle sich folgendes vor: Drei Menschen sitzen am Tisch, vor jedem ein Teller Eintopf, köstlich duftend und liebevoll angerichtet. Der Eine taucht seinen Löffel vorsichtig am Suppenrand ein und leert seinen Teller langsam und mit Genuss, immer schön den Löffel im Uhrzeigersinn bewegend am Tellerrand entlang. Am Ende ist er schön säuberlich leer geputzt und könnte glatt wieder in den Schrank gestellt werden. Der nächste am Tisch ist wählerischer und geht methodisch vor. Erst klaubt er alles das heraus, was er nicht mag und legt es auf den Tellerrand, oder er pickt sich aus der Suppe, was ihm am besten schmeckt, und füllt dann mit dem Rest seinen Magen auf. Auch hier ist der Teller sauber und leer – bis auf das sorgsam Aussortierte auf dem Rand, in dem jedoch immer noch ein mal herumgestochert wird, gründlich prüfend, ob nicht doch noch etwas Genießbares dabei ist. Und der Dritte im Bunde klatscht seinen Löffel in den Teller und schüttet sich seinen Inhalt wahllos und ohne erkennbare Methodik in den Mund, egal was es ist. Danach sind sein Teller und die unmittelbare Umgebung ein kleines Schlachtfeld aus diversen Suppenüberresten, die es nicht mehr wert waren, auf den Löffel geschaufelt zu werden.
Genauso fressen unsere drei Pferde: Boy nimmt schön langsam ein

Hälmchen nach dem anderen vom Rand der Raufe weg und hebt etwaiges Heruntergefallenes sofort vom Boden auf, während Cheyenne ihren Kopf wahllos ins Heu steckt und es in sich hineinschaufelt, ohne Rücksicht auf Verluste. Sedona wiederum sortiert ihr Futter aus; sie schleudert das zuoberst liegende Heu auf verschiedene Seiten; was ihrem Gaumen so gar nicht zusagt landet auf dem Boden. Nun zupft sie ein bisschen am noch verbliebenen Heu herum, um sich dann zu überlegen, dass in dem vorher Verschmähten vielleicht doch noch etwas Brauchbares dabei sein könnte. Welche speziellen Fress-Methoden unsere Pferde hierbei anwenden und warum dieser Halm besser schmeckt als der andere entzieht sich meiner Kenntnis.
Nun, jedenfalls hatte unsere kleine Herde jetzt ein tolles Zuhause, mit dem wir und sie rundum zufrieden waren.

Wieder war es Herbst geworden, und meine letzte Guidetour des Jahres absolvierte ich am berühmten Geirangerfjord. In meinem Bus saßen 45 erwartungsvolle Gäste, Passagiere der MS Artania von Phönix Reisen. Mit dabei war diesmal auch der Kreuzfahrtdirektor des Schiffes. Am Ende der dreistündigen Ausfahrt verabschiedete ich einen Bus zufriedener und gut gelaunter Gäste - und einen begeisterten Direktor. Dann geschah etwas, von dem ich heute noch glaube, dass es ein Wunder war: Er nahm mich zur Seite und war des Lobes voll. Die Tour sei die beste gewesen, die er seit langem erlebt hat, und meine ganz eigene Art mit den Gästen umzugehen beeindrucke ihn. Und ob ich mir denn vorstellen könne, als Reiseleiter auf einem Schiff zu arbeiten? Solche Leute würde man immer brauchen.... Mir blieb fast das Herz stehen. Ich musste ein paar Mal schlucken, um wieder normal Luft holen zu können.
Halllooo??? Ob ich mir das denken könnte??? Ich träumte seit Kindesbeinen an von nichts anderem! Hatte Herr Rüdel das wirklich gesagt? Es musste wohl so sein, denn er hielt mir einen Zettel unter die Nase, mit Anschrift und Namen der Ansprechpartner, bei denen ich mich in Bonn in der Phönixzentrale melden sollte. Gütiger Gott im Himmel, der Mann wusste nicht, was er meinem Seelenleben antat!
Wie auf Wolke 7 schwebend kam ich abends wieder zu Hause an. Mi-

cha merkte gleich, dass irgendetwas Außergewöhnliches passiert sein musste - noch niemals hatte ich ihn aus heiterem Himmel gebeten, mir einen Schnaps einzuschenken. Ich erzählte ihm alles, und trotz meines Hochgefühls merkte ich, dass sich Micha zwar schon für mich freute, er aber ein gewisses Unbehagen nicht verbergen konnte. Natürlich konnte er nachvollziehen, wie mir zumute war und gönnte mir es von Herzen, aber wie sollte das in der Realität aussehen? Darüber hatte ich mir noch gar keine Gedanken gemacht. Alles würde sich irgendwie ergeben, davon war ich überzeugt. Außerdem war ja überhaupt noch nichts spruchreif. Das Lob eines Kreuzfahrtdirektors bedeutete noch lange nicht, dass ich in absehbarer Zeit in seine Fußstapfen treten würde! Also ruhig Blut. Erst einmal beglückte ich weiterhin meine Kunden in der Tankstelle mit Kaffee, Wienerwürstchen und Hamburgern.

Die ersten Flocken fielen im November, und an Weihnachten zierte ein gelber, beleuchteter Stern den Giebel unseres Pferdestalles. *Wie die Krippe in Bethlehem!* sagten die Leute und blieben verzückt davor stehen. Der Stern war ein Geschenk meiner Eltern; Vati war erst ein wenig irritiert, weil der Stern doch für den Balkon am Haus gedacht war. Aber nirgendwohin passte er besser als an unseren heiligen Pferdestall.

Das neue Jahr brach an, leise und unspektakulär wie das vergangene. Doch der Eindruck täuschte. Ich plante nicht nur, meinem Vati an seinem Geburtstag einen Besuch abzustatten, sondern auch einen kurzen Abstecher nach Bonn zum Reiseveranstalter *Phönix Reisen* zu machen. Genau das tat ich dann auch. Kurzerhand setzte ich mich in den Flieger von Leipzig nach Köln-Bonn. Ich wurde herzlich begrüßt und ausgefragt; Arbeitsbedingungen und eventuelle Einsatzzeiten besprochen. Mir schwirrte der Kopf, nun wurde es also ernst. Sobald alle festen Reiseleiter der drei Hochseeschiffe der Phönixflotte ihre Urlaubspläne eingereicht hätten, würde man mir Bescheid geben. Ich sollte dann als Vertretung an Bord gehen.

Es war also wirklich wahr. Kein Traum. Kein Wunschdenken mehr. Ich hatte nicht die geringste Ahnung von der Arbeit auf einem Kreuzfahrtschiff, ja ich hatte niemals ein größeres Boot als einen

Fischkutter und die Fähre nach Norwegen betreten. Ich konnte es noch gar nicht fassen, dass ich wirklich im kommenden Sommer für mehrere Wochen irgendwo „in der Weltgeschichte“ umherschippern würde! Micha klang nicht wirklich begeistert, als ich ihm am Telefon den Verlauf meines Vorstellungsgespräches erzählte. Er würde es verstehen, bestimmt.

Auf dem Heimweg schwelgte ich in Gedanken, ließ ihnen freien Lauf.

Norwegen. Skiri. Isfjorden. Ich sah den abbruchreifen Hof vor mir, den wir als erstes im Grövdal besichtigt hatten und erinnerte mich an das Gefühl tiefster Niedergeschlagenheit. Wieviel war seitdem passiert! Noch immer sah ich meinen Vati beim Abschied aus Deutschland weinen, und noch immer blutet mein Herz dabei. Aber es kam mir vor, als wäre es schon eine Ewigkeit her. Ich verzog unbewusst das Gesicht zu einer Grimasse, als ich an meine Arbeit als Putzfrau dachte. Die ersten Jahre hatten Micha und mich Kraft gekostet, viel mehr als wir uns es vorher ausgemalt hatten. Manchmal waren wir dem Aufgeben näher gewesen als dem Durchhalten. Das Fundament unserer Beziehung hatte Risse bekommen, klein und kaum sichtbar. Aber sie waren da. Und doch haben wir soviel erreicht! All die Mühe, Verzweiflung und so manche bittere Träne waren nicht umsonst gewesen.

Norwegen ist kein Schlaraffenland, nicht alles ist Gold, was glänzt. Die Mentalität der Einheimischen ist mit der unseren nicht vergleichbar, das oftmals regnerische Wetter und die kühleren Temperaturen lassen uns neidisch den Wetterbericht der deutschen Fernsehanstalten wegschalten. Jede Dienstleistung in Norwegen ist sündhaft teuer, trotzdem kennen nur die Wenigsten das Wort *Marktwirtschaft* und seine Bedeutung. Das deutsche Warenangebot lässt das Hiesige vor Neid erblassen; es dauert seine Zeit, bis man sich mit dem Vorhandenen zufrieden gibt. Die Sprache sprechen wir mittlerweile sehr gut, doch werde ich mich nie so mit einem Norweger unterhalten können wie mit einem Freund aus der alten Heimat. Der uns so wichtige Tierschutz wird hierzulande so viel mit Füßen getreten, dass uns stillschweigende Akzeptanz enorm schwer fällt. Wir vermissen unsere Familie und Freunde, auch wenn man sich eigentlich jederzeit besuchen kann. Manches ist uns auch heute noch fremd, und vieles fällt schwer zu verstehen. Ich werde nie denken oder fühlen wie ein Norweger, dafür bin ich im Herzen zu sehr Deutsche.

Und dennoch habe ich Norwegen lieben gelernt: Die einzigartige Landschaft und ihre großartige Natur. Menschen, die mir trotz ihres Anders-Seins ans Herz gewachsen sind. Arbeitsbedingungen, von denen ich gar nicht wusste, dass es so etwas geben kann. Und die Ruhe, die man hier mit jedem Atemzug in sich aufnimmt. Auch wenn einige materielle und seelische Bedürfnisse nicht ganz befriedigt werden, so habe ich doch diesem wilden, schönen Land vieles zu verdanken. Auch die Erfüllung meines großen Traumes.
Seufzend lehnte ich mich in meinem Sitz zurück, bis mich ein plötzlicher Gedanke hochschnellen ließ. Eines ist mir meine neue Heimat noch immer schuldig geblieben: Ich hab’ noch nie ’nen Elch gesehn!

Epilog

Ich blicke mit müden Augen auf die Bahnhofsuhr. Kurz nach Mitternacht, der Himmelfahrtstag 2011 hat vor wenigen Minuten begonnen. Allein die drei riesigen Koffer, die ich wie eine Festung um mich herum aufgeschlichtet habe, halten andere Passanten wahrscheinlich davon ab, mich für einen Obdachlosen zu halten. Schon seit Mittag des vergangenen Tages bin ich nun schon unterwegs, und in wenigen Stunden werde ich mein Ziel erreichen: Das Kreuzfahrt-Terminal in Bremerhaven. Dort würde „mein Schiff" warten, mein schwimmendes Zuhause für die kommenden drei Monate. Die Aufregung hält mich wach, und so vieles geht mir durch den Kopf. Ich freue mich riesig auf die neue Herausforderung, andererseits bleibt ein Teil von mir in Isfjorden zurück. Ich würde unsere Tiere vermissen, und das Lachen und Streiten mit meinem Michi fehlen mir schon jetzt. Er und Kai müssen zwölf Wochen ohne mich auskommen; mute ich ihnen nicht zuviel zu? Micha weiß, wie sehr ich es mir wünsche, aufs Schiff zu gehen und wie hart ich dafür gearbeitet hatte. Aber würde er nicht mit seiner Arbeit, Haus und Tieren überfordert sein? Nichts auf der Welt ist umsonst; welchen Preis werde ich für die Erfüllung meines Herzenswunsches bezahlen müssen?

Ich darf mir nicht soviel Gedanken um die Daheimgebliebenen machen! Die nächsten Wochen werden aufregend und anstrengend genug sein, und ich hoffe, dass ich alldem gewachsen bin.

Auf der Suche nach etwas Essbarem in meiner Tasche stoßen meine Hände an einen Umschlag, der merkwürdigerweise die ganze Zeit unbemerkt geblieben war. *Für meine Prinzessin*, steht in Michas Handschrift darauf. Völlig überrascht öffne ich eilig das weiße Kuvert, und heraus fällt ein kleines hellblaues Büchlein. Auf dem Cover ist ein Pinguin auf einer Eisscholle abgebildet, der sich offensichtlich nicht traut, zu seinem Freund ins kalte Wasser zu springen. Darunter steht in großen Buchstaben: *DU SCHAFFST ES.*

Ich atme tief aus und lächle.

Ich sage danke!

Zu allererst bedanke ich mich bei *meinen beiden Männern*, ohne die erstens diese Geschichte nicht existieren würde, und die zweitens unzählige Nachmittage, Abende und Nächte auf meine Anwesendheit verzichten mussten. Von den angebrannten oder nicht vorhandenen Mahlzeiten rede ich lieber gar nicht.

Ich danke *meinen Weibern*, allen voran *Gabi, Katrin und Manu.*

Ihr habt mir in den Allerwertesten getreten, wenn ich keine Lust mehr zum Schreiben hatte und alles hinschmeißen wollte. Eure aufmunternden Worte und nervenden Kommentare haben mir das nötige Durchhaltevermögen gegeben!

Ein großer Blumenstrauß geht an meine *Hobby-Lektorin Jana.*

Du warst von Anfang an von meinem Buchprojekt überzeugt; deine konstruktive Kritik, inspirierenden Seiten-Anmerkungen und sachlichen Tipps waren mir eine große Hilfe.

Ein triumphierendes Dankeslächeln sende ich allen *Zweiflern und Pessimisten* aus den eigenen Reihen.

Gerade euer Unglauben und die Überzeugung, dass es nie ein fertiges Buch von mir geben wird waren es, die mich am meisten angespornt haben!

Danke an *Conny vom Atelier fotogenial* - es hat einen Riesenspaß gemacht, das Coverfoto zu entwerfen. Conny, deine Ideen und der sichere Instinkt hinter der Kamera waren wie immer unschlagbar! (Auch wenn meine Beine nach dem Shooting ganz schön laut gejammert haben.)

Ebenso bedanke ich mich bei *Franzi*, die mit ihrer Kreativität meine Gedanken zur Umschlaggestaltung bravourös umgesetzt hat. Außerdem würde ich ohne dich, Franzi, heute noch Haare raufend an den Druckvorbereitungen sitzen. Du hattest es wie immer voll drauf!

Meinem lieben Arbeitskollegen *Leif Johnny Olestad* gebührt eine riesige Umärmelung. Er hat mir erlaubt, einige seiner einmalig schönen Landschaftsfotos in mein Buch aufzunehmen. Fühl dich ganz doll gedrückt! Stor klem til deg, L.J.!

Vielen Dank auch an dich, *Beate*! Du als Redakteurin hast an mich geglaubt und mir mit vielen wertvollen Tipps und einer engagierten Öffentlichkeitsarbeit enorm geholfen.

Und nicht zuletzt möchte ich mich bei den *Passagieren der MS Albatros* bedanken, die in den Sommern 2011 bis 2013 an Bord waren.
Ihr habt meinen eineinhalbstündigen Auswander-Vortrag nicht nur standhaft ertragen, sondern mit mir geweint und gelacht und mich mit eurer Begeisterung völlig überrascht. Ja, ich kann eigentlich guten Gewissens behaupten, dass ihr mich mit eurem Drängen und der enormen Nachfrage nach einer ausführlicheren Version dazu gezwungen habt, dieses Buch zu schreiben. Ich hoffe, es gefällt euch.